통일의 기본가치와 인문적 비전

이 책은 2009년 정부(교육과학기술부)의 재원으로 한국연구재단의 지원
을 받아 제작되었습니다.(NRF-2009-361-A00008)

통일의 기본가치와 인문적 비전

초판 1쇄 발행 2015년 5월 20일

저 자 ㅣ 건국대학교 통일인문학연구단
발행인 ㅣ 윤관백
발행처 ㅣ 도서출판 선인

등록 ㅣ 제5-77호(1998.11.4)
주소 ㅣ 서울시 마포구 마포대로 4다길 4(마포동 324-1) 곳마루 B/D 1층
전화 ㅣ 02)718-6252 / 6257   팩스 ㅣ 02)718-6253
E-mail ㅣ sunin72@chol.com
Homepage ㅣ www.suninbook.com

정가 25,000원
ISBN 978-89-5933-889-4 94900
      978-89-5933-159-8 (세트)

·잘못된 책은 바꿔 드립니다.

통일의 기본가치와 인문적 비전

건국대학교 통일인문학연구단

 도서출판 선인

발간사

　분단된 한반도의 현실에서 통일에 대한 새로운 패러다임을 찾겠다는 취지로 '통일인문학' 연구는 시작되었습니다. 기존의 다양한 통일 담론이 체제 문제나 정치·경제적 통합을 전제로 진행되면서 시류에 따라 부침을 거듭하는 것이 현실입니다. 통일인문학은 사회과학 차원의 통일 논의가 관념적이면서도 정치적인 한계를 가지고 있다는 판단 아래 사람 중심의 인문정신을 바탕으로 한반도의 통일 문제를 진단하고 그 해법을 찾고자 하는 새로운 학문 영역입니다.

　사람을 중심에 둔 통일 논의는 기존의 통일 담론에서 크게 확대된 개념으로 이해할 수 있습니다. 지리적으로도 한반도에 국한되지 않고 코리언 디아스포라를 모두 포괄함으로써 남과 북의 주민은 물론이고 전 세계에 산재한 800여만 명의 코리언을 대상으로 삼습니다. 나아가 '결과로서의 통일'에만 역점을 두고 연구 사업을 진행하는 게 아니라 '과정으로서의 통일'까지도 목표로 삼고 있습니다. 따라서 통일이 이루어지는 시점은 물론 통일 이후의 사회통합 과정에서 반드시 풀어가야 할 사람 간의 통합을 지향합니다.

　이에 통일인문학은 '소통·치유·통합'을 방법론으로 제시합니다. 인문정신에 입각하여 사람 사이는 물론이고 사회계층 간의 소통을 일차적인 과제로 삼고 있는데, 이러한 소통은 상대와 나와의 차이를 인정하면서 그 가운데 내재하는 공통의 요소들을 탐색하고 이를 적극적으로 활용할 때에만 가능합니다. 그를 위해 분단 이후부터 현재까지 지속적으로 재생산되고 있는 분단 트라우마의 실체를 파악하고, 이를 치유하기 위한 방안들을 모색합니다.

그 방법으로서 통일인문학은 우선 서로에게 정신적·육체적으로 씻을 수 없는 상처를 가한 분단의 역사에 잠재해 있는 분단서사를 양지로 끌어내고 진단하여, 해법으로 향하는 통합서사를 제시함으로써 개개인의 갈등요인이 됨직한 분단 트라우마를 치유하고자 합니다. 그리고 우리 사회 전반에 자리 잡은 체제나 이념의 통합과 더불어 개개인의 사상·정서·생활 속 공통성과 차이성의 조율을 통하여 삶으로부터의 통합이 사회통합으로 확산될 수 있기를 기대합니다.

이러한 취지에서 통일인문학은 철학을 기반으로 한 사상이념, 문학을 기반으로 한 정서문예, 역사와 문화콘텐츠를 기반으로 한 생활문화 등 세 가지 축을 기준으로 삶으로부터의 통합과 사회통합으로의 확산이라는 문제를 풀어가는 데 연구 역량을 집중하고 있습니다. 그리고 이렇게 인문정신을 바탕으로 연구 생산한 성과들이 학계와 대중에게 널리 알려져 후속 연구와 사회적 반향으로 이어지기를 기대합니다.

통일인문학연구단에서는 그와 관련된 노력으로서 우선 새로운 통일 패러다임을 제시하고자 하였습니다. 통일인문학은 새로운 통일 패러다임으로서 '차이와 공통성', '분단의 트라우마와 아비투스', '민족공통성' 개념을 제안하였습니다. 그리고 추상적인 개념을 제안하는 데 그치지 않고, 이를 실증적으로 검증하기 위해 민족공통성 프로젝트를 진행하여 그 연구 성과를 매년 산출하고 있습니다. 또한 한반도의 통일문제를 연구 화두로 삼고 있는 학자나 전문가들과 학술심포지엄을 정기적으로 개최함으로써 통일인문학의 지평을 확산하고 있습니다. 특히 2014년부터 개최된 '통일인문학 세계포럼'은 통일인문학의 세계화에 크게 기여하고 있습니다. 그와 함께 분단 트라우마 진단을 위한 구술조사와 임상실험을 지속적으로 진행하고 있으며, 통일인문학의 대중화를 위한 시민강좌나 교육프로그램 개발과 그를 위한 교재 개발 사업, 통일콘텐츠 연구 개발 사업 등 다양한 방면의 모색과 실천을 거듭하고 있습니다.

그리고 이러한 다양한 활동과 사업의 성과들은 출판물로 외현되어 학계와 대중들이 적극 공유할 수 있는 장으로 옮겨집니다. 본 연구단이 특히 출간기획에 주력한 것은 『통일인문학 총서』시리즈입니다. 현재 『통일인문학 총서』시리즈는 모두 네 개의 영역별로 분류되어 출간 중입니다. 본 연구단의 학술연구 성과를 주제별로 묶은 『통일인문학 연구총서』, 분단과 통일 관련 구술조사 내용을 정리한 『통일인문학 구술총서』, 북한 연구 관련 자료와 콘텐츠들을 정리하고 해제·주해한 『통일인문학 아카이브총서』, 남북한 연구에 도움을 줄 수 있는 희귀 자료들을 현대어로 풀어낸 『통일인문학 번역총서』등이 그것입니다.

통일인문학의 정립과 발전을 사명으로 알고 열의를 다하는 연구단의 교수와 연구교수, 연구원들께 고마움을 전합니다. 아울러 연구 사업에 기꺼이 참여해주시는 통일 관련 국내외 석학·전문가·학자들께도 심심한 감사를 드립니다. 그리고 무엇보다 자신의 소중한 체험과 기억을 구술하고, 분단 트라우마 치유를 위한 임상실험에 참여해주신 분들께도 머리 숙여 고마움을 표합니다. 마지막으로 통일인문학의 취지를 백분 이해하시고 흔쾌히 출판을 맡아주신 출판사 관계자분들께도 감사드립니다.

사람의 통일, 인문정신을 통한 통일을 지향하며
건국대학교 통일인문학연구단장 김성민

민족공통성 네 번째 시리즈를 발간하며

　　건국대학교 통일인문학연구단은 '통일인문학이라는 새로운 패러다임' 정립을 위해 기존의 통일담론이나 북한학과는 전혀 다른 개념과 내용을 갖는 '통일의 인문적 비전'을 모색해왔습니다. 2010년부터 한국인과 탈북자 그리고 재중 조선족, 재일 조선인, 재러 고려인 등 5개 집단을 대상으로 민족정체성, 통일의식, 역사적 트라우마, 생활문화를 연구해온 것은 바로 이러한 모색의 일환이었습니다. 저희 연구단은 지난 5년에 걸친 연구성과를 '민족공통성 시리즈'로 묶어 발간해왔으며, 이번에 발간하게 된 '민족공통성 네 번째 시리즈'는 그 최종적인 완결본이라 할 수 있습니다.

　　'민족공통성 시리즈'라는 말에서 알 수 있듯이 저희 연구단은 그 동안 진행되어 왔던 '민족 대 탈민족', '코리언 대 디아스포라', '동질성 대 이질성'이라는 이원적 대립 구도를 벗어나 차이와 연대, 공명과 접속에 기초한 '민족공통성'이라는 관점 아래 연구를 수행해왔습니다. 여러 번 강조했듯이 '민족공통성'은 민족공동체에 본질적으로 내재된 불변하는 '민족 동질성'을 의미하는 것이 아니라, 코리언들의 접촉과 교류를 통해서 미래적으로 생성되어야 할 '공통의 가치, 정서, 생활문화'를 의미합니다. 이러한 관점은 통일담론의 연구방향을 민족 동질성에 근거한 배타적 통일론으로부터 미래기획적인 생성의 차원으로 바꾸었을 뿐만 아니라, 그 동안 소홀하게 간주되거나 연구의 사각지대로 밀려나 있는 코리언 디아스포라의 '통일한(조선)반도의 건설'에서 차지하는 역할과 중요성을 부각시켰습니다.

따라서 저희 연구단이 수행해온 코리언 디아스포라 연구는 오늘날 유행하는 다문화주의나 탈식민주의론이 주제로 삼고 있는 '디아스포라' 일반론 연구가 아닙니다. 왜냐하면 분단 극복과 통일의 과제를 '코리언 디아스포라를 포함하여 민족적 합력'을 창출하는 것으로 보기 때문입니다. 흔히 코리언 디아스포라 관련 연구를 분단극복과 통일문제와 무관하다고 생각하는 경향이 있습니다. 하지만 통일문제는 남과 북만이 아니라 해외 코리언 전체를 포함하는 문제입니다. 해외 코리언은 '식민'과 '분단'이라는 20세기 한반도의 역사적 상처를 남북 주민과 더불어 공유하고 있기 때문에, 한(조선)민족으로서의 정서적 유대를 지니고 있습니다. 남과 북 그리고 해외 코리언들의 삶이 서로 결합될 수 있는 것은 식민, 그리고 이산과 분단이라는 공통의 상처가 민족적인 유대감으로 연결되어 있기 때문입니다. 이런 점에서 저희 연구단은 통일 한(조선)반도의 건설이 남과 북만이 아니라, 해외 코리언을 포함하여 민족적 합력(合力)을 모으는 방향으로 이루어져야 한다고 생각합니다.

저희 연구단이 그 동안 수행해온 코리언 디아스포라 연구의 초점은 한(조선)민족의 가치-정서-생활문화를 공유하면서도 각기 다른 차이들의 접속을 통해서 통일한(조선)반도의 미래상을 열어가는 데 있습니다. 이번에 발간하게 된 '민족공통성 네 번째 시리즈'는 이제까지의 연구 성과를 바탕으로 통일한(조선)반도의 인문적 비전을 구체화할 수 있는 가치론적 대안들을 모색하는 한편, 민족공통성을 창출할 수 있는 실질적이고 구체적인 방안들을 제시하였습니다. 그 내용적 특징은 크게 4가지로 나눌 수 있습니다.

첫째, '민족공통성 네 번째 시리즈' 제1권 『통일의 기본가치와 인문적 비전』에서 현재 통일담론에서 천착이 필요한 민족주의, 평화, 민주주의, 생태주의 등 핵심적 가치들을 빠짐없이 다룸으로써 '통일의 인문적 비전'을 구체화한 점입니다. 민족주의와 통일, 평화와 통일, 민주주의와 통일, 녹색과 통일의 관계에 대한 철학적 논의를 통해 새로운 패러다임 위에서 통일한(조선)반도가 지향해야 할 가치들을 제시하였습니다. 현재 여전히 논란 중에 있는 민족·민족주의 개념이 분단극복에서 지니는 실천적 유효성과 그 한계, 나아가 통일생성의 동력으로서의 가능성을 검토하였으며, 평화와 통일의 밀접한 관계를 통일의 이념, 통일국가의 형태, 민족성과 국가성과 관련하여 자세히 논증하였습니다. 또한 통일과 민주주의의 관계를 에트노스(Ethnos)와 데모스(Demos)의 변증법적 관계로 이해함으로써 통일한(조선)반도에서 보장되어야 할 시민권의 성격도 살펴보았습니다. 나아가 울리히 벡(Ulrich Beck)의 위험사회론과 한(조선)반도의 녹색화 문제를 결합함으로써 '한(조선)반도의 녹색화' 전략 및 통일한(조선)반도의 녹색비전이 가져야 할 원칙과 방향들을 제시하였으며, 통일문제를 세계시민적 관점에서 사유하면서 탈근대적 가치를 연결하는 새로운 시도도 해보았습니다.

둘째, '민족공통성 네 번째 시리즈' 제2권 『코리언의 생활문화, 다름의 공존』에서 한국인과 동북아 코리언과의 문화통합과 공존을 위한 대안적인 실천방안을 제시한 점입니다. 그 동안 코리언의 문화통합의 중요성을 지적하는 당위적인 논의는 많았지만 구체적인 방안제시가 드문 상황에서 한국인과 동북아 코리언의 문화통합과 공존을 위한 실질적인 방안들을 구체화하였습니다. 남북의 적대적 프레임을 해체하고 남북문화의 공통성 확대를 위해 문화체험의 공유, 문화협력 등과 관련한 구체적 방안을 제시하였습니다. 또한 중국 조선족의 변화된 생활문화를 한(조선)민족문화가 중국 근현대의 새로운 환경에서 창조적으로 발전된 것으로 이해하는 문화통합적 연구방법론을 제시하는 한편, 재일 조선인과 한국인의 문화공존을 위해 민족동질성 회복이라는 '본질찾기'를 벗어나 서로의 역사, 정치·문화적 맥락을 이해하는 교육의 필요성을 제안하기도 하였습니다. 나아가 고려인 및 사할린 한인과 한국인 사이에 존재하는 역사 인식의 어긋남과 갈등을 극복하기 위한 '역사연대' 개념을 제시하면서, 동북아 코리언들이 주체가 되어 근현대사를 서술하는 방법을 제안하였습니다.

셋째, '민족공통성 네 번째 시리즈' 제3권『구술로 본 코리언의 역사적 트라우마』에서 우리의 역사 속 통합서사의 사례들을 전근대의 설화 및 소설 그리고 오늘날 분단소설과 영화를 통해 살펴봄으로써 통합서사의 모습과 방법을 구체적으로 제시한 점입니다. 우선 방법론적으로 분단서사를 치유하는 '통합서사'에 대한 개념을 고찰하고, 통일에 기여할 수 있는 통합장치로서 문학적 서사방법들을 탐색했습니다. 또한『삼국유사』에 수록된 설화적 서사기법 분석을 통해 고려 건국의 사회통합 기능을 살펴보거나 고소설의 서사기법 분석을 통해 병자호란 이후 여성의 상처와 치유에 관한 통합서사의 의미를 해명하였습니다. 나아가 오늘날 대중적인 분단소설과 영화 그리고 전쟁을 직접 경험한 세대들의 구술담을 통해 통합서사가 지향해야 할 핵심적 가치를 구체적으로 살펴보았습니다. 이를테면 분단체제로 인해 억압되어 있는 욕망의 해소, 고통의 연대적 공감을 통한 다시 기억하기, 타자와의 교감과 공존적 관계의 형성 등이 통합서사 형성에서 핵심적 가치라는 점을 제시하였습니다.

넷째, '민족공통성 네 번째 시리즈'에 수록된 내용이 통일인문학연구단 연구진뿐만 아니라 재중 조선족 및 재일 조선인 학자들의 연구성과를 포함하고 있는 점입니다. 저희 연구단은 그 동안 통일의 범주를 남북 주민은 물론이고 전 세계의 코리언 디아스포라의 통합으로까지 확대해 왔습니다. 그렇기 때문에 해외에 거주하고 있는 동포 학자들과의 정기적인 국제학술대회를 통해 학술교류를 꾸준히 진행해왔을 뿐만 아니라, '민족공통성'과 같은 특정 주제와 관련해서는 국제적인 협동연구를 실질적으로 수행하기도 했습니다. '민족공통성 네 번째 시리즈' 제2권에 수록된 네 편의 글(연변대학교 김성희 교수, 연변대학교 박미화 교수, 조선대학교 박정순 교수, 조선대학교 리용훈 교수)과 제3권에 수록된 세 편의 글(연변대학교 김호웅 교수, 연변대학교 서옥란 교수, 조선대학교 리영철 교수)은 이러한 학술교류와 협동연구의 산물이라고 할 수 있습니다.

저희 연구단이 2010년부터 '민족공통성 연구프로젝트'를 시작한 이래 어느덧 5년의 세월이 흘렀습니다. 그 동안 민족공통성 첫 번째 시리즈 4권, 두 번째 시리즈 3권, 세 번째 시리즈 3권에다 이번에 발간하는 네 번째 시리즈 3권을 합하면 모두 13권의 책이 '민족공통성 연구'라는 이름으로 세상에 나오게 되는 셈입니다. 건국대학교 통일인문학 연구단 선생님들의 열정과 뚝심을 새삼 느끼지 않을 수 없습니다. 이 책이 발간되기 까지 함께 작업에 참가하신 통일인문학 연구단 김성민 단장님 이하 연구단의 모든 선생님들께 깊은 감사를 드립니다. 그리고 '통일인문학'의 연구방향과 문제의식에 공감하면서 기꺼이 글을 보내주신 중국 연변대학교와 일본 조선대학교 선생님들께도 마음 속 깊이 감사를 드립니다.

건국대학교 통일인문학연구단 학술연구부장 이병수

통일의 기본가치와 인문적 비전

1부

통일방안에 대한
인문적 검토

제1장 연방제 통일방안에 대한 인문적 성찰

박민철*

1. 들어가며: '연방제 통일방안'과 '인문학'

한반도의 분단 극복과 통일은 우리에게 헌법적 가치이자 모든 사람들이 동의하는 목표임은 분명하다. 그런데 통일을 강조함에도 불구하고 현재 남북 관계의 현실적 모습은 그렇지 못하다. '분단 70년'이라는 표어는 통일에 대한 절실한 필요성을 보여주기보다는 분단의 시간이 중첩되어 만들어 낸 단순한 시간 경과의 표시를 의미할 뿐이다. 이는 분단 극복과 통일의 문제가 우리들의 삶과 결코 실존적으로 연결되지 못한 채, 시간의 흐름과 함께 당위적 표상으로서만 자리 잡고 있기 때문이다.

그런데 이러한 처지는 '인문학' 역시 마찬가지이다. 경제적 부흥과 확

* 건국대학교 통일인문학연구단 HK연구교수.

대를 위해서 인문학의 구조 조정이 필요하다는 인식이 한국 사회를 지배하기 시작한 요즘, 인문학은 다른 학문에 자신의 자리를 양보하거나 취업을 위해 희생되어야만 하는 '천덕꾸러기'의 학문으로 전락했기 때문이다. 그래서 '통일'과 '인문학'의 만남은 그것이 가져다 줄 수 있는 실효성을 떠나 자기 모순적 상황에 빠진 통일에 대한 문제제기와 효용성 없는 학문으로 치부되는 인문학이 과연 왜 결합되어야 하며, 어떻게 결합될 수 있는가라는 의구심을 불러온다. 그러나 통일과 인문학의 결합은 충분히 가능하며 그 결합이 가져다 줄 수 있는 의의 역시 분명하다. 인문학적 성찰과 가치 설정은 서로 다른 체제와 제도의 통합에 몰두하였던 기존 통일담론의 새로운 변화가능성을 가져올 수 있기 때문이다. 그래서 본 논문은 특히 대표적인 통일방안이었던 연방제 통일방안의 인문적 성찰에 주목한다.

한반도의 통일을 둘러싼 국내외적 정세는 통일을 향한 남북의 노력을 방해하는 요인으로 작용했다. 몇 가지 요인을 지적해보자. 남북한의 역사적 독자성 강화 및 이에 기인한 상호 적대성의 증가, 대립적인 체제 이데올로기와 경제적 비대칭성의 확장, 세계화 · 탈민족화에 기인한 통일 의식의 약화, 한반도 주변국의 통일에 대한 비협조 등이다. 그런데 이러한 요인들을 넘어서는 보다 핵심적 이유가 추가될 수 있다. 이를테면 각자의 가치와 기준으로 마련된 통일방안의 비현실성 그리고 보다 근본적 문제로 나아가지 못하는 통일방안의 체제 · 제도중심적인 프레임 등이다.

통일론에 놓인 기본전제는 남북이 통일로 직행하는 것에 있어서 여러 문제들이 존재하고 있기 때문에 현 상황에서는 남북의 차이를 존중하고 교류와 협력을 우선적으로 시행하며, 이를 통해 남북의 적대성을 약화시키고 상호 공존으로 나아가 점진적으로 통일을 만들어가자는 것이었다. 그럼에도 불구하고 다른 한편으로는 한 쪽의 체제와 이데올로기를 한반도 전체로 확장하려는 여전히 상대방에 대한 부정을 염두에 둔 국가주의 통일론이 현실적으로 남북 공히 강화되고 있는 실정이다. 이러한 현실적 상황과 여러 가지 내외부적 조건의 변화는 통일방안에 대한 논의를 확장시키려는 움직임을 불러왔다. 특히 연방제 통일방안의 보완과 재구성에 대한 논의가 많은 이들로부터 새롭게 제기되고 있다.

　대체로 연방제는 정치학적으로 다음과 같은 의미를 갖는다. 우선 연방은 지역별 내정과 자치를 담당하는 지방정부와 전체를 포괄하여 대외적으로 주권을 행사하는 중앙정부의 결합이다. 나아가 연방국가는 구성국의 시민들에게 직접적으로 발휘되는 헌법을 제정하고 대외적인 국제법 상 담당인격체로 간주되어 외교와 군사를 담당한다. 마지막으로 연방의 중앙정부는 전국에 걸친 통치권·통화권·국방권·외교권을 행사하며, 지방정부는 지역의 법질서·복지·후생·교육·보건과 같은 사항을 담당한다. 하지만 국제적으로 통용되는 정치학 상의 연방제와 한반도 통일방안으로서의 '연방제' 사이에는 분명한 차이점이 존재한다. 즉, 서구의 연방제가 지역분권을 통해 권력의 지역적 분할을 모색하거나 또는 다민족국가의 건설과 관련된 정치제도라고 한다면, 우리의 경우엔 "분열된 민족을 단일국가로 통일로 나아가는 과도기간의 정치체제"[1]라는 점 그래서 연방제의 형식 자체도 서구의 그것과 다른 특성을 갖는다는 점이다.

　북한의 공식적인 통일방안으로서 연방제 통일방안은 그것이 제기되어 왔던 정치적 배경을 바탕으로 그 내용과 의미를 분석했을 때, 결과적으로 '체제보존'과 '혁명전술' 같이 숨겨진 정치적 의도를 갖는다고 비판

---

1) 노태구, 「연방제와 민족주의」, 『사회과학논총』 제2집, 경기대학교 사회과학연구소, 1999, 3쪽.

받아왔다. 하지만 동시에 그것과는 별도로 한국의 많은 연구자들은 하나의 민족이 오랜 기간 이념과 체제를 달리해 살아왔기 때문에 한반도 통일과정의 과도기적 단계로서 연방제의 도입에 충분한 가능성과 의의가 있다고 주장한다. 이러한 연방제 통일방안은 한편으로 남북 공존 및 한반도의 실질적인 통합을 위한 가장 현실적인 대안으로 평가받기도 하는 반면, 다른 한편으로 북한의 공식적인 통일방안이라는 이유에서 거부되어야 한다거나 연방제 이행의 어려움과 모순이 존재한다고 비판받고 있다.

  그런데 이러한 상황에서 본 논문은 연방제 통일론이 갖는 한계를 지적함으로써 그것의 의의를 보완하고 확대할 수 있는 근본적인 전략, 다시 말해 한반도 분단 극복 및 통일과 관련된 기본 원리에 주목하면서 구체적인 통일방안을 생산하는 통일론 자체의 핵심 가치와 방향성을 제시하는 것에 목적을 둔다. 무엇보다 "통일은 더 이상 고정적인 과정으로 상상되어서는 안 되며 통일 국가의 미래 체제 역시 다양하고 창의적인 것으로 설정될 필요"[2]가 있기 때문이다. 따라서 구체적으로 본 논문은 연방제 통일방안의 정치적 한계와 정책적 어려움을 지적하고 이를 변화시키는 또 다른 안을 제공하는 것이 아니라, 우선적으로 연방제 통일론에 대한 인문적 성찰을 통해 여기에서 발견되는 의의와 한계를 동시에 지적하고자 한다. 나아가 본 논문은 연방제 통일론이 제도화된 방식으로 고정되지 않게 하기 위해 연방주의의 기본정신을 보장하면서 한반도의 통일과정에 유연하게 대처할 수 있는 방향성을 제시할 것이다. 물론 인문학이 사람다움을 연구하는 학문이라고 할 때, 현실 정치적 문제인 연방제와 연결시키는 것에 대해 의아해할 지도 모른다. 하지만 연방제가

---

2) 박명규·이근관·전재성 외, 『연성복합통일론』, 서울대학교 통일평화연구소, 2010, 5쪽.

한반도 분단 체제의 완화와 평화 체제의 구축으로 진행하는 일종의 '매개'라는 점에서 인간다움의 조건을 연구하는 인문학과의 접촉은 충분히 가능하다. 무엇보다 한반도 분단체제의 완화와 평화체제의 구축은 곧 한반도에 사는 남북 주민의 온전한 삶을 위한 전제 조건이기 때문이다.

2. 한반도 통일방안의 역사적 개요와 연방제 통일론의 문제제기

현재까지 한반도의 통일방안은 남의 '연합제'와 북의 '연방제'가 공식적으로 유지되고 있다. 이것은 한반도의 통일이 한편으론 '같은 민족'의 통합이면서도 다른 한편으론 실효적으로 남과 북을 지배하고 있는 상이하고 적대적인 '두 국가형태'의 통합이기 때문이다. 개별 국가성을 강하게 지니고 있는 남북한이 하나의 정치공동체를 지향하면서 궁극적으로 통일된 민족국가를 이루려고 할 때의 구체적인 방안은 사실 연합제 내지 연방제일 수밖에 없다. 실제로 "남한이나 북한에서 현재 제시되고 있는 지배적 통일방안은 국가연합제와 국가연방제 중 둘을 혼용한 통일방안이거나 그 두 단계를 거치는 통일방안 혹은 그 하나만을 거쳐서 궁극적인 통일을 하는 것을 그 주 내용으로 하고 있다."[3] 남북의 통일정책과 연합제와 연방제라는 통일방안은 역사적으로 다음과 같이 전개되었다.

남한의 경우 박정희 정권은 '선 건설 후 통일론'의 입장에서 '평화통일기반조성을 위한 접근방법'을 내놓았다. 특히 1973년 '6·23 평화통일외교정책선언'은 최초로 남북한의 UN 동시 가입에 반대하지 않겠다는 뜻을 밝힘으로써 기존까지 유지되어 왔던 1민족 1국가 1체제라는 강고한

---

3) 전득주, 「한국의 통일 정책」, 전득주·최의철·신은기, 『남·북한통일정책비교』, 숭실대학교 출판부, 2000, 155쪽.

프레임에 질적 전환 및 표면적으로나마 적대적인 두 체제의 상호 공존에 대한 의지를 밝혔던 기회이기도 했다.[4] 곧이어 이러한 전환에 영향을 받은 구체적 통일방안은 '1민족 1국가 2정부'라는 공식을 분명히 한 1982년 전두환 정부의 '민족화합 민족공동체 통일방안'으로 나타났다. 이후 이질적인 두 체제의 공존이라는 전제조건은 구체적인 통일방안으로 이어졌으며 이것은 1989년 노태우 정부의 '한민족공동체 통일방안'과 1994년 김영삼 정권의 '민족공동체 통일방안'으로 제시되었다. 한 가지 특징은 '한민족공동체 통일방안'과 '민족공동체 통일방안' 모두 통일국가 건설의 전단계로서 각자의 외교·군사권을 보유하는 두 주권국가의 '국가연합체제'를 포함하는 과도기적 단계로서 포함시키고 있다는 점이다. 이러한 연합제 통일방안은 현재까지 한국의 통일정책의 기본적 토대로서 유지되고 있다.[5]

한편 북한의 경우 1960년대 초반부터 연방제 통일방안이 공식적으로 제기되어 왔다. 하지만 그 성격은 시기별로 조금씩 차이를 보인다. 예컨대 1960년에는 각 지역의 정치체제는 그대로 두는 동시에 양 정부의 독

4) 박영호, 「한반도 통일에 대한 남북한의 시각과 남북 관계」, 『전략연구』 통권 제61호, 한국전략문제연구소, 2014, 284쪽. 하지만 '6·23선언'은 실질적으로 이러한 전환의 목적이 통일을 위해서라기보다는 사실상 자신의 장기 집권 및 정치 권력의 집중화를 정당화시켰다는 점에서 한계를 갖는다. 전득주, 「한국의 통일 정책」, 전득주·최의철·신은기, 『남·북한통일정책비교』, 숭실대학교 출판부, 2000, 146~147쪽.

5) 「민족공동체 통일방안」은 장기적인 통일론의 전개, 실현가능한 통일론의 정립, 단계론적 통일론의 구체화와 같이 긍정적인 평가를 받고 있다. 최양근, 「한반도 및 동북아 평화에 기여하는 통일방안 고찰: 단계적 연방제통일방안을 중심으로」, 『한국평화연구학회 학술회의 자료집』, 한국평화연구학회, 2013, 481-482쪽. 하지만 반대로 암묵적인 대북흡수통일의 전제, 남북연합단계에서 다음 단계로의 이행에 있어서 구체적인 방안 부재, 너무 낮은 구속력으로 인한 연합단계의 장기화, 주변국의 새로운 분단고착화 정책에 부응할 수 있는 가능성 등이 제기되고 있다. 강정구, 『민족의 생명권과 통일』, 당대, 2002, 158쪽.

자적인 활동을 보장하면서 완전한 통일로 나아가기 위한 과도기적 대책
이라는 것이 주요 골자인 '남북연방제'가 제시된 이후, 1973년에는 연방
제가 통일로 가는 과정의 중간 형태임을 명문화하면서 '고려'라는 단일
국호를 채택하여 1국가라는 최종형태를 더욱 부각시킨 '고려연방제'가
제시되었다. 그런데 완결된 통일형태가 아니라 과도적 조치로서 제의되
었던 연방제는 1970년 후반기에 접어들면서 조금씩 성격이 바뀌게 되어
결과적으로 1980년에 북한은 남과 북에 현존하는 상이한 사상과 제도를
그대로 인정하고 남과 북이 동등하게 참여하는 통일의 완결적 형태로서
연방국가를 건설하자는 '고려민주연방공화국 창설방안'을 제시하였다.
하지만 그 후 국내외적 조건의 변화에 따라 북한은 기존의 완성형 연방
제에서 연방정부의 권한을 약화시키고 각 지역정부의 권한을 더욱 부여
하는 '1민족 1국가 2제도 2정부'의 국가연합방식의 연방제 안으로 기존
의 연방제 성격을 변화시켰다.

그런데 기존 대다수의 연구에서 남의 연합제는 보다 합리적이고 올바
른 선택이라고 평가받는 반면, 북의 연방제는 비합리적이고 비현실적이
고 정치 이데올로기적인 성격을 갖는다고 지적되고 있다. 하지만 그 정
치적 평가를 별개로 할 때, 남북이 제시하는 각각의 통일방안은 최소한
의 전제조건을 공유한다. 요컨대, 한반도를 실효적으로 지배하고 있는
두 개의 정치적 실체가 존재하고 그러한 상대방을 부정의 대상으로 보
지 않고 화해와 협력의 대상으로 보고 있다는 점이다. 바로 이런 점에서
북한의 연방제 통일방안과는 별도로 한국 사회에서도 연방제 통일담론
에 대한 논의가 활발히 전개되었다. 따라서 한국 사회에서 연방제 통일
론이 제기된 근본적 이유를 우선적으로 고민할 필요가 있다. 여기에는
두 가지 이유가 존재한다.

첫째, 한반도 통일문제에 있어서 '과정적 이행의 필요성'이 제기되었

기 때문이다. 이는 무엇보다 서로 다른 체제와 이념으로 장기간 대립해
온 남북이 통일로 나아가기 위해서는 연방제라는 매개가 필수적이라는
인식이다. 한반도에서 평화통일의 의지가 부각되기 시작했던 것과 맞물
려 연방제 통일방안에 대한 실효성을 인정하는 인식 역시 증가하였다.[6]
연방제 통일방안이 현실적 유용성을 가질 수 있었던 이유는 분명 그것
이 한반도의 통일과정에서 요구되는 평화롭고 점진적 접근법이기 때문
이다. 한국전쟁은 남북 양쪽에게 전쟁을 통한 통일의 방안이 얼마나 극
단적이고 비현실적인가를 알게 하는 경험이었다. 즉, 분단에서 통일로
의 이행이 취할 수 있는 방식은 단순히 질적인 도약이 아니라 자연스럽
게 진행되는 '역사적 진행 과정'을 통해 그것이 가져다 줄 수 있는 갑작
스러운 충격과 부작용이 최소화될 수 있는 방식일 수밖에 없다.

　그래서 이러한 방식은 "하나의 단일한 원리가 강압적으로 작동하는
동화적 통일보다도 현존하는 상이함이나 개별성이 유연하게 용인되면
서도 보다 높은 차원에서의 통합을 실현하려는 방식"[7]이라고도 할 수
있다. 실제로 연방제는 같은 민족이지만 상이한 두 국가체제의 결합이
라는 특수한 조건으로부터 출발하면서도, 동시에 한반도 통일의 평화로
운 과정적 이행을 보존하거나 강화시켜줄 수 있는 특징을 가지고 있다.
예컨대, 연방제는 동등한 권한을 부여받은 두 개 이상의 정치 단위들이
통합된 정치질서를 형성하는 것이자, 중앙정부와 지방 정부들 사이에
권력분리를 통해 인정 및 관용과 같은 가치를 중시하는 정치문화의 형
성을 목적으로 두기 때문이다.

　둘째, '한반도 통일에 대한 목적성 내지 지향성'을 충분히 보여줄 수

---

6) 박순성, 「남한의 평화관: 통일논의를 중심으로」, 이우영 외, 『화해 · 협력과 평
　화번영, 그리고 통일』, 한울아카데미, 2005, 109쪽.
7) 박명규 · 이근관 · 전재성 외, 『연성복합통일론』, 서울대학교 통일평화연구소,
　2010, 14~15쪽.

있기 때문이다. '연방(federal)'의 어원은 '계약(convenant)' 또는 '조약(treaty)'
이라는 의미를 가진 라틴어 foedus에서 비롯되었다.[8] foedus는 법률적인
약속 이행의 의무를 띠고 있는 Contractus 개념에 종교적인 뜻이 가미되
어 하느님과 그 백성의 계약과 약속을 의미했다. 이런 점에서 연방주의
적 접근을 홉스적 해결방식이라고도 한다. "이것은 각 개체가 주권을 포
기하고 연방이라는 초국가적 권위체를 형성함으로써 문제를 해결하고
통일이라는 공동선을 이룩하려는 것이다."[9] 이 인용은 연방제가 통일이
라는 '공동선'의 성취를 위해 각 개별 주체를 제한하거나 스스로 제한하
게끔 하는 현실적인 실효성을 갖고 있음을 보여주고 있다. 바로 이러한
연방제의 의의 때문에 연방제 통일방안은 한국에서도 유효한 통일방안
으로 제기되곤 했다. 물론 연방제라는 제도가 남북의 현실적인 정치 역
학적 상황에서 볼 때 충돌의 가능성 역시 분명함을 부인할 수는 없다.
그럼에도 불구하고 분단의 평화적 관리와 분단 극복의 목표를 놓고 볼
때, 현재 논의되고 있는 연방제는 연합제보다 좀 더 강화된 지향성을 보
여준다.

예를 들어, 대통령 당선 이전 김대중은 '2국가 2체제 2독립정부 1연합
의 남북공화국 연합'―'1연방국가 1체제 2지역자치정부로 구성되는 연방
제'―'1민족 1국가 1체제 1정부 체제의 통일국가건설'의 과정을 거치는 '3
단계 통일방안'을 제시했다. 문익환 역시 남과 북의 두 공화국이 각기
군사・외교권을 가지고 단지 유엔 외교권만을 단일화하는 1단계, 군
사・외교권이 남・북의 지역정부로부터 연방 정부로 통합되지만 남북의
사회・경제체제는 기존의 형태를 유지하는 2단계, 남・북 지역정부가
해소되고 도 단위에 지역자치제도가 철저히 실시되어 다양한 사회 ・경

---

8) 김계동, 『남북한 체제통합론』, 명인문화사, 2006, 50쪽.

9) 이용필・임혁백・양성철・신명순, 『남북한통합론』, 인간사랑, 1992, 45~46쪽.

제형태가 병존하는 3단계 이행의 연방제 통일방안을 주장했다. 마지막으로 강정구는 통일 준비 단계인 '민족연합'(2주권국가 2정부 2경제체제), 부분통일단계인 '민족연합성연방'(1준주권연방국가 2탈국지향정부 2경제체제), 국가통일단계인 '민족연방'(1연방주권국가 2지역정부 1준통합복합경제체제), 민족통합단계인 '민족통일국가'(1연방주권국가 2단순지역정부 1통합복합경제체제)로 구성된 4단계의 통일방안을 제시했다.[10]

특히 2000년 이후 남의 연합제와 북의 연방제가 특정 지점에서 공통점이 있음을 인정한다는 전제 아래[11] 연방제 통일론에 대한 다양한 의견들이 활발하게 등장하고 있다. 대체적으로 북한의 연방제 통일방안은 수세적 · 방어적 성격의 체제 보존 논리로 제시되고 있는 측면과 남한 사회의 분열을 조장하는 통일전선 논리로서 활용되는 이중적 속성이 있다는 점이 지적되어 왔었다. 이를테면 북한이 1990년대에 들어와 제도통일론은 더 많은 분열을 지속시킬 수 있기에 후대로 넘겨야 한다는 '제도통일 후대론' 그리고 지역자치정부에 더 많은 권한을 부여하되 점차로 중앙정부에 그것을 이행하는 형태의 '지역자치정부의 권한강화론'을 주장했다는 점을 지적하면서, 연방제 통일방안은 북한의 체제유지를 위한 전술이자 체제의 와해를 가져올 수 있는 남한의 제도통일론을 막기 위한 방어적 전술에 불과하다는 것이다.

---

10) 강정구, 『민족의 생명권과 통일』, 당대, 2002, 517~524쪽.
11) 남의 연합제와 북의 연방제가 특정 지점에서 공통점이 있음은 '낮은 단계의 연방제' 논의로 전개되었다. 이를 자세히 정리하고 있는 박순원에 따르면 대체적으로 '평화지향적인 통일 논의의 가능성이 확립되는 계기라는 점에서 합의를 이루고 있지만 그 구체적인 분석에서는, 평화적 통일을 전제로 한다는 견해와 연방제로의 포섭이 결국 대한민국의 주권국가로서 더 이상 존재하지 않을 상황을 만들 수 있다는 견해가 상충하고 있다고 평가한다. 박선원, 「남북한 통일 방안의 수렴 추이: 단일정치권력으로의 통합에서 평화공존으로」, 『통일연구』 제6권 제2호, 연세대학교 통일연구원, 2002, 155쪽.

그런데 2000년대로 접어들면서 연방제 통일론을 단순히 비합리적이고 정치 이데올로기적인 체제 보존의 논리로서 해석하는 편향적 수용과 대응에서 벗어나 평화공존의 통일론으로 수렴되는 하나의 단계로서 이해하려는 경향이 차츰 생겨났다. 박선원은 다시 말해 "남북한 양측의 통일방안을 시기별로 비교, 검토하여 '1민족−1국가−1체제(제도)−1정부'를 지향하는 단일 중앙집권국가 수립을 위한 정치적 통합 중심의 통일론에서 '1민족−1국가−2체제−2지역정부'를 지향하는 평화공존형 통일론"[12]으로 바뀌고 있다고 주장한다. 왜냐하면 개별적인 두 국가의 독자적인 정치체제가 존재하는 한, 한쪽의 존립을 완전히 부정하는 통일방안을 당연히 거부될 수밖에 없기 때문이다.

이러한 흐름은 연방제 통일방안에 대한 인식을 보다 객관적으로 판단할 수 있게 했으며, 한국 사회의 연방제 통일론에 대한 새롭고 폭넓은 의견제시를 가능하게 했다. 사실 이미 연방제와 연합제는 사실상 유사한 통일방안이라는 주장이 존재해왔다. 김학준은 1960년에 제기된 남북연방제가 엄밀한 의미에서 연방제의 성격보다는 느슨한 국가연합과 유사하다고 주장한다.[13] 이와 더불어 연방제 통일방안에 대한 가치평가적 부분 역시 이전과 달라지는 경향들이 나타났다. 김연철은 연방제 통일방안이 "남북한이 통일지향적 특수 관계임을 인정하면서 당장의 통일보다는 평화공존과 화해 · 협력을 통해 평화통일의 기반을 구축"[14]해가는 매개로서 인정하고 있다. 이러한 입장변화는 '남의 연합제와 북의 연방제'의 유사성이 존재한다는 '낮은 단계 연방제론'이 등장하게 된 2000년

---

12) 박선원, 「남북한 통일 방안의 수렴 추이: 단일정치권력으로의 통합에서 평화공존으로」, 『통일연구』 제6권 제2호, 연세대학교 통일연구원, 2002, 129쪽.

13) 김학준, 『분단과 통일의 민족주의』, 소리출판, 1983, 104~105쪽.

14) 김연철, 「남북 관계의 지속성과 변화」, 『한반도 통일논의의 쟁점과 과제』, 한신대학교 출판부, 2001, 64쪽.

6·15남북정상회담의 선언에 기인한 것이기도 했다. 6·15남북공동서명은 북의 공식적인 통일담론이기에 한국 사회에서 일종의 금기로 작동했던 연방제 통일방안에 대한 다양하고 심도있는 논의를 가능하게 만들었다.

3. 연방제 통일론의 의의와 쟁점

이렇듯 연방제 통일방안이 실효성을 발휘할 수 있는 이유는, 한편으로는 적대적인 두 체제의 교류와 협력을 바탕으로 상호간의 유대를 만들어가는 데 있어서 필요한 '과정적 접근방식'을 취하고 있으며, 다른 한편으론 연방제라는 특수한 정치체제가 궁극적으로는 한반도 통일로 나아가는 '목적과 지향성'을 가지고 있기 때문이다. 요컨대, 연방제 통일방안의 근본적 목적은 연합제 통일방안과 마찬가지로 '상호흡수배제원칙'15)이라고 할 수 있다. 이 원칙이 한반도의 평화로운 통일이라는 목적을 분명히 함으로써 한반도 평화체제구축에 도움이 됨을 부인할 수 없다. 그래서 연방제 통일방안은 평화체제 구축전략이기도 하면서 실효성 있는 통일방안이기도 하다. 이는 연방제 통일방안의 다음과 같은 몇 가지 의의 때문에 그러하다.

첫째, '1민족 2국가'라는 한반도 분단의 특수성으로부터 출발하는 통일방안이라는 점이다. 지금까지 한반도의 통일론은 남북 모두 흡수통일이라는 주류적 통일인식을 전제로 해왔다. 하지만 시간이 지나면서 남북 모두는 상대방에 대한 권력 실체 인정을 넘어 하나의 구체적인 국가로서의 승인을 점차 확대해가고 있다. 이미 1991년 유엔 동시가입은 '가

---

15) 윤황, 「북한의 연방제 통일 방안에 대한 쟁점과 평가」, 『평화학연구』 제6호, 한국평화연구학회, 2005, 138쪽.

맹국 상호 간에 일반국제법이 적용되는' 두 국가의 실체를 인정하는 하나의 사건이었다. 그런데 개별적인 국가성에 대한 상호인정은 남북 관계의 출발점이다. 왜냐하면 이것은 국가 대 국가 간의 통합논의를 가능하게 하는 전제조건이 되기 때문이다. 이런 점에서 김명섭은 "남북한 관계는 대한민국은 대한민국이고 조선민주주의인민공화국은 조선민주주의인민공화국이다라는 시각을 가지고 혈연주의적 통일방안보다는 두 개의 상이한 근대 민족국가 간의 연방적 통합을 논의해야 할 단계에 이른 것이다"16)라는 주장한다. 이렇듯 연방제 통일방안은 남북을 실효적으로 지배하고 있는 상이한 두 국가 체제라는 전제 조건으로부터 출발하면서 나아가 상호 공존체제의 인정이라는 점에서 분명한 의의를 갖는다.

둘째, 상호 절멸의 방식을 취했던 과거의 통일방안을 합리적이고 평화로운 방식의 통일방안으로 전환할 수 있었다는 점이다. 2000년 6·15 공동선언을 기점으로 남북은 당국 사이에서 최초로 '통일방안 문제'에 대한 일종의 합의를 도출했다. 1991년 이후 북한이 제시한 '낮은 단계의 연방제안'은 분명 국가연합적 성격을 지니고 있으며 바로 이런 점에서 서로의 통일방안을 존중하고 공통점을 모색할 수 있는 토대가 되었다. 요컨대, 연방제 통일방안은 이것은 쌍방이 최초로 통일문제 논의를 정부의 공식 채널로 시작할 수 있었던 최초의 '합리적인' 통일방안이었다. 여기서 이완범은 1991년 김일성의 단계론적 연방제가 수정된 것에 대해 김대중-문익환의 '느슨한 연방제'와 남한 정부의 연합 개념이 영향을 끼친, 이른바 '상호 침투에 의한 동질화 과정'을 거쳤다고 평가한다.17) 나아가 연방주의는 '평화 공존'이라는 가치를 담고 있다. 심지어 이것은 연

---

16) 김명섭, 「북한에 대한 국가승인 문제」, 『한반도 통일논의의 쟁점과 과제』, 한신대학교 출판부, 2001, 170쪽.

17) 이완범, 「북한 '낮은 단계의 연방제' 통일 방안의 형성과정에 대한 연구」, 『현대북한연구』 제4권 제1호, 경남대학교 북한대학원, 2001, 264~268쪽.

방제를 반대하는 입장에서도 유지되고 있는, 이를테면 체제의 통일(흡수 통일)을 위해서라도 두 체제가 상당기간 평화롭게 공존하는 과정을 거쳐야한다는 인식과도 합의될 수 있었다.

셋째, 구체적이고 현실적 유용성을 갖는다는 점이다. 현재 한반도에는 변화된 대내외 통일 환경 변화를 수용하여 통일의 과정과 단계를 재구성해야 한다는 인식이 확산되고 있다. 이런 점에서 연방제 통일안도 단순히 '연합제 대 연방제'라는 정치적 헤게모니 대립으로 판단할 것이 아니라, 비판적 성찰을 통해 인식할 필요가 있다. 이미 고유환은 통일 국가의 정치 제도로서 연방제를 도입하는 문제를 다시금 꼼꼼히 따져봐야 한다고 주장했다. "그동안 연방제의 효용성에도 불구하고 북한이 연방제 통일방안을 먼저 내놓음으로써 우리 사회에서 연방제는 금기시돼 왔다"[18]는 것이다. 그래서 최근 들어 고유환은 남북 연합 실현 이후 연방제를 통일 헌법을 만들 때 결정할 수 있도록 열어두자고 제안한다.[19] 더 나아가 조민의 '대략적으로 8-13개의 지역정부를 포괄하는 한반도 연방제 프로젝트 추진안'[20], 정성장의 '남북한 통일방안의 대안으로서 연합에서 연방'[21]으로 나아가야 한다는 주장, 최양근의 '연방국가 의 권한을 강화시키는 단계적 과정으로서 연방제 통일안'[22] 등이 제기되고 있

---

18) 고유환, 「민족공동체 통일 방안의 이행과정과 추진전략 재검토」, 『통일인문학』 제60집, 건국대학교 인문학연구원, 2014, 266쪽.

19) 고유환, 「민족공동체 통일 방안의 이행과정과 추진전략 재검토」, 『통일인문학』 제60집, 건국대학교 인문학연구원, 2014, 266쪽.

20) 조민, 「남한정부 통일 방안의 재검토와 추진과제」, 『통일환경의 변화와 통일 방안의 재검토』, 경실련통일협회 창립기념 연속토론회발표자료집, 2014.8.13., 4~31쪽.

21) 정성장, 「남북한 통일 방안에 대한 대안의 모색: 연합에서 연방으로」, 『통일 환경의 변화와 통일 방안의 재검토』, 경실련통일협회 창립기념 연속토론회발표자료집, 2014.8.13., 33~60쪽.

22) 최양근, 「한반도 및 동북아 평화에 기여하는 통일방안 고찰: 단계적 연방제통

다. 연방제 통일방안의 현실적 유용성은 남과 북의 상호 체제 인정과 공존 과정을 거쳐 점진적 통일을 이루는 과정에서 필요한 일종의 과도적 단계를 제공해준다는 것이다.

하지만 이러한 의의에도 불구하고 동시에 연방제 통일방안은 다음과 같은 두 가지 한계 역시 분명히 갖는다. 첫째, 연방제 통일방안은 여전히 제도적 측면에만 집중되어 있다는 한계를 갖는다. 한반도의 분단 체제는 단순히 체제와 제도의 대립으로 환원될 수 없으며, 통일 역시 이것들의 통합만으로는 도달할 수 없다. 한반도의 분단은 체제와 제도의 분열 이전의 한반도에 살고 있는 사람들의 가치·정서·생활 문화의 분열이기도 한 것이다. '사람의 통일'은 그래서 한반도 분단 체제의 극복과 평화 통일의 과정에서 반드시 자리 잡고 있어야 할 관점이자 가치라고 할 수 있다. 그럼에도 불구하고 연방제 통일방안은 사람의 통일이라는 관점을 내포하고 있지 못하며, 여전히 남과 북의 체제 통합이라는 프레임 속에서 다뤄지고 있다.

둘째, 이것과 연관하여 '연방제의 딜레마'가 지적될 수 있다. 이러한 딜레마는 이론적 딜레마와 실천적 딜레마로 구분될 수 있다. 우선 이론적 딜레마는 이념과 체제가 서로 다른 두 개 이상의 국가들의 연방국가로의 통일 사례를 이론적으로, 그리고 역사적으로도 결코 찾아볼 수 없다는 지적이다. 예컨대, 양동안은 상이한 체제의 존속이 결국 연방제의 모순을 낳을 것이라 주장한다. 즉, "연방국가 에서는 연방 헌법과 지분국의 헌법이 동일한 원리를 가져야 하므로 연방국가의 틀 속에서 남북한이 상이한 체제를 유지한다는 것은 원칙적으로 불가능하다"[23]는 것이

일방안을 중심으로」, 『한국평화연구학회 학술회의 자료집』, 한국평화연구학회, 2013, 488~492쪽.

23) 양동안, 「남북한공동체 형성을 위한 정치통합」, 이서행 외, 『통일시대 남북공동체: 기본구상과 실천방안』, 백산서당, 2008, 122쪽.

다. 더 나아가 김세균 역시도 '1국가 1체제 2지역정부의 연방제국가'는 수립될 수 있어도 '1국가 2체제 2지역정부의 연방제국가'란 수립 불가능하다는 점을 무시하고 있다고 비판한다.[24] 어찌되었건 상이한 두 민족의 연방은 가능하지만, 상이함을 넘어 적대적인 두 체제의 연방은 결코 불가능하다는 입장이다. 요컨대, 이것은 연방제 통일방안이 통일 국가 안에 서로 다른 사회 제도의 공존가능성의 문제를 어떻게 해결할 수 있는가라는 지적일 것이다.

나아가 실천적 딜레마는 남북 두 국가를 기본 단위로 하는 연방제는 두 자치정부의 체제 대결적인 관점이 지속될 경우 이를 조정하고 중화할 수 있는 완충 지대가 없기 때문에 적대적 대립이 반복되고 결국 연방제의 붕괴로 이어질 가능성이 높다는 지적이다.[25] 실제로 연방제는 남북한의 적대적 대립이 불러올 수 있는 힘의 역학 관계에서 아주 취약한 제도일 수 있다. 예컨대, 연방을 구성하는 지방 정부의 한쪽이 우세할 경우, 다른 한쪽을 압도하여 오히려 '합법적인' 흡수통일을 진척시키며 더 나아가 무력 충돌로 나아갈 우려가 있으며[26], 연방제가 중앙 연방국가의 권한을 부여한다는 점에서 결국 남과 북의 지역 정부는 그것을 차지하기 위한 경쟁을 벌일 우려도 존재한다.[27]

이렇듯 제도 통합 중심의 연방제 통일방안은 결국 궁극적 딜레마에 노출되어 있다. 사실 연방제 통일은 서구와 같이 체제와 이데올로기가 유사한 국가들의, 상이한 민족에 의하여 구성된 국가 간의 통합에서 대

24) 김세균, 「통일문제, 어떻게 대응할 것인가?」, 『한반도 통일논의의 쟁점과 과제』, 한신대학교 출판부, 2001, 50쪽.
25) 남궁영, 「남북정상회담과 통일 방안의 새로운 접근: 연합제와 낮은 단계의 연방제」, 『한국정치학회보』 제36집 1호, 한국정치학회, 2002, 322쪽.
26) 강정구, 『민족의 생명권과 통일』, 당대, 2002, 504쪽.
27) 양승호, 「남북한 민족주의와 다민족 연방제」, 『사회와 철학』 제28집, 사회와 철학연구회, 2014, 161~162쪽.

응하는 방안이다. 하지만 한반도는 그 유사성과 상이성이 각각 역전되어 있다. 즉 '같은 민족'임에도 '다른 체제와 이데올로기'를 가지고 오랜 기간 분단된 실효적인 두 국가의 통일이라는 점이다. 그래서 많은 이들은 연방제 통일론이 사실 현실적인 실현이 불가능한 단순한 이론적 접근에 불과하며, 결과적으로 체제와 제도를 한쪽으로 동질화시키는 흡수통일을 전제로 하고 있음을 지적하고 있다.[28]

4. 연방제 통일론에 대한 인문적 성찰과 핵심 원리

그런데 이러한 한계들이 노정되었던 궁극적인 이유는 연방제 통일론이 거의 대부분 각자의 국가성과 가치체계로부터 마련된 체제 · 제도 · 이데올로기 사이의 통합 논의로서만 제안되고 있기 때문이다. 물론 극단적으로 이질화된 가치관과 체제, 그리고 이데올로기들은 서로 다른 이질적인 집단의 통합을 가로막는 요소로 작동할 수 있다. 그럼에도 불구하고 연방제 통일론이 갖는 의의와 실효성 역시 결코 소홀히 할 수 없다. 하지만 그렇다고 하더라도 연방제 통일론을 보완해서 새로운 통일방안을 제시하는 것은 부차적인 문제이다. 왜냐하면 실제 통일은 미리 구성한 통일방안대로 진행될 가능성이 높지 않으며 매우 역동적인 과정을 거치게 될 것이기 때문이다. 따라서 중요한 점은 연합제든 연방제든 통일론을 보완하여 제도화된 구체화에 집중하는 것이 아니라, 연방제의 의미를 근본적으로 비판하고 성찰함으로써 통일과 관련된 기본적인 관점과 원칙을 바탕으로 연방제 통일론의 근본적 방향성을 새롭게 모색하는 것이다. 그렇다면 어떠한 관점과 원칙을 통할 때 그러한 방향성 제시

---

28) 김계동, 『남북한 체제통합론』, 명인문화사, 2006, 205쪽.

가 가능할 것인가? 여기서 네 가지의 관점과 원칙을 제안하고자 한다.

첫째, 연방제 통일방안에 대해 '열린 지향성' 내지 '유동성'이라는 관점을 유지할 필요가 있다. 연방제는 통일경로의 다양한 로드맵에서 고정된 국가 형태 내지 단계론적 입장이 아니라, 다양한 형태로 변용 가능한 유동적인 성격을 포함해야만 한다. 여기서 백낙청이 연방제와 연합제모두 단일 국민국가의 복원 내지 건설을 최종 목표로 삼는 것에 대한 비판을 참고할 필요가 있다. 그는 한반도 통일의 궁극적인 목표가 근대적 국민국가 형태에 머물고 있음을 비판한 후, "다양한 국가연합 및 연방국가의 실험이 요구되"[29]고 있음을 주장한다. 즉 한층 개방된 국가 형태, 달리 말해 "우리의 구체적 역사 체험에 걸맞는 새로운 연방적 구조"[30]로서 '복합국가론'을 주장한다. 이때의 핵심은 연방제 통일방안을 특정한국가 형태의 건설 모델을 상정하고 추진해서는 안 된다는 점이다. 분명연방제 통일방안은 지금껏 유지되어 왔던 근대적 국민국가 건설이라는 목표에서 벗어나야만 하며, '1국가 2지역정부'라는 고정된 형태로서만이해될 필요가 없다. 예컨대, 한반도의 통일 과정이 배타적 국민국가 체제를 강화하는 방식으로 전개된다면, 동아시아 각국은 그러한 통일에적대감을 보일 것이며 한반도의 통일은 또 다른 분단체제로 나아갈 공산이 크다. 따라서 연방제 통일방안은 근대적 국민국가의 초월을 전제로하면서 새로운 형태의 공동체의 건설이라는 방식으로 나아가야만 한다.

둘째, '상호성'이라는 근본 원칙을 통해 미래지향적으로 새롭게 형성되는 방식으로 나아가야야 한다. 상호성의 원칙은 단지 정치경제적 측면에만 머무는 것이 아니라 문화적 측면 나아가 정서적인 측면까지 포

---

29) 백낙청, 『흔들리는 분단체제』, 창비, 2006. 108~109쪽.

30) 백낙청, 『흔들리는 분단체제』, 창비, 2006. 185~186쪽. 그리고 204쪽. 다만 이후 연방제라는 표현 대신에 광의의 개념으로서 복합국가론을 광범위하게 주장한다.

괄할 수 있는 원칙이기도 하다. 이를테면 자본주의와 사회주의가 갖는
각각의 불완전성은 상호간의 장점을 교류함으로써 보완될 수 있으며,
집단주의와 개인주의는 조화로운 공동체 건설에 토대가 될 수 있다. 요
컨대, 통일은 '적대적 상호의존관계'를 청산하고 남과 북의 정상적인 발
전을 막아온 분단체제를 극복하여 '공생적 상호관계'로의 전환을 의미한
다. 더 나아가 남북 관계는 탈냉전과 남북 관계의 변화에 따라 진영의
이익만을 고려할 수밖에 없는 '복합적 상호의존(complex interdependence)'
의 시대에 접어들고 있다.[31] 이렇듯 적대적인 대립 관계를 벗어난 상호
성의 원칙은 통일담론의 근본적 원칙이 되고 있다.

당연히 상호성이 상대주의와 같은 개별적인 두 주체의 독자성 인정
문제를 의미하는 것만은 아니다. 즉 연방제의 상호성 원리는 "통일성과
자율성의 원리에 기반한 '자치(self-rule)와 공치(shared-rule)'의 결합이라
는 원칙"[32]을 의미한다. 이를테면 연방제는 각 개별적인 정치 주체들의
자치권을 인정하면서도 한반도 통일의 실현을 위해 잠정적 특수 관계인
남북의 관계가 통합적인 주권 형성에 기능할 수 있다는 것이다. 요컨대,
상호성은 두 국가의 변증법적 관계 설정이 가능해질 수 있는 출발점이
다. 서로 다른 두 개체의 대등적 관계망이 현실적인 변증법을 가능하게
하기 때문이다. 연방제 통일방안에 지극히 적대적인 관점을 갖는 사람
이라고 할지라도, 대다수는 평화로운 상호 공존체제의 유지를 가능하게
할 수 있는 상호성에 대해서는 유의미한 관점에서 고민할 필요가 있
다.[33]

31) 고유환, 「한반도 평화 체제 구축을 위한 역대 정부의 노력」, 지구촌평화연구
　　소 편, 『통일한반도를 향한 꿈: 코리안 드림』, 도서출판 태봉, 2012, 60쪽.
32) 조민, 「한반도 평화체제와 남북한 통일 방안」, 『평화학연구』 제7권 2호, 한국
　　평화연구학회, 2006, 51쪽.
33) 실제로 "오늘날 연방주의는 통일성과 다양성을 평화적으로 조화시키는 방안

셋째, 제도적 측면을 넘어선 '사람의 통일'이라는 관점이 추가되어야한다. 한반도 통일방안이 지속적으로 노출되어 있는 한계는 국가 중심적이고 제도 중심적이라는 점이다. 여기서 한반도에 거주하고 있는 '사람'들은 전혀 고려되지 않는다. 오히려 "제도만 마련되면 사람들은 이에따라 당연히 통일되리라는 매우 낙관적인 전제가 담겨져 있다."[34] 하지만 독일 통일의 사례에서도 볼 수 있듯이 두 국가의 통합은 제도적 통합만으로는 이루어지지 않는다. 독일의 통일이 결코 완성되지 않았으며사회문화적·심리적·정서적 차원의 통합문제가 여전히 문제시되고 있다는 사실은 한반도 통일에 '사람의 통일'이라는 관점이 필요함을 여실히 보여주고 있다.

더군다나 그동안 연방제 통일방안은 근본적으로 체제 경쟁적 관점을뛰어넘으려고 했지만 결국 그러한 체제 경쟁적 관점으로부터 끊임없는비판을 받았으며 또한 체제 대립적 측면으로부터 전적으로 자유로울 수없었다. 따라서 연방제 통일방안의 기본적 의의는 오히려 제도적 측면을 포함하면서도 그것을 넘어 '사람의 통일'이라는 계기가 추가되어야한다. 연방제 통일은 서로가 서로를 비춰주는 거울의 역할을 함으로써남북 각각의 지배체제에 대한 내부적 성찰을 제시하는 것이며, 각 사회체제 내부에 간직된 억압과 배제와 같은 것을 비판 극복할 수 있는 계기이자, 그럼으로써 사람의 통일로 나아갈 수 있는 기본적 토대로서 구성

으로서 널리 인식되고 있으며, 실제로 미국, 캐나다, 스위스, 독일, 호주 등 세계 인구의 40%가 공식적으로 연방제 하에서 살고 있다. 특히 최근에는 남아프리카공화국, 이탈리아 등도 연방화를 추진하는 등 연방제에 대한 관심이증가하는 추세이다." 공용득, 「북한의 연방제 연구: 중앙과 지방정부의 관계를 중심으로」, 한국외국어대학교 대학원 국제관계학과 박사학위논문, 2003, 58쪽.
34) 또 하나의 문화 통일 소모임, 『통일을 준비하는 사람들: 통일된 땅에서 더불어 사는 연습-2』, 도서출판 또 하나의 문화, 1999, 60쪽.

되어야 한다. 따라서 연방제 통일방안은 체제 통합적 성격을 유지하면서도 그것이 '사람의 통일'이라는 관점 역시 어떻게 포섭시킬 수 있을 것인가의 문제의식 속에서 마련되어야 한다. 거칠게 말해, 연방제 통일방안은 체제와 이데올로기의 공존이라는 형식을 취하면서도, 연방제의 방향성과 목적에 서로 다른 가치 체계의 인정, 적대적인 마음과 상처의 치유를 위한 서로간의 소통, 이질적으로 달라져버린 생활 문화적 요소의 통합이라는 패러다임을 포함시켜야 한다.

넷째, 연방제의 단점으로 제기되었던 '권력의 분배' 관점이 아닌 다가올 '미래의 고향'으로서 통일 한반도를 건설한다는 패러다임 전환이 필요하다. 남북의 통일 역시 이제껏 전례가 없었던 하나의 경험일 것이다. 같은 민족의 통일이었던 독일 내지 예멘과는 그 경험이 다르기 때문이다. 한반도의 통일은 같은 민족이 좌우로 대립되고 전쟁을 경험하였으며 70여 년 동안 상이한 이념과 체제로 분리되어 온 두 집단의 통일이라는 역사상 유례가 없는 것이기 때문이다. 하지만 연방제 통일방안이 권력의 획득과 분배라는 측면에서만 구상된다면 한반도 통일은 또 다른 분단 체제의 확립으로 이행될 우려가 있다. 따라서 한반도 통일론은 무엇보다 남과 북의 현 상태를 변화시키면서 어떻게 보다 나은 새로운 공동체를 건설할 것인지의 냉정하고 절실한 문제의식 속에 마련되어야 한다. 이는 통일이 단순한 영토 및 생활공간의 통합이라는 차원을 넘어서 남과 북 사이에서 창출된 새로운 것의 인정과 실현이라는 의미로 이해되고 있기 때문이다. 이러한 새로운 것은 통일 한반도에서 앞으로 추구되어야 할 가치, 정서, 문화 등이 포함된다. 바로 이런 점에서 동질화된 권력 내지 정치 체제의 구축이 아니라 새로운 '미래의 고향'을 건설하기 위한 과정적 노력으로서 연방제를 이해해야할 필요성이 있다.

5. 나가며: 연방제 통일론의 전망과 인문적 통일론

서로 다른 체제들 사이의 연방제 통일방안을 역사적 경험이 없다는 이유만으로 무시할 순 없다. 또한 연방제 통일론의 지속적인 관심과 그 것의 재구성 가능성도 막을 순 없다. 무엇보다 이는 한반도의 통일 자체 가 다른 통일 사례들과는 달리 역사상 유래가 없는 통일이기 때문에 그 러하다. 오히려 한반도 통일이 역사상 유례가 없는 최초의 사례라는 점 은 그 과정을 이루는 데 있어서 다양한 로드맵과 폭넓은 관점 및 방안이 검토될 가능성을 폭넓게 확장시키는 가장 큰 이유가 된다.

한편으로 앞으로 논의될 수 있는 연방제 통일론과 관련하여 이러한 전망 역시 가능하다. '같은 민족'이라는 민족적 유대감은 상이한 체제와 이데올로기의 공존을 가능하게 해줄 수 있는 기제이기도 하다. 물론 한 반도의 통일과정이 단순히 민족적 유대감만으로 진행된다는 믿음은 과 도한 전망이긴 하지만, '같은 민족'이라 사실은 서로 다른 체제와 이데올 로기를 가지고 적대적으로 대립하는 두 국가의 통일을 만들어가는 가장 중요한 토대가 될 수 있다는 것이다. 분명 서구와는 달리 한반도는 상대 적으로 강한 민족적 귀속감을 가지고 있으며, 이러한 귀속감은 한반도 분단이라는 과제 앞에서 그 실효성을 발휘할 것이다.

또한 연방제 통일론은 많은 이들이 주장하고 있는 것과 마찬가지로 민족적 연대와 동아시아 평화공동체 형성이 이중적 과제를 수행해야만 할 것이다. 통일과정에서 분명 필요한 것은 민족적 연대라는 가치이다. 하지만 한반도 통일의 가치는 단순히 여기서 그치지 않는다. 주지하듯, 한반도는 "동북아시아라는 지리적 공간을 정치 · 경제 · 문화적으로 결합 된 '하나의 지역'으로 만드는 연결고리"[35]이기 때문이다. 따라서 한반도

---

35) 박순성, 「남한의 평화관: 통일논의를 중심으로」, 이우영 외, 『화해 · 협력과 평

의 평화는 곧 주변 지역의 평화 공존과 공동 발전에 기여할 수 있다. 이
는 한반도의 분단체제가 남북한의 적대적인 대립과 경쟁이라는 점에서,
나아가 미·소 냉전에 기인한 한-미-일 대 북-중-러라는 동아시아 대립
체제와 맞물려 있다는 점에서 분단 체제의 극복은 곧 민족적 연대의 과
정과 동아시아 평화 공동체 형성이라는 이중적 과제일 수밖에 없음을
의미한다. 그런 점에서 연방제 통일방안은 그래서 민족적 연대가 가능
한 지점을 모색하는 것과 동시에, 동아시아의 평화 공존의 과정을 정착
시키는 이중 과제를 수행할 때야 비로소 그 적극적인 의의를 갖게 될 것
이다.

　2000년을 넘어서면서부터 연방제 내지 연합제가 아닌 대안적 통일방
안이 제기되고 있다. 예를 들어 서울대 통일평화연구소의 '연성복합통
일론', 통일연구원의 '통일대계론' 등이 대표적이다. 이러한 통일방안의
의도는 '1민족 2국가'라는 한반도의 특수성이 낳은 여러 가지 문제들, 이
를테면 개별적인 국가성을 지니면서도 서로의 국가를 인정하지 않거나,
같은 민족의 통일을 이야기하면서도 적대적인 국가의 부정을 바라는 것
과 같은 분단 체제의 모순을 극복하면서 궁극적으로 통일 한반도 건설
의 새로운 논리를 마련하기 위해서이다.

　결국 통일론과 인문학의 만남은 반드시 필요하다. 인문학은 통일론에
서 요구되는 근본 원칙과 가치 체계를 제공할 수 있기 때문이다. 근본적
으로 인문학은 정치·경제·법·제도와 같은 장치들을 넘어서 인간의
정서·생활문화·가치들을 구체적인 삶의 배경 속에서 이해하는 학문이
다. 따라서 특히 체제와 제도 중심의 통일론은 인간의 삶을 총체적이면
서도 구체적으로 접근하는 인문학적 성찰이 더욱 필요하다. 예컨대, 인
문학은 통일담론 체제와 제도 중심으로 전개됨으로써 자칫 소홀히 할

화번영, 그리고 통일』, 한울아카데미, 2005, 104쪽.

수 있는 자유 · 평등 · 인권 · 민주주의 · 생태와 같은 인류의 보편적 가치
에 대한 관심을 환기시킨다. 그래서 인문적 통일론은 한반도 통일을 분
단 구조가 만든 여러 가지 문제점을 극복하면서, 인간다운 삶이 가능한
상태로 남북 사회를 변화시켜 나가는 과정으로서 인식할 수 있게 돕는
다. 연방제 통일론 역시 한반도의 현실적 조건과 상황에 따라 인문적 통
일론을 통한 지속적인 재구성의 과정 속에서 놓여야 할 것이다.

제2장 한반도 중립화 통일방안에 대한 반성적 고찰

1. 들어가며

'한반도 중립화 통일'은 일반적으로 통일 전에 남북한을 각각 중립화시킨 후 두 영세중립국을 하나의 국가로 통일하고, 그 이후에도 중립화를 유지하는 것을 의미한다. 기본적으로 중립화 통일방안은 남북한이 신뢰를 회복하여 안정적인 교류와 협력 체제를 만든 후, 적대감을 없애는 여러 혁신적인 조치들을 취하여 '영세중립국'으로 인정을 받아 남북연합 또는 남북연방을 건설하는 것을 우선적인 과제로 삼는다. 그리고 마지막 단계에서 두 중립국이 하나로 영세중립국으로 결합하여 통일을 완수한다는 것이 중립화 통일방안의 최종 전망이다. 이러한 한반도 중

---

* 건국대학교 통일인문학연구단 HK연구원.

립화 통일방안의 구체적인 실현 방법이나 단계는 연구자마다 차이가 있
겠지만, 중립화통일론이 갖고 있는 '이론적 힘'은 무엇보다 확실한 평화
체제 위에서 남북통일이 보다 안정되고 예측가능한 상태로 통일을 이룰
수 있다는 점에 있다. 어느 일방에 의한 무력통일이나 흡수통일이 불러
올 수 있는 위험 요소를 회피하면서, 기존의 연합제 및 연방제 통일방안
이 가진 경쟁성과 제한성을 보완할 수 있다는 장점이 있는 것이다. 또한
6·15공동선언에서 합의한 연합제와 낮은 단계의 연방제가 가진 추상적
공통성과 모호한 결합성이라는 문제를 극복하면서 보다 분명한 로드맵
을 제시하고, 한반도 역사의 근본적인 변화를 가져올 수 있는 미래상을
제시한다는 점에서 매력적인 것도 사실이다.

그런데 중립화 담론은 그동안 남북한 양측에서 크게 환영받거나 전면
적으로 다루어지지 못한 채, 일각에서 주장하는 통일 실현 모델로 간주
되어 온 것이 사실이다. 남한에서는 주로 민간 통일운동 단체들이나 개
인 연구자들이 영세중립국을 통한 통일론을 주장해왔다.[1] 하지만 예외
적인 경우로는 1989년 6월 광주교육대학교에서 열린 시국강연에서 김대
중 전 대통령이 당시 야당 지도자로서 통일한국이 오스트리아식 영세중
립국가로 발전할 수 있다고 전망한 적이 있다.[2] 한편 북한에서는 김일
성이 1980년 10월 조선로동당 창당 제6차 대회 '고려민주연방공화국 창
설안' 발표, 1985년 10월 평양에서 장세동 당시 안기부장과의 대담, 1993
년 4월 최고인민회의 제9기 제5차 회의 연설 등에서 '중립적 통일국가'

---

1) 한반도 중립화 통일방안에 관한 국내의 기존 연구 성과들은 대체로 다섯 가
지 범주를 갖는다. '한반도에서 시대별로 제기된 중립화 논의의 역사적 변천',
'한반도 중립화의 필요성 및 당위성', '한반도 중립화를 가로막는 현실적 요
인', '한반도 중립화 통일의 단계적 방안 (비교)', '영세중립국 사례의 역사적·
지정학적 성립 요건' 등이 그것이다.
2) 강종일·이재봉 편저, 『한반도의 중립화 통일은 가능한가』, 들녘, 2001, 248쪽
참조.

를 강조했다. 김일성은 기본적으로 고려연방제를 제안하면서도 "민족의 자주성과 동북아 평화를 위해서는 '중립화통일'이 바람직하다"[3]고 생각한 것으로 전해진다.

이 논문은 통일방안으로서의 통일 담론 및 '체제의 통일'에 대한 비판적 관점을 통해 한반도 중립화통일론에 대해 반성적으로 접근해보려고한다. 또한 인문학적 관점에서 한반도 중립화통일론이 가진 역사적 의의와 한계를 분석하고, 체제 통합 중심의 통일론이나 통일방안 중심의 통일 담론이 간과하고 있는 지점들을 점검해볼 것이다. 여기에서는 먼저 '중립화'의 개념과 조건을 정리하고 한반도 중립화 통일의 필요성과 단계적 통일방안에 대해 살펴볼 것이다. 그리고 기존 중립화통일론이 간과하고 있는 지점들을 비판적으로 살펴볼 것이다. 특히 중립화통일론에 대한 전반적인 의의와 한계, 중립화와 통일이라는 가치들이 혼재되어 있는 내부 논의의 양상에 주목해볼 것이다. 더불어 중립화통일론이 '체제의 통일'에만 주목하여 놓치고 있는 '사람의 통일'이란 측면, 그리고 '지정학적 특성'에 주로 천착한 중립화론이 간과하고 있는 통일로 나아가기 위한 남북상호 신뢰 회복과 통일의지의 중요성, 한반도의 '역사적 특수성'에 대한 이해에 대해서도 살펴볼 것이다. 끝으로 중립화통일론이 가지고 있는 근본적 한계 지점을 짚어보며 통일방안 중심의 통일담론을 넘어 코리언의 삶을 포괄할 수 있는 통일 담론의 필요성도 전망해보고자 한다.

---

3) 『한겨레신문』, 1989년 4월 6일 기사, 「문익환 목사 일본 기자회견 요지: 김주석 '중립화통일' 강조」.

2. 한반도 중립화 통일의 필요성과 단계적 통일방안

1) 중립화의 개념 및 조건

'중립(neutrality)'은 '중성'을 뜻하는 라틴어 neuter에서 어원을 찾을 수 있는데 일반적으로 '대립되는 어느 편에도 가담하지 않고 중도적인 입장을 선택하는 것'을 의미한다. 그리고 전쟁 상황에서의 중립은 전쟁 당사국의 어느 편에도 서지 않는 것을 뜻한다. 이에 반해 '중립화(neutralization)'는 전시뿐만 아니라 평시에도 국가의 중립적 지위가 영구히 보장되는 형태로 제도화된 것을 말한다. 즉 이것은 "이해관계가 상충되고 있는 당사국들이 협정을 통해 중립화의 대상인 국가, 영토, 수로 등에 중립을 부여하는 국제적 지위"[4]인 것이다. 이런 점에서 중립은 크게 두 가지로 나뉘는데, 전쟁의 종료와 함께 그 효력이 상실되는 '통상 중립(customary neutrality)', 전시중립이나 잠정적인 중립이 영구적으로 중립의 권리와 의무를 인정받을 수 있는 '영세 중립(permanent neutrality)'이 그것이다. 그래서 영구중립화된 국가는 자신의 방어 이외에 다른 국가의 의사에 반할 수 있는 무장을 갖추지 않고, 그 상태를 변경할 수 있는 어떠한 조약의 의무도 수용하지 않는다는 조건을 준수해야 한다. 그리고 주변 강대국들은 국제 협약에 따라 중립국의 정치적 독립과 지역적 통합을 영구히 인정하고 그 국가나 지역이 군사적 대결에 휘말려들지 않도록 지위를 보장해야 한다.

스위스(1815), 벨기에(1839), 오스트리아(1955), 라오스(1962) 등은 평화를 유지하기 위해 영세중립화를 선언하여 국제 분쟁으로부터 자신들

---

4) Cyril E. Black, Richard A. Falk, Oran R. Young, *Neutralization and World Politics*, New Jersey: Princeton University Press, 1968, p.xi(강종일 · 이재봉 편저, 『한반도의 중립화 통일은 가능한가』, 들녘, 2001, 233쪽에서 재인용).

을 격리시키려고 했다. 물론 중립국으로서의 지위를 국제적으로 승인받는다고 해도 주변국들 사이의 분쟁에 휘말리지 않고 평화가 계속 유지된다는 보장은 없지만, 중립화는 분쟁을 회피하려는 소극적인 목적을 넘어서서 분쟁을 완화시키고 종결시키려는 적극적인 목적도 갖고 있다. 또한 국가를 대상으로 하는 영세중립과 달리 중립화는 그 대상을 적대적인 국가들이 충돌할 위험을 가지고 있는 특정한 분쟁 지역으로 설정할 수도 있다.

한편 '중립주의(neutralism)'는 상대적 약소국이 강대국들의 전쟁에 휘말리지 않고 자국의 독립을 유지하려는 목적으로 채택하려는 외교적 경향을 의미한다.[5] 즉 국가의 대외정책의 기본 원칙으로서 대립된 두 블록 어디에도 가담하지 않는 비군사적 태도인 것이다. 이러한 중립주의는 2차 세계대전 이후 냉전 시대를 맞이하며 신생독립국가들이 제국주의와 식민주의를 반대하며 자국의 안보를 위해 민족주의적 안전보장 장치로 선택했던 것에서 유래했다. 비슷한 의미로 '비동맹(non-alignment)' 중립주의는 외교정책에 있어 중립주의보다 적극적인 의지를 포함하는 것으로 이해되는데, 냉전 시대 국가의 이익을 극대화하기 위해 미국과 소련 중 "어느 편에도 가담하지 않았던 인도, 미얀마, 인도네시아, 이집트 등의 제3세계 국가들이 여기에 해당된다."[6]

물론 이러한 개념적 구분은 국제법이나 실제 국제관계에서 명확하게 적용되기 어려운 부분이 있다. 먼저 중립 행위의 기준은 분쟁의 수위가 다양해진 오늘날에 그 지위가 모호해질 수 있다. 직접 무력을 행사한 교전국(belligerent)과 비교전국(non-belligerent)의 구별이 분명한 전쟁 이외

---

5) 윤태룡, 「국내외 한반도 중립화논쟁의 비교분석: 찬반논쟁을 넘어서」, 『평화학연구』 14권 3호, 2013, 76쪽.

6) 강종일 · 이재봉 편저, 『한반도의 중립화 통일은 가능한가』, 들녘, 2001, 236쪽.

에도 스파이전, 심리전, 냉전, 국제기구가 행사하는 압박과 제제, 강대국에 의한 경제 제재, 각종 테러 행위 등 현대사회에서는 국제적 분쟁이 다양한 양상으로 나타나기 때문이다.

두 번째로 중립국으로서의 지위는 어디까지나 국가의 의무적 행위에 근거를 두기 때문에 그것의 이행이 충분하지 않을 때는 지위가 박탈될 수도 있다. 국제적으로 중립이 보장된다는 것은 국제법에 따른 의무를 충실히 수행할 경우에만 해당되므로 만약 교전국을 직간접적으로 지원하거나 교전국에 편의를 제공했다는 혐의를 받을 경우 중립국으로서의 지위는 인정되지 않는 것이다. 이처럼 중립적 지위는 주변 국제 정세를 관찰하며 당면한 상황에 따라 판단을 내려야하므로 때로는 "소극적이고 기회주의적이며 동시에 현상유지를 의미"[7]하기도 한다. 따라서 중립국이라는 지위는 본질적으로 전쟁을 회피하여 국익을 도모하려는 의도에서 출발하기 때문에, 주변국들이 납득할 수 있는 철저한 중립을 실천하겠다는 중립국의 의지가 중요하게 작용하는 것이다.

다음으로 중립화가 가능한 조건을 살펴보면, 중립화에 대한 국민적 합의와 그것을 관철시켜 나가는 지도자의 의지, 평화에 대한 국민들의 열망 등이 중립화를 실현하기 위한 내적 조건이라고 볼 수 있다. 이것은 중립국이 이행할 국내외 규정을 준수해야 하는 의무와 정치적·경제적·군사적·외교적으로 중립국이 누릴 수 있는 독립적 권리를 모두 포함한다. 이처럼 한 국가가 중립화를 외교정책의 목표로 채택하기까지의 과정도 지난한 것이지만 그것을 수호해나가는 과정은 더 험난하기 때문에 중립국에는 내부의 강한 의지가 요구되는 것이다.

둘째, 중립국으로의 변화가 실현가능하며 그 효과가 극대화되기 위해서는 중립화를 실현하기 위한 객관적 조건도 요구된다. 외세의 침임을

---

7) 위의 책, 235쪽.

받을 가능성이 높거나, 중립화 이후 해당 국가와 주변국이 함께 평화공
존을 유지하며 발전할 수 있는 지리적·지정학적 조건을 갖추어야 하는
것이다. 그런데 중립국 후보로 우선적으로 거론될만한 지역으로 블랙
(Cyril E. Black)은 "신생 약소국가, 분단된 독립국가, 주변 강대국의 경쟁
적 간섭을 받거나 받을 가능성이 있는 국가, 강대국과 강대국을 연결하
는 교량적 역할을 할 수 있는 국가"[8]를 꼽고 있다.[9]

세 번째로, 중립화에는 국제적 조건도 필수조건으로 제기된다. 영세
중립국으로 인정을 받기 위해서는 주변의 국가들과 협정을 통해 중립화
에 대한 국제법적 보장을 받아야 하기 때문이다. 즉 중립화를 향한 국가
내부의 동력과 의지만으로는 중립주의적 외교정책은 가능하더라도 영
세중립국으로서의 지위는 가질 수 없기 때문이다. 이런 점에 비춰 보더
라도 남북이 모두 영세중립국이 되어 통일이 되기 위해서는 한반도 통
일로 인해 주고받을 이해관계가 큰 주변 4강국으로부터 국제협정에 의
한 영세중립의 보장이 필수적임을 알 수 있다.

끝으로 중립화된 국가라고 해서 모든 군사력이 사라지는 것이 아니라
는 점도 중요하다. 중립국에서는 외국을 침입하거나 공격할 수 있는 군
대가 아니라 자국을 방위하기 위한 자위적 차원의 국방력이 여전히 필
요하기 때문이다. 영세중립국이자 무장중립국인 스위스가 징병제를 통
해 용맹하기로 이름 난 민병대를 조직했으며 이러한 국방력을 통해 중

---

8) Cyril E. Black, *Neutralization and World Politics*, New Jersey: Princeton University
   Press, 1968, pp.68~69(위의 책, 238쪽에서 재인용).

9) 이런 조건을 고려해볼 때 4·19혁명 이후 짧은 시기이긴 하지만, 당시 신생약
   소국이면서 분단국가이던 한국에서 정부의 통일논의를 비판하며 중립화통일
   론을 비롯한 새로운 통일담론이 활발히 전개되었던 배경을 이해할 수 있다.
   한반도의 지정학적 조건이 일제로부터의 해방 이후 강대국에 의한 분단과 전
   쟁으로 이어졌으며, 그 적대적 분단 상황을 독재적 통치의 기반으로 활용했
   던 자유당 정권에 대한 반감은 단순히 남북대화와 평화통일을 염원하는 차원
   을 넘어서고 있었던 것이다.

립성을 유지하고 있다는 점이 이를 잘 보여준다. 그런데 최근 스위스 정
부가 무기를 전 세계에 지속적으로 수출하면서 논란이 되자, 내부에서
는 스위스를 코스타리카 같은 비무장중립국으로 전환하자는 움직임도
일어나고 있다.[10]

2) 한반도 중립화 통일방안

역사적으로 한반도 중립화의 필요성이 제기된 것은 크게 3시기로 나
눌 수 있다.[11] 1885년에 개화파의 유길준(1856~1914)이 발표한 「조선중립
론」 이후 일본, 독일, 영국, 미국의 외교관들도 영세중립국을 건의했고,
대한제국 정부는 직접 미국(1897)과 일본(1900, 1903)에 중립국 실현을 위
한 협조를 요청하기도 했다. 이후 두 번째 시기는 1960년 4·19혁명에서
1961년 5·16쿠데타까지 1년여 시간이었다. 두 독재정부 사이의 과도기
동안 한반도의 중립화 통일을 주장하는 논의들이 국내외 여러 지식인들
과 사회민주당, 혁신당, 사회당 등의 혁신정당, 그리고 '민족자주통일중
앙협의회', '중립화조국통일운동총연맹', '민족통일전국최고위원회' 등의
사회단체에 의해 개진되었다. 이 시기에 대표적으로 중립화 통일운동을

---

10) 2009년 11월에 실시된 스위스의 국민투표에서 '무기수출 금지안'은 부결되었다.
11) 물론 이러한 시기 구분과는 상관없이 한반도 중립화 논의는 분단 이후 미국
에 의해서도 지속적으로 검토되었다. 미소 군정 말기, 미소공동위원회의 결
렬을 예상하며 미군 웨드마이어(Albert Wedemyer) 중장은 극동시찰 보고서에
서 미국이 한반도 문제의 부담을 덜고자 하는 의도에서 한반도 중립화론을
제기했다. 또한 한국전쟁 이후, 냉전 체제를 재조정하는 과정에서 미국 정치
권 일부에서 전후 처리를 위한 여러 가지 방안을 모색하던 중 제기되기도 했
으며, 1960년 맨스필드(Mike Mansfield) 상원의원이 한국 중립화 필요성에 대
해 주장하자 이에 자극 받아 한국에서는 중립화 통일운동이 활발하게 전개되
기도 했다. 1970년대에는 동아시아 긴장 완화를 위해 주한미군 철수가 대두
되면서 그 대체 방안으로 중립화론이 검토되었다.

전개한 연구자들로는 일본에서 활동한 김삼규(1908~1989), 미국에서 활동한 김용중(1898~1975), 국내에서 활동한 권두영(1928~1989) 등이 대표적이다. 그리고 마지막 시기는 1998년 국민의 정부 이후로, 2000년대에 활발해진 남북 교류 속에서 한반도 중립화통일론이 소수의 이론가와 활동가들에 의해 다시 개진되고 있는 상황이다.[12)

한반도에 영세중립 통일이 필요하다고 주장하는 연구자들은 대체로 아래와 같은 이유를 들고 있다. 첫째, 아시아 대륙에 붙어 있는 지리적 요인으로 인해 주변의 중국, 러시아, 일본이라는 강대국들 틈에서 살아 남아야 하는 한반도의 필연적 요인이 있다. 둘째, 남북한이 통일되더라도 주변 국가들의 강한 국력에 맞서서 한반도의 이해관계를 관철시키기 어려운 지정학적 요인이 있다. 셋째, 점차 세계 초강대국으로 발돋움하려는 중국, 침략의 역사를 반성하지 않고 반복하려 하는 일본, 여전히 무시할 수 없는 국력을 가진 러시아, 그리고 한미동맹을 통해 분단 이후 남한에 가장 강력한 영향력을 행사해 온 미국과의 관계를 고려했을 때, 통일 후 '한반도의 안보' 문제는 영세중립국의 지위로 보장받는 것이 최선이라는 국제관계학적 요인이 있다.

위의 이유들은 남북한이 중립화를 추진한다고 했을 때 현재 6자회담의 당사국인 주변국들과의 관계를 고려하면서 도출되는 것들이다. 통일된 한반도가 주변국들의 이해관계에 직접 얽매이거나, 어느 한 국가와 의존적인 관계를 맺지 않으면서 '교량적 역할'을 수행하기 위해서는 주변국 모두가 수용할 수 있는 한반도의 영세중립국 통일로 나아가야 한다는 것이다. 즉 '순망치한(脣亡齒寒)'이라는 말로 대변되는 한반도에 대

---

12) 최근 중립화통일론을 연구하는 연구자들로 미국에서 활동하는 최봉윤, 황인관, 박문재, 티모시 새비지(Timothy Savage), 샐리그 해리슨(Selig S. Harrison) 등이 있고, 국내에서는 김형찬, 강종일, 김용운, 장명하, 이재봉, 김승국, 주종환, 박후건, 유명철, 방호엽 등이 있다.

한 중국의 전통적 인식이나 중국에 대한 한반도의 사대주의, 그리고 분단 이후 미국과 맺어왔던 의존적 동맹관계를 벗어날 수 있는 기회라는 것이다. 황인관은 중립화는 작은 나라가 큰 나라를 활용하는 것이므로 "외부의 힘을 빌려 우리 민족의 생존문제를 해결하려는 소위 용대주의(用大主義)로 보는 것이 마땅하다."13)고 본다. 이러한 전망 속에서 통일된 영세중립국으로서 한반도의 단일국가는 진정한 자주 독립국가로서 "동북아의 균형자 역할, 평화의 조정자 혹은 촉진자 역할"14)을 할 것으로 기대된다.

이어서 아래의 것들은 남북통일을 이루기 위한 중간 과정으로서 중립화가 필요한 이유들이다. 넷째, 남북협상 과정에서 요구되는 합의사항의 이행 및 국제적 보장을 위해서는 '심판관'의 역할을 수행할 수 있는 중립화 체제의 국제기구가 필요하다. 다섯째, 일방적인 방식으로 승자와 패자가 나뉘는 통일을 지양하기 위해서는 남북 양측 모두에 이익이 되는 통일방안이 필요하다. 여섯째, 주변 4강국들의 이해관계는 저마다 상충되지만 향후 국제정세의 변화에 따라 각국이 중립화 합의의 필요성과 실효성을 인정할 가능성도 적지 않(을 것으로 기대된)다. 일곱째, 가장 평화로운 통일을 실현하기 위해서는 주변 지역에 평화공존을 촉진시키고 국방비 축소를 자연스럽게 가속시키는 영세중립국으로의 전환이 요구된다. 이런 점에서 중립화통일론은 "결과를 예측할 수 있고 후유증과 부작용이 가장 적은 통일방안"15)이라는 것이다.

---

13) 황인관, 「한반도가 중립화 통일이 되어야 할 10가지 이유」, 강종일·이재봉 편저, 『한반도의 중립화 통일은 가능한가』, 들녘, 2001, 277쪽.
14) 이재봉, 「동북아 균형자 역할과 한반도 영세 중립」, 『한국동북아논총』 제43집, 2007, 87쪽.
15) 황인관, 「한반도가 중립화 통일이 되어야 할 10가지 이유」, 강종일·이재봉 편저, 『한반도의 중립화 통일은 가능한가』, 들녘, 2001, 281쪽.

한편 중립화 통일방안으로서 대부분의 기존 논의들은 3단계 혹은 5단계 방안을 제시하고 있다. 몇 가지를 살펴보면, 김승국은 한반도 중립화 통일로의 이행 과정을 '통일방안'과 '중립화방안'이 동시에 진행되는 3단계로 나누어, '남북한 교류 및 평화공존, 지역 중립화 → 국가연합 또는 평화국가연합, 오스트리아의 중립방식 도입 → 연방제, 스위스의 중립방식 도입'으로 제시한다.[16] 이 과정은 세부적으로 'DMZ의 비무장중립화', '서해의 평화지대화', '비핵·중립화'를 포함하며, 남북 군사구조의 재편, '주한미군의 중립화'와 '한미동맹의 중립화', '북·미수교', '북·일수교' 등을 동반하여 진행된다.

또한 강종일은 중립화 통일 과정을 5단계로 나누어, '남북의 신뢰 회복 → 남북한 제도정비와 보완(서로 다른 제도의 개선) → 남북한 연합제(민족통일최고회의를 구성하여 통일헌법과 통일선거법을 제정) → 남북한 영세중립 연합제(남북이 별도로 중립화 국가가 되어 현재와 같은 체제를 유지) → 남북한 영세중립 통일(두 중립화 국가가 하나의 중립화 국가로 통일)'로 제시한다.[17]

한반도중립화통일협의회에서는 5단계 중립화 체제 구축방안을 '정전체제의 청산(평화조약의 체결) → 남북한 사이의 한반도 중립화 공동합의문 채택 → 남북한 및 주변 4강의 한반도 중립화 선언과 중립화 국제조약의 체결 → 남북한 통일헌법 채택과 통일헌법에 따른 총선거 실시 → 중립화를 통한 한반도에서의 통일국가 창립'으로 제시했다.[18]

---

16) 김승국, 『한반도 중립화 통일의 길』, 한국학술정보, 2010, 275쪽 참조.
17) 강종일·이재봉 편저, 『한반도의 중립화 통일은 가능한가』, 들녘, 2001, 256쪽~259쪽 참조.
18) 윤태룡, 「국내외 한반도 중립화논쟁의 비교분석: 찬반논쟁을 넘어서」, 『평화학연구』 14권, 3호, 2013, 91쪽.

3. 중립화 통일방안에 대한 비판적 성찰

1) 한반도 중립화 통일방안의 의의 및 역사적 부침

한반도의 중립화는 북진통일론이 정부의 기본 방침이던 1950년대 이승만 정권 때는 거론될 수 없었지만, 장면 정부는 '한국 중립화통일론에 대하여'란 입장을 발표하며 중립통일론을 비판하였다. 대체로 이 시기 통일 논의는 "민주당 정권의 (남북)총선거 방식과 혁신세력의 중립화통일방안을 중심으로 대립했다."[19] 그 당시 중립화에 대한 반대론의 근거로 제시된 것은 "한국과 공산권 국가의 지리적 인접, 한국과 미국의 원거리, 한국의 전략적 위치, 한국 경제의 낙후로 공산주의 침투 가능성"[20]이 높다는 점 등이었다. 당시 통일 담론이 활발하고 자유롭게 개진될 수 있는 분위기였음에도 불구하고 중립화 통일에 대한 조순승, 김갑철 등의 비판도 장면 정부의 반대론과 크게 다르지 않았다. 무엇보다 강대국의 이해관계가 충돌하는 한반도의 지정학적 특성을 결코 무시할 수 없기 때문에 한국이 설령 중립화가 된다고 하더라도 그것을 유지하기 어려우며, 국방력 · 경제력의 약화로 공산주의의 침투가 용이하다는 현실론이 팽배했었기 때문이다.

그런데 노태우 정부의 '북방외교'와 문민정부의 '한민족공동체 건설을 위한 3단계 통일방안'과 국민의 정부 이후 '햇볕정책'과 남북정상회담 등을 거쳐 오며 남북관계는 많이 진전되었고, 소련의 해체와 한국경제의 발전은 중립화통일론에 대한 반대 논거를 약화시켰다. 또한 중립화통일론은 기존의 남북한의 공식적인 통일방안의 핵심인 연합제와 연방제 사

---

19) 강만길 외 편, 『한국사 20: 자주 · 민주 · 통일을 향하여(2)』, 한길사, 1994, 193쪽.
20) 강종일 · 이재봉 편저, 『한반도의 중립화 통일은 가능한가』, 들녘, 2001, 252쪽.

이에서 "평화통일의 지름길"[21]이라는 특장점을 가지고 '제3의 길'을 제시해왔다. 6·15공동선언의 제2항은 "남측의 연합제안과 북측의 낮은 단계의 연방제안이 서로 공통성이 있다고 인정하고 앞으로 이 방향에서 통일을 지향시켜 나가기로 하였"음을 천명하고 있다. 하지만 실질적인 남북교류가 사실상 중단된 상황에서 두 가지 통일방안들의 구체적인 결합은 지지부진한 상태에 빠질 수밖에 없다. 이런 교착상태에서 '중립' 개념은 이질적인 두 국가체제를 통합하려고 할 때 발생하는 대립적 요소를 희석시키는 전략이 될 수도 있다. 남북이 중립을 표방한다면 아주 느린 속도로 진행되더라도 서로 다른 두 체제와 국가가 평화적으로 공존하며 서로의 공통점을 신장시키고 연대의 지점을 확대할 수 있기 때문이다. 이처럼 중립화통일론에는 "합의를 통하여 두 체제의 장점을 상호보완적으로 수렴할 수 있는 통일이 가능하다"[22]는 전망이 담겨 있다.

또한 기존의 연합제 또는 연방제 통일방안을 중간 단계로 포섭하면서 통일 한반도가 어떤 사회로 구성될지, 어떤 가치가 구현되는 독립국가로 만들어갈지에 대한 미래적 상상력을 주체적으로 불러일으킨다는 점에서도 중립화통일론은 국가 또는 민족 중심의 통일론이 가진 권위적인 요소를 줄여나갈 수 있다. 한편 냉정한 현실론의 시각에서 봤을 때도 북한은 "어떻게 해서든지 동독의 운명을 되풀이하려 하지" 않으려 하고 "남한은 서독의 통일비용부담을 되풀이하려 하지"[23] 않으려는 경향 속에서 중립화통일론은 나름의 대안적 가치를 지닐 수도 있다. 또한 남북의 동시 군비축소와 무장해제를 통한 평화체제의 구축이라는 가치를 강

---

21) 김승국, 『한반도 중립화 통일의 길』, 한국학술정보, 2010, 5쪽.

22) 이재봉, 「한반도의 통일과 동아시아의 평화: 한반도의 중립화 및 동아시아 공동시장을 통하여」, 강종일·이재봉 편저, 『한반도의 중립화 통일은 가능한가』, 들녘, 2001, 335쪽.

23) 위의 책, 273쪽.

조하며, 한반도의 뿌리 깊은 사대주의 전통을 탈피할 수 있는 상상력과, 더불어 평화공존의 무대를 확립하여 자주독립국으로서의 발전을 추진할 가능성을 제공한다는 점에서 중립화통일론은 긍정적 가치를 지니고 있는 것이다.

그러나 중립화통일론은 오랜 시간 동안 금기나 무시의 대상이 되기 일쑤였다. 이승만 정권과 박정희 정권은 중립화 통일에 대한 논의 자체를 금지시켰고, 중립화 통일을 주장한 인사들을 용공세력으로 몰아 탄압했으며 권력 유지의 제물로 삼기도 했다.24) 중립화에 대한 지향은 강대국들에 둘러싸인 약소국의 정체성을 가진 국가가 이른바 독립적인 강소국의 지위를 도모하기 위해 안전을 보장받으려는 의도에서 출발하기 때문에 강대국의 합의가 필수적이다. 한반도 통일은 남북만의 문제가 아니라 주변 강국들의 협조와 인정을 통한 국제적 합의가 필요한 과정이라는 점을 전제하는 것이다. 물론 미국도 "주한미군의 감축이나 철수를 구상할 때마다 한반도의 중립화를 고려"25)했지만, 휴전26) 이후 대외전략을 관장하는 권력 핵심부에서 심각하게 논의된 적이 있다고 보기는 어렵다. 미국의 주류 입장은 여전히 한반도를 아시아 정책의 중요한 교두보로 활용하는 것이기 때문이다. 특히 중국이 초강대국으로 부상하여 과거의 소련을 대신해 미국과 패권을 겨루게 되리라는 전망이 이제 가시권에

---

24) 1951년 이승만 정권과 1961년 박정희 정권에 의해 일본으로 추방된 김삼규, 용공분자로 체포되어 감옥에서 사망한 권두영, 그리고 평화통일과 중립화 통일에 관한 보도기사가 빌미가 되어 북한을 찬양·고무했다는 혐의로 사형을 당한 민족일보 사장 조용수가 대표적이다.

25) 이재봉, 「동북아 균형자 역할과 한반도 영세 중립」, 『한국동북아논총』 제43집, 2007, 87쪽.

26) "1953년 휴전협정이 체결될 무렵 미 국무부에서는 한국의 중립화통일방안을 구상하였으며, 주일미대사 머피는 국무차관보로 옮겨간 후 통일 후 한국을 중립화하는 방안을 피력하였다." 서중석, 『조봉암과 1950년대(상)』, 역사비평사, 1999, 229쪽.

들어온 상황에서 미국이 주한미군을 철수시키거나 주둔의 목적을 변경하면서 한반도의 중립화를 인정한다는 것은 사실 상상하기 어려운 일이다.

미국 외교협의회 선임연구원 매닝(Robert Manning)은 스위스와 같은 영세중립국은 "한국의 역사와 잘 어울리지는 않는다. 통일이 이뤄질 때 한국은 상대적으로 약화된 상태일텐데, 주변 강국들의 신의에 바탕을 둔 중립국의 지위로 안보를 맡기면 오히려 불신이 더 클 수 있을 것"[27]이라고 전망한다. 또한 통일과정 상의 '중립화'와 통일국가의 미래상으로의 '중립국'을 동시에 추구하면서 "중립과 독립을 지켜 나갈 수 있는 주관적 여건의 확립, 중립을 보장함으로써 얻는 이익이 크다는 국제적 요건의 구비, 민족 구성원의 합의점" 도출 등이 전제되지 않는다면 불가능한 일이라는 지적도 있다. 그런 점에서 중립화통일론은 "자칫 잘못하면 또 다른 형태의 국제세력의 편입화를 초래할 가능성"과 "어느 한쪽으로의 체제 흡수적 통일로 이어질 수 있는 위험성"[28]을 갖고 있다는 것이다.

그런데 한반도 중립화 통일을 주장하는 사람들은 중립화가 실현되기 위한 가장 중요한 요건으로 국민들의 '중립화에 대한 열의와 의지'라는 주관적이고 내면적인 요소를 내세우면서도, 그 열의와 의지가 어떻게 마련되고 합의될 수 있는가에 대해서는 심도 깊은 논의를 전개하지 않는다. 그런 점에서 미국, 중국, 러시아, 일본에 둘러싸인 한반도의 현실적 제약들을 상기하는 입장에서 보자면 중립화는 언제나 뜬 구름 잡는 '사상누각'일 수밖에 없지만, 반대론 역시 중립화 통일의 실현가능성에만 집착하여 기존 통일방안 중심의 통일담론에 균열을 만들지는 못했다. 또한 중립화 통일의 찬성론도 역시 사회공학적 틀에 사로잡혀 있는 통일방안을 고집한다고 평가할 수 있다. 통일의 청사진을 보다 뚜렷하게 만들기 위해 노력할수록 '한국인'이라 부를 수 있는 사람들의 삶 속에

---

27) 『조선일보』, 1999년 10월 30일, 「통일 한국과 동북아' 시나리오 〈매닝-프리스텁 IISS 기고〉 한반도는 '동북아질서 재편'의 중심」

28) 유광진, 『한국의 민족주의와 통일』, 범학사, 2001, 143쪽.

서 과연 '통일'이란 무엇을 의미해야 하는 것인지에 대한 인문적 물음이
간과될 수 있기 때문이다.

이처럼 분단 이후 70년 동안 한반도 중립화 통일방안의 찬성론자들은
실용주의적 현실론에 근거하여 '최상의 결과'를 기대하였고, 반대론자들
은 방안의 이상주의적 성격과 '실현가능성'에만 초점을 두며 중립화통일
론을 거부하였다. 그래서 중립화 통일방안에 대한 기존의 논의에는 한
편에는 열렬한 믿음과 의지가 있었고, 다른 한 편에서는 싸늘한 무시와
억압이 공존했다. 따라서 한반도의 현대사 한 귀퉁이에서 끊임없이 존
립해 온 중립화 담론의 '빛과 그림자'를 동시에 바라볼 수 있을 때, 우리
는 그것의 진정한 의의와 한계점을 공정하게 사유할 수 있을 것이다.

2) '중립화를 위한 통일'과 '통일을 위한 중립화'

한반도는 지정학적으로 주변 강대국들의 이해관계가 첨예하게 충돌
하는 곳이면서, 동시에 역사적으로는 세계 유일의 분단된 두 나라가 군
사적 대치 상태를 70년째 유지하고 있는 곳이다. 중립화 통일 전략은 첨예
하게 대립하는 두 체제의 우월성 경쟁과 각자 추구하는 서로 다른 통일
방안의 분열 속에서 두 체제가 평화적으로 공존하기 위한 '제3의 길'을
찾는 가운데 도출된 것이다. 그런데 여기서 중립화는 남북통일을 준비
하는 '중간 과정'과 통일한국이 도달할 수 있는 '최종 결과'라는 두 가지
의미를 모두 갖는다. 즉 한반도 중립화론은 한국의 영세중립국 실현을
위해 요청된 것이면서 동시에 남북통일을 위해 요청된 것이기도 하다.

그래서 여러 중립화통일론들을 살펴보면, 중립국의 지위를 누릴 수
있는 '중립화된 상태'를 우위에 두는 입장과 두 중립국의 결합으로 탄생
하는 '중립화를 통한 통일'에 우위를 두는 다른 입장이 혼재되어 있다는

것을 알 수 있다. 전자에서는 통일 자체보다 중립화의 실현에 주안점이 있으므로 남북관계 문제보다 국제적 여건 마련에 더 관심을 갖게 된다.[29] 반면 후자에서는 중립화가 통일 단계로 나아가기 위한 준비 단계로 간주된다. 물론 '중립화를 위한 통일'과 '통일을 위한 중립화'라는 두 가지 주안점은 명확하게 나누어지기 어려운 것이지만, 여기서 지적하고 싶은 것은 중립화 통일방안 내부의 혼재성을 통해 한반도의 통일이 갖는 의미가 보다 분명해질 수 있다는 점이다.

따라서 '중립화'가 외세의 경쟁적 간섭 요인들로부터 독립적인 지위를 확보하고 주변국들의 세력균형에 관심을 두는 국제적 차원의 문제라면, '통일'은 내부의 분단을 극복하고 통합하는 민족적 차원의 문제라고 할 수 있다. 또한 '중립화'가 안전과 평화를 보장할 수 있는 체제의 제도화와 군사적 문제에 목표를 두는 것에 비해, '통일'은 통일국가의 형성에 목표를 두어 정치적 문제에 보다 많은 관심을 갖는다. 이런 점에서 분단의 극복은 이중의 과제를 안고 있는데, "하나는 외부 세력들의 경쟁적 간섭 요인을 조정하여 분단 상태 해소를 위한 국제체계 환경을 조성하는 일이며, 다른 하나는 분단국 내부의 과제로서 분단체 상호 간의 갈등대립 관계를 조정하여 동질적인 단일의 정치체계로 통합하는 일이다."[30] 따

---

29) "한국의 중립은 단지 북과 통일을 이루기 위한 방편이 아니다. 한국의 중립은 동아시아 패권을 놓고 가시화되고 있는 중·일 간의 대립구도 속에서 한국의 생존과 번영을 이루는 길이다. 또한 중립노선을 잘 활용한다면 한국은 정치를 안정시키고 경제를 지속적으로 발전시킬 발판과 틀을 마련할 것이다. 또한 동북아시아에서 힘의 균형자가 되어 중국과 일본의 대결의 힘을 완충하고 중화(中和)시켜 대립의 질서를 협력과 평화의 질서로 바꾸어 동북아시아에 내재하고 있는 엄청난 발전 잠재력을 평화롭고 조화롭게 실현하는 데 견인차가 될 것이다. …… 한국의 중립은 또한 한반도통일이 올바른 방향에서 설정되고 실현되는 데 촉매역할을 할 수 있다." 박후건, 『중립화 노선과 한반도의 미래』, 선인, 2007, 257쪽.

30) 유영철, 「2000년 이후 중립화통일론의 특징」, 『대한정치학회보』 22집, 1호, 대한정치학회, 2014, 24쪽.

라서 중립화통일론을 통해 부각되는 지점은 한반도의 통일 문제는 '내부 통합의 문제'이면서, 동시에 그것이 외세의 경쟁적 이해관계와 구조적으로 연결되어 있는 '국제적 문제'라는 것이다.

3) '체제의 통일'과 '사람의 통일'

'통일한국'의 그랜드 디자인(grand design)을 표방하며 행위의 준거점이 '국가'인 중립화 논의에서 배제되어 있는 지점은 무엇보다 '사람의 통일'이라고 부를 수 있는 미시적이며 아래로부터의 통합 과정이다. 이질적인 두 체제가 연착륙을 통해 통합될 수 있다는 점에서 중립화 통일방안은 특장점을 가지고 있지만, 그것은 어디까지나 그 통합의 대상을 국가나 체제로 한정시키는 방식이다. 중립화통일론은 영속적으로 보장되는 평화 상태 속에서 국가의 장기적 발전과 경제적 이익의 추구라는 거시적 차원에서 주목하기 때문에 국가 단위의 미래에 대해서는 자유롭게 상상하지만, 한반도의 구성요소인 민족성이나 사람들에 대한 미시적인 차원의 관심은 탈각되어 있는 것이다. 즉 중립화 통일방안은 지정학적, 국제환경적, 남북관계적 요인 등을 고려하여 제기되었고 기본적으로 체제경쟁적 성격을 완화할 수 있는 성격을 갖고 있지만, 여전히 단일한 국가성의 설립을 위해 단계적 로드맵을 구상하는 것에 매몰되어 있다.

중립화통일론에서 강조하는 '당위성'은 중립화를 통해야만 반드시 평화통일에 안전하게 도달할 수 있다는 논리 속에서 전개된다. 그런데 그 당위성이 중립화 및 중립국에 있든 남북통일에 있든 그것 자체가 목적이 될 수는 없다. 사실 근본 의도가 '중립화'에 있다면 그저 통일론을 끌어온 것일 뿐이고, 궁극적인 목적이 '통일'에 있고 중립화라는 과정을 빌려온 것이라면 맹목적인 통일지상주의에 빠지기 쉽기 때문이다. 그런

점에서 통일의 당위성을 말할 때 가장 핵심적인 배경은 "분단상황이 남
북주민의 '인간다운 삶'을 구조적으로 위협하기 때문"이라는 점을 간과
해서는 안 된다. 중립화통일론을 비롯해 기타 통일방안 중심의 통일담
론은 '왜 통일을 해야 하느냐'의 문제를 깊이 파고들지 않는다. 하지만
통일 문제가 체제나 국가의 문제이면서 동시에 우리 삶의 문제임을 인
식한다면, 통일은 우리가 진정으로 "지금과는 다른 세상을 지향할 의지
가 있느냐의 문제와 더불어 논의되어야 한다."31) 또한 남북한 주민들이
합의한 가치를 통해 어떻게 연대적 관계를 맺으며, 지금보다 평화롭고
정의로운 사회에서 높은 삶의 질을 향유하며 살 수 있을 것인지에 대한
실질적인 고민 속에서 통일은 사유되어져야 한다. 이처럼 '사람의 통일'
을 고민하는 인문적 관점이 중립화 통일방안과 만날 때 그 영향력은 한
층 더 강해질 것이다.

　그런데 한민족이 만들어 갈 '사람의 통일'은 말처럼 쉽지 않다. 70년
간 서로 다른 사고방식과 생활양식을 가진 채 적대적으로 상대를 인식
해 온 남북의 사람들, 나아가 전 세계에 흩어져 살고 있는 코리언 디아
스포라가 이념적·정서적·생활문화적으로 하나가 되어 가는 과정을 필
요로 하기 때문이다. 이런 점에서 중립화 통일방안에는 서로 다른 환경
에서 살아오며 이제 공통점보다는 차이점이 더 많을 수도 있는 이질적
인 사람들이 통일한반도의 새로운 공통 규칙을 창출해 나가는 과정에
대한 고민이 결여되어 있다. 사람들이 분단체제 속에서 살아가며 의식
적·무의식적으로 가지게 된 적대와 원한, 상처와 불안의 감정 상태를
간직하고 있지만, 남북이 신뢰를 회복하여 중립화의 단계로 나아갈 수
있다는 장밋빛 전망 사이에는 무수히 많은 가치관, 정서, 욕망이 충돌하

---

31) 이병수, 「통일의 당위성 담론에 대한 반성적 고찰」, 『시대와 철학』 21권 2호,
　　한국철학사상연구회, 2010, 385쪽.

고 화합하는 이야기가 숨어 있다. 중립화 통일로 나아가기 위해서는 70
년 동안 쌓여서 굳어진 사람들 사이의 '벽'을 허물어 가는 사회문화적 통
일 준비가 중립화에 호의적인 국제환경적 요인을 살피는 것보다 더 중
요한 일일 수도 있는 것이다. 우리가 겪어 온 전쟁과 분단의 모습은 '중
립화'라는 요건이 충족된다고 해서 '통일'이라는 결과물이 자동적으로
나올 수 있을 것 같은 기계적인 상황이 아니기 때문이다.

　따라서 분단체제에 내재된 서로에 대한 적대성과 증오를 극복하려는
노력은 간과된 채 법적·제도적 장치만 혁신적으로 개선되어서는 분단
의 참된 극복이 불가능해진다. 전쟁과 분단은 체제만 바꾸어놓은 것이
아니라 사람들의 사고를 적대적으로 바꾸어놓았으며, 오늘날 남북의 대
립은 합리적 차원이 아니라 무의식적이고 비합리적인 충동의 영역에서
일어나고 있기 때문이다. 식민, 이산, 분단, 전쟁의 과정을 거치며 겪은
고통은 코리언의 사고방식 및 생활문화, 그리고 정서적 영역과 무의식
속에 고스란히 남아 있는 것이다. 이런 점에서 분단은 단순히 체제의 분
단이 아니라 남북의 각 체제 속에 살고 있는 구성원들의 가치, 정서, 문
화의 분열이다. 상호 신뢰가 회복되지 않고 사회문화적 소통이 결여되
어 있으며, 분단이 남긴 상처에 대한 치유가 간과된 통일 방식은 통일
이후에 큰 후유증을 낳는다는 사실을 우리는 이미 독일 통일의 사례에
서 충분히 확인할 수 있었다. 결국 분단이 체제 대립으로 환원될 수 없
는 것이라면 마찬가지로 통일 역시 체제통합만으로 이해될 수 없는 것
이 된다. 따라서 '사람의 통일'은 정치적·경제적 통합을 지탱하는 기초
이자 "통일을 진정한 사회적 통합으로 만드는 근본적인 힘"[32]이 된다.

　중립화통일론이 가진 또 다른 한계점은 '통일'이라는 뚜렷한 목표에

---

32) 건국대학교 통일인문학연구단, 『통일인문학: 인문학으로 분단의 장벽을 넘다』,
　　알렙, 2015, 77쪽.

이르는 단계를 구성하고 그에 필요한 가치를 미리 규정함으로써, 분단
극복의 지난한 과정이기도 한 통일을 일시적 사건이자 합목적적인 결과
로서만 다룬다는 점에서 연유한다. 사실 통일의 과정은 현재로선 예측
불가능하기 때문에 뜻하지 않은 시점에 체제 통합이 이루어질 수도 있
다. 그러나 체제 통합은 단지 껍데기를 합친 것에 불과하므로 통일 공동
체는 구성원들 사이에 존재하는 가치와 정서의 차이를 이해하기 위해
진통을 겪을 것이며, 문화의 소통과 통합을 다시 요청하게 될 것이다.
이런 면에서 '사람의 통일'을 위한 노력은 사건으로서의 통일을 앞당기
는 촉매제 역할을 하면서도 동시에 통일 이후에 다가올 사회문화적 통
합을 미리 준비한다는 의미를 가진다.

4) 한반도의 '지정학적 특성'과 '역사적 특수성'

중립화통일론은 기존 중립화 사례와의 적합성을 높이기 위해 지정학
적 특성을 강조하지만 한반도의 20세기 역사가 가진 특수성과 그 영향
력을 간과한다는 점에서 21세기 통일의 의미를 협소하게 만드는 면이
있다. 남북통일은 단순히 정치·경제적 차원의 체제 통일만을 의미하는
것이 아니기 때문이다. 통일이 형식적으로는 두 체제가 하나가 되는 것
으로 완료되더라도, 식민과 이산(離散)의 역사가 남긴 트라우마, 분단과
전쟁이 남긴 고통, 그리고 적대적 분단을 지속시키고 강화시키는 요인
등 분단 문제에 대한 극복과 치유의 문제는 여전히 숙제로 남게 된다.
이런 면에서 통일은 체제·제도·이념의 통일만이 아니라 서로 다른 체
제에 살던 사람들의 소통과 통합의 문제이다. 그래서 통일은 달성할 것
이기 이전에 한반도의 역사성과 결합되어 사유해야 할 대상이며, 통일
한국의 미래상에 대한 문제의식이 결여되면 그만큼 통일의 풍부한 세계

사적 맥락도 사라질 수밖에 없다.

통일이 우리들의 삶과 밀접한 연관을 가질 수 있으려면 정치 · 경제 및 법 · 제도적 측면만이 아니라 통일 과정과 통일 이후를 살아 갈 코리언의 구체적인 삶에 대한 관심이 요구된다. 하지만 중립화통일론을 비롯해서 기존 통일방안에서는 현재 한반도와 그 주변에서 살아가는 구체적인 인간적 삶의 차원이 거의 무시되었다. 통일에 대한 추상적인 당위성은 분단의 극복과 통일의 미래상이 평범한 사람들의 실존적 삶과 연결되지 못하게 만들었다. 따라서 통일이나 중립화 자체를 우리 민족의 역사적 · 현실적 모순을 일시에 해소할 일종의 '만병통치약'으로 이론화하는 것도 무익한 일이다.

중립화 전략은 분열과 대립을 낳는 '체제의 차이' 및 그것을 관성적인 것으로 만드는 대외적 요소를 제거함으로써 한반도를 어느 한 쪽에도 치우치지 않는 일종의 '중성 지대'로 탈색시키는 방식이다. 하지만 체제의 이질적인 요소가 사라진다고 해서 사람의 가치관, 정서, 문화의 차이도 사라질까. 통일 이후 도래하게 될 공동체의 과제는 오히려 그 수많은 차이들을 훼손하지 않으면서 훼손하지 않으면서 그것들을 기반으로 민족적 연대를 구성하고 공통성을 형성하는 것이 되어야 한다.

4. 중립화통일론의 근본적 한계와 통일 패러다임의 전환

앞서 살펴봤듯이 '한국의 중립화 전략'과 '한반도의 통일 전략'을 동시에 추구하는 중립화통일론은 근본적으로 남북통일 문제에 접근하는 핵심 동력이 주변 4대 열강이 관계하는 국제환경에서 추동되는 것으로 파악한다. 이에 반해 연합제 및 연방제 통일방안은 시선을 내부로 돌려 통일로 나아가는 핵심적 역량을 남북한이 함께 협력하고 합의해 나가는 문제로 한정시켜 이해한다. 하지만 양자는 대립적인 통일방안이라기보다는 서로 다른 층위에 존재하는 것으로서 중립화 통일방안의 단계론 내부로 연합제 및 연방제가 포함된다.

또한 일반적으로 중립화통일론은 한반도 분단이 미·소 냉전체제 구축의 산물로 볼 수 있으므로 그것의 극복도 바로 한반도 주변 4강대국의 관계성 속에서 유인된다는 시각을 갖고 있다. 이런 시각은 사실 냉전 시대에나 적합한 한반도의 약소국 정체성을 자극하여 대외의존적 성격을 드러내면서도, 한반도를 주변국들의 이해관계와 패권 다툼이 치열하게 전개되는 무대에 위치시켜 나름의 설득력을 얻기도 했다. 하지만 냉전질서의 붕괴와 함께 통일 과정의 주체적 자각이 커지면서 중립화통일론의 이러한 외인성(外因性)은 설득력이 약화되기도 했다. 그런데 최근 들어 중국이 패권국으로 빠르게 부상하면서 미국과의 유사 냉전체제 혹은 신(新)냉전 구도가 만들어졌고, 이런 국제환경에 힘입어 중립화통일론은 다시 한반도의 두 국가가 자주성을 지켜나갈 수 있는 대안적 선택으로 여겨지기도 한다. 물론 과거의 냉전 질서가 강대국들이 한반도의 분단을 더욱 공고하게 만드는 '강제'를 통해 그들의 이해관계를 관철시켜나가는 방식이었다면, 오늘날의 새로운 냉전 구도에서는 강대국들이 한반도의 분단을 상황변화에 맞게 적절히 '활용'한다는 점이 다르긴 하다. 남북통일 문제를 주변국들의 입장 변화와 국제정서에 내맡겨둔다면 중립화 혹은 통일 과정은 더욱 예측할 수 없는 '게임'이 되고 마는 것이다.

그런 점에서 한반도 통일의 주체 및 분단극복의 실마리를 풀 역사의 근본적인 동력은 어디까지나 남북한의 상호우호적 관계성에 있다는 점을 간과해서는 안 될 것 같다. 국제환경의 변화에 따라 설령 4강국이 외교적 합의를 통해 '한반도의 중립화와 영세중립국으로서의 통일한국'을

먼저 제안한다고 하더라도, 그것을 최종적으로 수용하는 것은 분단당사
국들인 남북한 자신이기 때문이다. 반대로 4강국 중 일부가 중립화를
반대한다고 하더라도, 남북한의 코리언과 정부당국이 실존적 결단과 역
사적 합의를 통해 중립화를 강력히 추진하고 주변국에 협조를 요청한다
면 반대하는 주변국도 대세에 순응할 수밖에 없을 것이다. 이처럼 중립
화 통일방안의 내부 논리로 들어가서 판단하더라도 궁극적으로 중요한
것은 분단당사국인 남북한이 가지고 있는 분단극복과 한반도 통일에 대
한 주체적이고 독립적인 의지, 연대, 합의의 과정이다.

한편 앞서 살펴봤듯이 중립화통일론의 대부분은 '통일'을 '제도적 통
합'으로만 인식하면서 체제 통합을 주요 과제로 설정한다. 우리가 추구
해나갈 통일을 '남북의 상이한 제도를 서로 바꾸고 수정하고 서로 적응
하여 가는 과정', 또는 '제도 개혁과 점진적인 통합의 과정'[33]이라는 협
소한 의미로 이해하는 것이다. 그런데 중립화 통일방안은 체제 통합을
주요 과제로 설정하면서도, 적대적인 이 분단 체제를 끊임없이 재생산
하는 주체가 실제론 분단 환경의 산물인 우리들 자신이라는 점을 간과
하게 된다. '체제의 통일'에만 주목하면 우리는 결코 분단 체제가 구성원
들의 내면 속에서 대를 이어 재생산되는 구조를 이해할 수 없게 된다.

이런 점에서 향후 한반도에서 요구되는 통일 담론은 단계론을 골자로
하는 통일방안 차원의 논의가 아니라, 보다 근본적인 차원에서 코리언
이 겪고 있는 분단을 성찰하고 통합의 상을 조망하는 새로운 통합의 패
러다임이라고 할 수 있다. 기존의 지배적인 통일 담론은 체제의 우월성
을 강조하며 이념적 가치를 앞세우거나 중립화 전략처럼 체제의 차이를
무화시키는 방향으로 통일방안을 산출했다. 그래서 우리는 분단 극복과
통일의 문제를 논하면서 자연스럽게 국가 우선의 정치경제 중심적 시각

---

33) 박후건, 『중립화 노선과 한반도의 미래』, 선인, 2007, 258쪽.

을 갖게 되었고 남북 및 코리언의 사회문화적 요소는 부수적이며 제거되어야 될 대상으로 간주했다. 중립화통일론 역시 중립화나 통일 자체를 이루기 위한 지정학적 요소와 국제적 협의 과정만을 중심함으로써, 우리가 과연 무엇을 위해 중립화를 해야 하고 어떤 가치를 창출하기 위해 통일을 해야 하는지에 대한 성찰과 설득이 부족했던 것이다.

이런 점에서 분단을 실질적으로 극복하는 새로운 대안적 통일 담론을 제시하기 위해 우리가 출발점으로 삼아야 할 것은 통일을 민족적 주체의 역량을 통합하는 과정으로 바라보는 것이다. 4대 강대국들과의 외교전이나 국제적인 여론 형성에만 골몰할 것이 아니라, 민족의 내재적 합의와 통일로 나아가는 주체적 연대의 과정을 보다 중시하는 자세가 필요한 것이다. 그래서 4대 강국에 700만 명 가까이 거주하고 있는 코리언 디아스포라를 재외동포로서만이 아니라 민족의 통일을 함께 만들어가는 '민족적 주체'로 인식하는 관점을 중요하게 고려할 필요가 있다. 그동안 코리언 디아스포라는 한반도 통일과 무관한 것으로 간주되어왔지만 그들도 남북주민들과 더불어 진정한 민족적 통합으로 나아가는 과정에서 중요한 역할을 수행할 수 있는 것이다. 거주하고 있는 국가에 적응하고 차별에 저항하며 고유한 이중정체성을 형성해 온 코리언 디아스포라의 삶과 고통이 한민족의 역사적 수난과 연결되어 있다는 인식은 진정한 '사람의 통일'로 나아가는데 중요한 요소이다.

따라서 코리언 디아스포라는 단순한 해외 거주민이 아니라 일제 식민 경험과 폭력적인 분단 체제라는 역사적 경험을 공유하고 체화하고 있는 존재로서, 분단을 극복하는 과정에서 중요한 통일의 방향성을 제공해준다. 남북의 적대적 대립성이 약화된 제3국에 거주하면서 가지게 된 중립적인 위치에서 분단의 적대성을 약화시키고 남북의 사람들을 중재하고 매개할 수 있기 때문이다. 또한 그들의 이질적인 정체성과 문화적 자

산 및 관습은 해외 지역에서 체득한 내면적 갈등을 보여주며, 새로운 문
화와 융합해 온 창조적 역동성은 통일한반도의 새로운 문화적 공동체를
모색하는 데 귀중한 역사적 자원이 될 수 있다. 중국, 일본, 러시아, 미
국과의 문화적 접촉을 통해 나름의 사상적·문화적 변용을 만들어낸 코
리언 디아스포라는 '분단 극복'과 '동아시아의 평화와 공존'이라는 두 가
치를 연결하여, "통일을 한반도에만 한정된 문제가 아닌 동아시아 각국
의 소통과 연대를 향한 과제로 만드는 데 기여할 수 있는 것이다."[34]

　이념의 분단보다 더 메우기 힘든 실질적 분단이 구성원들이 가진 가
치·정서·문화의 분열이라면 우리가 추구해야 할 통일도 역시 공동체
의 껍데기를 이룰 뿐인 체제의 통합만이 아니라, 서로 다른 사람들이 공
동체를 이루며 살아가는 사회문화적 통합이 되어야 한다. 또한 넓은 범
위에서 코리언의 자유롭고 평화로운 공동체적 삶을 모색하는 과정이 결
국 통일이라면, 통일을 새롭게 바라보는 관점은 늘 판단의 중심에 사람
을 놓는 것에서 출발하는 것이다.

5. 나가며

　구한말 유길준이 조선의 중립화를 주장한 이후, 한반도에서 중립화
논의는 남북의 기득권 세력에 의해 광범위하게 고려되었던 적은 없었지
만, 130여 년 동안 간헐적이지만 지속적으로 한국현대사에 등장했다. 민
족이나 국가가 위기를 겪을 때 민중들이 자발적으로 통일운동의 한 과
제로 제시하기도 했고, 외세의 필요에 의해 고려되거나 외국 인사들에

---

34) 건국대학교 통일인문학연구단, 『통일인문학: 인문학으로 분단의 장벽을 넘다』,
　　알렙, 2015, 271쪽.

의해 먼저 제안되기도 했다. 최근 남북관계는 정부와 민간을 가릴 것 없
이 거의 최악의 상태지만, 박노자는 "세계의 군사적인 중심들로부터의
거리 두기라는 의미에서의 중립화, 그리고 한반도 탈군사화를 의미하는
통일로의 여정이 아니라면, 한반도는 평화롭고 행복할 수 없을 것이"[35]
라고 전망한다. 통일로 나아가는 길을 걸어가기는커녕 우리에게 익숙한
적대적 분단의 상처와 고통이 끊임없이 재생되고 있는 '분단 70년'의 현
재 상황에서, '영세중립국이 된 통일한반도'의 미래상은 사실 상상하기
어려울 만큼 혁신적이고 이상적인 비전임엔 틀림없다. 그런데 작금의
한반도를 둘러싼 주변 강대국들의 야욕을 목도하자면, 외세에 비의존적
인 영세중립국으로서의 통일한국이라는 비전과 현실과의 격차는 너무
나 아득해진다.

　무력에 의한 통일이나 경제력에 의한 흡수통일 구상 혹은 급변사태에
의한 북한붕괴론이 아니라면, 중립화통일론을 비롯한 모든 통일방안은
남북한이 신뢰관계를 회복하는 것을 그 출발점으로 삼는다. 서로의 말
과 의도를 신뢰할 수 있어야 함께 협력하고 합의점을 찾아나가며 공통
의 미래를 전망할 수 있기 때문에 코리언의 진정한 통합으로 나아갈 통
일대장정의 출발점은 바로 남북이 서로를 향한 말에 신의(信義)를 담는
것이 아닐까 싶다. 한반도의 분단을 극복하고 진정한 통일을 이루기 위
해 지금 필요한 것은 '통일은 대박'이라는 비지성적 레토릭이나 '깜짝 방
문' 같은 일회적 '쇼'가 아닐 것이다. 일시적인 위기를 타개하기 위한 단
기적 화해 무드는 '국지적 충돌'이나 '핵 실험', '미사일 발사' 같은 무력행
위로 다시 급랭될 수 있기 때문이다.

　마찬가지로 여러 현실적 상황과 조건을 반영하여 통일로 나아가는 단

---

35) 『한겨레신문』, 2015년 3월 17일 칼럼, 「박노자의 한국, 안과 밖: '민족' 이후의
　　민족?」

계적 청사진을 정교하게 만든다 하더라도 그것의 지향점이 어디까지나 체제 중심의 통일방안에 머물러 있다면, 그것은 여전히 분단을 잉태했던 냉전적 사유에 사로잡혀 있는 것이다. 그래서 일회적 사건으로서의 통일이 아닌 점진적 통합의 과정으로서 통일을 구상할 필요가 있다. 그러한 고민 속에서 우리는 '중립화까지'만 해당되는 것이 아니라 '중립화 이후'에도 요청되는 통일한반도의 미래상을 지속적으로 그려볼 수 있기 때문이다. 민족의 통합을 열망하는 에너지가 지금은 막혀 있고 고여 있지만, 그것이 스스로 물길을 찾아 흘러갈 수 있도록 하기 위해선 언제나 '사람'을 중심에 놓는 자세가 작은 출발점이 될 것이다.

제3장 통일방안에 대한 비판적 고찰과 관점의 전환

이병수*

1. 들어가는 말

지난 7~8년 동안 통일이 강조됨에도 불구하고 정작 남북 관계는 멀어지는 현상이 지속되어왔으며, 또한 남북 관계가 경색됨에 따라 국민들의 대북 혐오감도 높아졌다. 지금의 현실은 남북의 화해협력을 우선하면서 점진적이고 지속적인 과정을 거쳐 통일을 이루자는 정부의 공식적 통일방안과는 거꾸로 가고 있는 형국이다. 우선해야 할 남북 간 교류 협력은커녕 남북 관계는 악화되고 북에 대한 혐오와 조롱이 넘쳐나는 반면, 남북 교류협력을 바탕으로 점진적으로 이루어야 할 통일이 오히려 정면으로 부각되고 있다. 정부의 공식적인 '민족공동체 통일방안'의 1단

* 건국대학교 통일인문학연구단 HK교수.

계가 남북이 화해와 협력을 이루자는 것임에도 불구하고, 북에 대한 적대와 혐오를 표출하는 가운데 곧 바로 통일국가를 달성하자는 자기 모순적 상황이 연출되고 있는 것이다. '통일 대박론'과 '종북 프레임'의 공존이 이 점을 분명하게 보여준다.

남한체제를 한반도 전체로 확장하는 이러한 국가주의 통일론의 부상은 필연적으로 흡수통일에 대한 북한의 두려움을 불러일으키며, 이는 다시 남북 관계의 갈등과 적대의 강화로 이어질 수밖에 없다. 자유민주주의의 우월성을 말하거나, 인민의 자주성을 강조하지만, 분단현실 때문에 남북에서는 공히 국가주의가 지배적인 영향력을 발휘하고 있다. 이런 상황에서 한쪽에 의한 국가주의 통일론의 부상은 동시에 다른 쪽의 국가주의 통일론의 강화를 동반한다. 결국 국가주의 통일론이 문제인 것이다. 이러한 우려스러운 상황의 전개는 기존 통일방안을 새롭게 보완할 필요성보다 한반도 통일의 방향성을 다시금 성찰하고, 통일에 대한 시각을 재검토할 필요성을 높이고 있다. 이 글의 목적은 지난 20년 동안 공식적 통일방안으로 자리잡아온 '민족공동체 통일방안'을 남북연합 중심으로 고찰하면서 그 의의와 한계를 살펴본 후, '사람의 통일'과 '통일 과정의 기본 가치'라는 두 가지 관점의 전환을 제안하는 데 있다.

2. '민족공동체 통일방안'과 '남북연합'의 의미

1980년대로 넘어오면서 민간차원에서 남북 화해와 협력을 통한 민족지향의 통일논의가 거세게 일어났다. 해방 이후부터 1980년대 중반까지 국가우선주의적 정부의 통일정책과 민족우선주의적 재야의 통일운동은 서로 대립하고 충돌해왔다. 정부 통일정책은 1980년대 중반까지만 해도 반공이데올로기에 근거한 국가지향의 가치를 바탕으로 하고 있었으며, 민족을 분단국가의 상위에 올려놓는 재야의 통일논의를 용공논리로 철저하게 배제하였다. 그러나 1980년대 민주화 운동이 진행되면서 분단국가를 거부하는 민족지향의 통일운동이 민간차원에서 고양되기 시작하였다. 민주화 운동과 통일운동이 결합되면서 그 동안 금기시되었던 북한에 대한 이해의 욕구가 분출되었다. 1980년대 중반 이후 그 동안 정부가 독점하였던 북한에 대한 정보와 통일 논의가 민간차원에서 확산되기 시작한 것이다.

1987년 6월 민주항쟁 이후 민주화의 진전과 민간차원의 통일운동의 고조, 남북의 국력 격차, 세계적 탈냉전을 배경으로 정부의 대북 정책 및 통일방안에 커다란 변화가 초래되었다. 노태우 정부는 1988년 '민족자존과 통일번영을 위한 특별선언'(7 · 7선언)을 통해 북한을 대결의 상대가 아니라 민족의 일부로 포용하고 화해와 협력의 동반자로 규정하였다. 7 · 7선언은 남과 북이 함께 번영을 이룩하는 민족공동체적인 관계로 발전시켜갈 것을 제시하였다는 점에서 기존의 적대적 대북 정책을 포용적 대북 정책으로 전환한 것이었다. 나아가 1년 후인 1989년 남북의 이질화를 극복하고 교류와 협력을 통해 민족공동체를 회복한다는 의미를 담은 '한민족공동체 통일방안'을 발표하였다. 남북연합은 역대 통일방안 중에서 '한민족공동체 통일방안'에서 최초로 설정된 것이다. 통일국가 이전의 과도적 중간단계로서 남북연합을 설정하는 이유는 남북이 서로 다른 체제와 이념으로 장기간 대립해왔으며, 정치경제 제도, 가치관, 사회문화 등에서 이질성이 심화되어왔기 때문이다. 남북연합이라는 중간단계는 너무 이질적인 남북 체제를 일시에 통합하는 것이 불가능하며, 따라서 평화적, 점진적 방식으로 '한민족공동체'를 회복하려는 현실적 유용성 때문에 설정된 것이라고 할 수 있다.

1994년 김영삼 정부는 노태우 정부의 '한민족공동체 통일방안'의 기조를 그대로 이어받으면서도, 명칭을 변경하는 한편, 통일 과정을 화해·협력, 남북연합, 통일국가의 3단계로 분명하게 구분한 '민족공동체 통일방안'을 발표하였다. 이 통일방안은 과도단계로서의 남북연합을 거쳐 통일국가로 간다는 노태우 정부의 안과는 달리, 제1단계로 '화해·협력단계'를 설정했다. 1992년 2월 19일 발효된 '남북기본합의서'와 '한반도 비핵화 공동선언'이 발효된 상황을 반영하여 합의사항의 이행을 위한 '화해·협력 단계'가 통일 과정의 첫 단계로 설정된 것이다.[1] 따라서 화해협력 단계는 '남북기본합의서'의 이행에 초점을 두고 새롭게 설정된 것이라 할 수 있다. 즉 이 1단계는 '남북기본합의서'에 나타난 상호 체제 존중을 바탕으로 각 영역별로 남북의 실질적인 교류와 협력을 통해 평화공존을 추구하는 단계라고 할 수 있다. '한민족공동체 통일방안'에 의하면 남북연합 단계로 진입하기 위한 전제조건들이 무시되고 남북연합 단계에서 평화체제로의 전환, 경제 사회 교류협력의 제도화 등 과제들을 실천하는 것으로 설정되었으나, '민족공동체 통일방안'은 화해협력 단계에서 남북연합을 형성하기 위한 대내외적 조건들을 성숙시켜야 한다는 문제가 중요한 과제로 부각되었다.[2] 그리고 남북연합은 '남북기본합의서'에 기초하여 '민족 내부의 특수 관계'를 유지하면서 남북의 이질적 체제가 결합되는 국가형태로 보다 명료하게 규정되었다.

김대중 정부의 통일방안은 '민족공동체 통일방안'을 원칙으로 하고 있으나 교류와 협력을 제도화하여 화해협력단계를 심화해 단축시키고 남북연합 단계로 진입한다는 점에서 차이가 있다. 김대중 정권의 화해협

---

1) 통일부, 『통일백서』, 서울: 통일부, 1994, 59쪽.

2) 남궁영, 「국가연합'과 '낮은 단계 연방제': 쟁점과 과제」, 『세계지역연구논총』 제24집 3호, 2006, 92쪽.

력정책은 완전한 통일을 이루기 전에 우선 그러한 통일이 가능한 상황, 즉 '사실상의 통일'을 만들어내는 데 목표를 두고 있다. 여기서 사실상의 통일 상황은 남북 간에 정치, 경제, 사회문화, 외교 등 모든 방면에서 교류 · 협력이 제도화되고 군사적 긴장이 해소되어 군비축소 및 통제가 실현됨으로써 평화체제가 정착된 상황을 말한다. 즉 남북한의 주민이 자유롭게 상대방 지역을 방문할 수 있으며, 남북 주민간의 적대감은 해소되고 두 개의 상이한 사회체제도 빠른 속도로 동질화 과정으로 접어든 상태가 사실상의 통일 상황이라고 할 수 있다. 그리고 이러한 사실상의 통일 상황이 법적, 규범적으로 제도화된 것이 '민족공동체 통일방안'의 남북연합이다.[3] 김대중 정부의 남북연합제는 '사실상의 통일 상황'을 법적으로 제도화한 것으로 그 의미가 더욱 구체화되었을 뿐만 아니라, 남한 단독의 일방적 선언이 아니라 6 · 15 공동선언을 통해 남북합의의 맥락에서 논의될 수 있는 바탕을 마련하였다.

현재 남한정부의 공식적 통일론은 1989년에 '한민족공동체 통일방안'으로 발표되고 2004년에 일부 수정되어 공포된 '민족공동체 통일방안'이며, 이 방안은 지난 20년간 가장 공감할 수 있는 통일의 로드맵으로 받아들여졌다.[4] 그리고 남북연합의 중간단계 설정은 1989년 '한민족공동체 통일방안' 이래 지금까지 역대 통일방안의 핵심으로 자리 잡고 있다. 그러나 남북연합의 국가형태는 1단계의 국가형태(분단국가)와 3단계의 국가형태(통일국가)의 명료성과 달리, '남북기본합의서' 전문에 나온 '민족 내부의 특수 관계'를 유지하는 국가형태라는 점에서 그 모호성이 일찍부터 논란의 대상이 되었다. 1989년 '한민족공동체 통일방안'이 나온 직후부터 학자들 사이에서는 남북연합의 국가형태가 어떤 성격을 지닌

---

3) 통일부, 『통일백서』, 서울: 통일부, 2003, 37~38쪽.
4) 박명규, 『남북경계선의 사회학』, 창비, 2012, 353쪽.

것인지에 대해 다양한 견해들이 제시되었다. 이를테면 남북연합을 체제연합으로 해석하고 체제연합을 국가연합과 연방국가 사이의 중간적 위치에 있는 것으로 보는 견해, 연방제보다 국가연합에 가깝지만 특수한 형태로서 영연방에 가깝다는 견해, 기본적으로 국가연합의 성격과 유사하다는 견해 등 여러 가지 시각이 제시되었다.[5]

　남북연합을 통일방안에 처음으로 제시한 노태우 정부에 따르면, 남북연합은 통일을 지향하는 과도단계로서 국제법적으로는 부분적으로 국가연합의 성격을 띠고 있지만 주권국가간의 관계를 상정하는 국가연합과는 다른 특수성을 지니고 있다. 남북연합 단계에서 남북한은 통일국가를 달성하기 위해서 '민족 내부의 특수 관계'를 유지하면서 통일문제에 대하여 협의하고 협력의 범위를 넓혀간다는 점에서 남북연합은 독립된 국가 간의 관계를 가정하고 있는 일반적인 의미의 국가연합과 다르다는 것이다.[6] 다시 말해 남북연합은 남한과 북한이 각자의 외교와 군사력 등을 보유한 주권국가이지만, 민족내부의 특수 관계를 유지하면서 통일을 지향하는 국가결합 형태라는 점에서 2개의 독립된 주권국가로 남아 있는 국가연합과 다르다는 것이다. 남북이 2개의 주권국가로 존속하지만 통일 과정에서 맺는 잠정적인 특수한 결합 형태라는 남북연합에 대한 이러한 규정은 실제적 관계(2개의 국가)보다는 명분적 관계인 '민족내부의 특수 관계'에 집착하여 남북연합의 성격적 모호성을 초래했다[7]는 비판을 받았다. 하지만 기존 국제법상의 국가연합의 개념에 상응하는 것이 아니라 통일을 지향한 과도적인 결합 형태라는 남북연합의

---

5) 통일연구원 연구총서, 『민족공동체 통일방안의 새로운 접근과 추진방안: 3대 공동체 통일구상 중심』, 통일연구원, 2010, 22쪽.

6) 통일부, 『통일백서』, 서울: 통일부, 1992, 85쪽.

7) 남궁영, 「민족공동체 통일방안: 평가 및 시사점-'남북연합'과 '낮은 단계의 연방제' 관계-」, 『국제지역연구』 제5권 제1호 2000, 135쪽.

이런 모호성이야말로 오히려 강점이라고 할 수 있다.

　국제법상 연합과 연방의 엄밀한 개념과 달리 남과 북이 각기 내놓고 있는 연합/연방 개념은 개방성을 가지고 있다. 북한이 주장하는 연방제는 주권의 문제에 있어서만 연방의 성격을 갖추고 나머지 실질적인 제도나 정책집행의 측면에서는 국가연합의 특징을 보이고 있다. 또 남한의 '남북연합'은 일반적인 의미의 국가연합보다 오히려 그 결합의 수준이 낮은 국가 간 공동기구를 통한 매우 느슨한 국가결합 형태이다. 결국 남북의 통일방안으로 제시되는 연합과 연방은 개념의 '유동성'을 내포하고 있으며, 이러한 유동성이 실제 진행되는 역동적 통일 과정에서 남북합의를 가능하게 하며, 그 과정에서 자연스럽게 그 내용과 틀이 갖춰질 수 있게 만든다.[8] 남의 연합제와 북의 연방제의 개념적 개방성과 유동성이 남의 연합제와 북의 연방제의 공통성을 인정한 2000년 6·15 공동선언 제2항의 합의를 가능하게 만든 데서도 이 점을 확인할 수 있다.

3. '민족공동체 통일방안'의 수정·보완 논의와 '남북연합'의 위상

　1994년 '민족공동체 통일방안'은 20여 년이 흐른 지금, 그 동안 변화된 환경을 반영하여 수정·보완되어야 한다는 논의들이 최근 등장하고 있다. 박명규에 따르면[9] 첫째, 교류협력 초기상황에서 구상된 민족공동체 통일방안은 점진적이고 기능적인 통합을 기대한 것이었으나, 교류협력

---

8) 김근식, 「북한 급변사태와 남북연합: 통일 과정적 접근」, 『북한연구학회보』 제13권 2호, 2009, 65~66쪽.

9) 박명규, 『남북경계선의 사회학』, 창비, 2012, 354~360쪽.

이 진행되는 시기에 북핵 개발이 동시에 진행되었던 사실에서 보듯 이러한 기능적 통합론은 새롭게 보완되어야 할 필요성이 있다. 둘째, 지난 20년 동안 세계체제 내 위상, 경제발전 및 민주화의 수준 등 남북 간 힘과 자원의 비대칭성이 심화되어왔기에 통일 과정에서 남의 주도성과 책임성을 통일방안에 반영할 필요가 있다. 셋째, 그 동안 한국 시민사회가 다원화되어 통일을 절대적 과제로 여기는 정도가 약화되고, 다문화사회로 변모함에 따라, 민족주의가 아니라 한국사회가 당면한 다양한 사회경제적 쟁점들과 연관된 통합방식의 변화가 필요하다. 넷째, 지난 20년 동안 국제정치적으로나 내부적으로 남북의 독자적 국가성이 강화되어왔기 때문에 강화된 국가성을 반영한 통일방안이 필요하다. 다섯째, 유럽이나 동아시아에서 지역주의 흐름이 뚜렷해진 상황에서 통일논의도 동아시아 지역통합과 연계된 새로운 정치공동체의 창출이어야 한다.

민족공동체 통일방안의 수정·보완의 필요성에 대한 공감대가 형성되면서, 최근 통일방안의 새로운 버전에 대한 주장들이 등장하고 있다. 고유환에 따르면 민족공동체 통일방안은 우리 정부의 공식 통일방안으로 1989년 9월 노태우 정부가 한민족공동체 통일방안(민족공동체 통일방안 '1.0')으로 제시한 것을 1994년 8월 김영삼 정부가 한민족공동체 건설을 위한 3단계 통일방안(민족공동체 통일방안 '2.0')으로 보완·발전시켰고, 탈냉전과 글로벌리즘의 강화, 북한의 핵무기개발, 중국의 부상 등 통일 환경의 변화로 민족공동체 통일방안 '3.0'을 모색할 단계에 이르렀다.[10] 또 김병로에 따르면 기존의 민족공동체 통일방안 1.0버전이 남북한의 공존과 교류만을 강조한 일차원적 통일모델이었다면, 2.0버전은 소통과 교류를 넘어서 제도적 동질화와 정치경제 및 문화적 공유가치

10) 고유환, 「민족공동체 통일방안의 평가와 계승 발전방안」, 한국국제정치학회 기획학술회의, 2014, 33쪽.

확보를 목표로 한 2차원적 통일모델이다. 그에 비해 3.0버전은 남북한이 함께 노력하여 통합역량을 증진하는 방향으로 시너지 효과를 창출하는 3차원적 통일모델 구성을 추구한다.[11]

통일방안의 제시가 우리 내부의 담론으로 그치지 않기 위해서는 남북 관계를 고려하여 상대방이 수용할 수 있는 여지를 두어야 한다. 통일은 남과 북이라는 두 당사자가 있는 만큼, 통일방안은 우리 내부에서만 통하는 청사진을 제시하는 것만으로는 부족하다. 일방적인 통일방안의 제시는 통일을 위해 필요한 남북 관계의 진전과, 국제적 지지·협력을 모두 어렵게 한다. 이런 맥락에서 '민족공동체 통일방안'을 수정·보완할 경우 6·15공동선언과 10·4선언의 합의 정신과 내용을 어떻게 수용할 것인지가 중요한 과제가 되며, 이 때, 남북 합의 이행이 '민족공동체 통일방안'의 1단계 화해협력과 2단계 남북연합을 달성하는 기초가 된다. 만약 남측이 통일방안의 기본골격을 바꿀 경우 남북합의 정신에 어긋날 수도 있다는 점을 고려해야 한다.[12] 분단 이후 남북이 통일에 대한 이견을 힘겹게 좁혀 합의한, 남북기본합의서, 6·15 선언 및 10·4 선언의 정신과 내용을 살리지 못하면, 통일방안은 북한의 반발과 더불어 국내정치용으로 떨어질 공산이 매우 크다.

그러나 남북의 통일방안이 아무리 기존의 남북합의의 정신을 담는다 하더라도 최종적인 통일국가와 관련해서는 남이나 북이나 자신의 체제

---

11) 김병로, 「통일환경과 통일담론의 지형 변화: 정부통일방안을 중심으로」, 『통일문제연구』 제26권 1호, 2014, 29쪽. 김병로는 이명박 정부의 통일방안을 '민족공동체 통일방안' 2.0 버전이라고 평하고 있지만, 필자의 견해로는, 남북이 합의한 원칙을 이행하지 않고, 북한체제의 선제적 변화만 촉구함으로써 남북 관계를 악화시킨 이명박 정부의 통일구상은 '민족공동체 통일방안' 1.0을 변용한 2.0 버전이라기보다 '민족공동체 통일방안'의 일탈에 가깝다.
12) 고유환, 「민족공동체 통일방안의 평가와 계승 발전방안」, 한국국제정치학회 기획학술회의, 2014, 38~39쪽.

를 중심에 두고 있기 때문에 체제 경쟁적 성격을 완전히 벗어날 수 없다. 이런 점에서 통일방안은 남북한 모두에게 통일을 위한 가이드라인의 의미보다는 대내외적으로 정치적 프로파간다의 의미가 더 크다.[13] 학자들의 통일방안에 대한 창의적인 연구는 필요하더라도, 정부 차원에서 중요한 것은 최종적인 통일국가의 체제모델의 제시보다, 기존 남북합의 정신에 바탕을 두고, '민족공동체 통일방안'의 화해협력 단계와 남북연합 단계를 실천하는 대북 정책 방향에 대한 모색이다. 처음부터 통일국가의 체제를 문제 삼게 되면, 가장 초보적인 교류협력도 불가능하기 때문이다. 남북기본합의서, 6·15 공동선언, 10·4 선언 등 1990년대 이래 남북이 합의한 내용의 핵심은 통일의 최종 모습을 미리 정하지 말고, 남북이 각자의 체제에 충실하면서도 느슨한 결합부터 추진하는 데 있다. 이런 점에서 새로운 통일방안이 아니라, 포용정책 '2.0'을 제안한 백낙청의 주장은 현실적인 유용성이 있다.

백낙청에 따르면 포용정책의 '포용(包容)'이 한쪽의 일방적인 구상이나 일시적인 접근이 아니고 쌍방이 지속적으로 교섭하고 교류하는 '상용(相容)'을 뜻하는 것이라면, 포용정책 '1.0 버전'이 완성되는 것은 김대중 정부의 햇볕정책이다. 노태우 정부의 '7·7 선언'이나 '한민족공동체 통일방안'을 곧 바로 '포용정책 1.0'으로 규정하기 어려운 이유는 어디까지나 남쪽 정부의 '방안'이며 '포용 의지의 표현'이지 북쪽도 함께 한 상용·상종 행위는 아니었기 때문이다.[14] 그러나 포용정책 '1.0'이 구체적인 교류협력과 상호 신뢰구축의 길을 열었으나, 경협과 지원을 계속하

---

13) 남궁영, 「'국가연합'과 '낮은 단계 연방제': 쟁점과 과제」, 91쪽.
14) 백낙청, 「포용정책 2.0을 향하여」, 『창작과 비평』 제38권 제1호(통권 147호), 2010, 76~77쪽. 그에 따르면 노무현 정부의 '10·4 선언'은 6·15를 대체하기보다 그 '실천강령'을 마련하는 성격이라는 점에서, 2.0이라기보다는 1.0의 큰 테두리 안에서 1.5 정도로 개량된 버전이다.(같은 책, 78쪽)

다 보면 북한도 중국이나 베트남처럼 개혁·개방의 길로 나서리라는 낙관적 기대가 있었을 뿐, 그 후의 과정에 대해서는 '무책(無策)'에 가까웠던 한계를 지니고 있었다. 그러나 북으로서는 평화협정 체결, 북미관계 정상화, 외부의 경제지원 증대만으로는, 군사적으로 대치하고 있는 위협적인 남한의 존재가 있는 한, 체제안전이 보장되지 않는다. 따라서 6·15공동선언 제2항에 이미 제시된 남북연합이라는 해법을 본격적으로 추구하는 것이 요긴하다.[15] 백낙청의 '포용정책 2.0' 버전의 핵심은 남한 내 퍼주기 논란, 북한의 개혁개방 불이행, 북핵문제 등 포용정책 1.0의 문제점들을 해결하기 위해서는 남북연합이 반드시 필요하다는 점에 있다.[16]

  백낙청이 남북연합을 중시하는 이유는 무엇보다, 남한 단독의 일방적인 주장이 아니라, 6·15선언 제2항을 통해 북의 '낮은 단계의 연방제'와 공통성이 있다고 남북이 합의하였다는 점 때문이다. 그는 체제문제를 통일의 조건으로 삼을 경우, 갈등과 적대는 불가피하기 때문에 통일의 최종 모습을 미리부터 정하지 말고 남북의 상호체제를 인정하는 과도기적인 통일단계를 추진하는 데 남북이 합의했으며, 나아가 그 과도적인 통일기구에서조차 공통성을 확인한 점에서 의의가 매우 깊다고 보았다. 그는 '낮은 단계의 연방제'가 명칭만 다를 뿐, 내용상 남북연합과 일치하며, 따라서 남한의 남북연합 안을 실질적으로 수용한 것이라고 본다.[17] 또한 그는 남북연합이 남북 서로의 합의에 기초해 있다는 점뿐만 아니라, 한반도가 전쟁과 혼란의 위험성이 가중되어 있는 곳인 만큼, 남북연

---

15) 위의 글, 83~84쪽.
16) 그에 따르면 포용정책 '2.0'의 새 내용은 무엇보다 남북연합건설을 향한 의식적 실천이지만 이와 더불어 '시민참여형 통일'과정에 대한 확고한 인식도 포함한다.(위의 글, 73쪽)
17) 위의 글, 79쪽.

합은 이런 상황을 관리하는 장치의 성격을 지닌다[18]는 점에서도 매우 효율적인 제도적 장치라고 본다. 즉 남북연합은 남북의 이질적인 체제를 그대로 둔 채, 북한의 내부 변화는 물론 북핵 문제를 해결하는 데 요긴하며, 장차 통일 과정에서 예상되는 온갖 문제들을 남북이 협의할 수 있는 기구라는 것이다.

'민족공동체 통일방안'에서 남북연합은 통일의 최종 형태가 아니라 완성된 통일국가로 향하는 과도적 장치로서 화해협력 단계의 다음 단계로 설정되어 있다. 그러나 체제가 대립하고 있는 분단현실에서 완성된 통일국가의 체제를 남북이 쉽사리 합의할 수 없다는 현실적 고려 때문에, 과도기적 성격을 지닌 남북연합의 위상을 새롭게 이해하려는 논의도 일찍부터 등장하였다. 최완규에 따르면 남북의 갈등과 불신의 근본원인은 통일정책의 최소목표(상호 체제 생존과 평화체제 구축 보장)보다는 실현 불가능해 보이는 최대목표(자국의 이념과 체제로 상대방을 흡수)에 집착하기 때문에 최소 목표를 통일의 최대 목표로 전환하는 새로운 전향적인 통일론을 전개해야 할 필요가 있다.[19] 다시 말해 통일 논의의 현실화를 위해, 통일은 반드시 단일국민국가로의 통일이 아니더라도 가능하다는 인식을 확산시켜 통일의 목표를 민족공존, 공영의 정신을 바탕으로 한 민족 경제공동체 내지 국가연합 정도를 수립하는 것으로 축소시켜야 한다.[20] 그가 이렇게 보는 이유는 남북이 서로의 체제를 통일국

---

18) 백낙청, 『한반도식 통일 현재진행형』, 창비, 2006, 37쪽. 김근식은 남북연합이 안정적 상황에서 남북이 통일을 위한 교류와 협력을 협의할 수 있는 기구이기도 하지만, 북한 급변사태 시에 이를 관리하고 정돈하는 기능을 수행할 수 있다는 점에서 더욱 필요하다고 본다.(김근식, 「북한 급변사태와 남북연합: 통일 과정적 접근」, 『북한연구학회보』 제13권 2호, 2009, 68쪽)

19) 최완규, 「세계화의 압력과 새로운 통일논의: 쟁점과 과제」, 『한국과 국제정치』 제16권 1호, 2000, 34쪽.

20) 위의 글, 5쪽.

가의 최종 형태로 여길 경우, 상호불신을 강화함으로써 분단을 고착화시키는 결과를 가져올 수 있기 때문이다. 따라서 이때 남북연합은 통일국가를 향한 과도기적 준비단계가 아니라 현 단계 통일의 현실적 목표로 위치 지워진다.

남북연합의 위상에 대한 이러한 새로운 관점은 최근 들어 집중적으로 나타나고 있다. 즉 남북연합이 통일방안의 중간단계 혹은 통일국가로 향하는 과도적 장치가 아니라 새로운 최종적인 통일국가의 형식이 될 수도 있다는 관점이 그것이다.[21] 김병로에 따르면 통일국가를 최종목표로 하는 것은 당위적인 측면이 있지만 현실성에서는 문제가 있으며, 또한 통일국가를 미리 상정할 경우 주변국이 이러한 통일방안을 받아들일 수 있느냐 하는 문제가 있다. 따라서 당면 과제로 '남북연합'을 선택하고 통일국가의 여러 가능성을 열어 두면서 미래의 국민들이 선택하여 통일을 성취하도록 맡겨두는 것이 합리적인 통일방안이다. 이런 맥락에서 그는 '남북연합'을 잠정적 최종상태의 통일로 삼자는 제안을 하고 있다.[22]

많은 이들이 남북연합을 통일의 잠정적인 최종상태로 여기자고 주장하는 이유는 남북의 비대칭성과 국가성이 강화 등 지난 20여 년 동안 변화된 한반도 상황을 배경으로 하고 있지만, 무엇보다도 통일국가의 체제를 미리 규정하게 될 경우, 실질적으로 분단을 고착화시킬 것을 우려하기 때문이다. 비록 남북이 '낮은 단계의 연방제'와 국가연합이 공통성이 있다고 합의했지만, 완성된 통일국가의 체제와 관련해서는 남북의 상이한 통일원칙과 기조 때문에 어느 한 체제의 배제가 불가피하다. 이

---

21) 이남주, 「분단체제 하에서의 평화담론」, 『동향과 전망』 제87호, 2013, 91쪽; 박명규, 『남북경계선의 사회학』, 324~325쪽.

22) 김병로, 「통일환경과 통일담론의 지형 변화: 정부통일방안을 중심으로」, 『통일문제연구』 제26권 1호, 2014, 25~26쪽.

를테면 '민족공동체 통일방안'은 민족의 통일을 바탕으로 국가의 통일을 성취하게 되어 있지만, 상대방 체제를 인정하고 화해와 협력을 추구하면서도 다른 한편으로는 북한을 반국가단체로 규정하고 있다. 외관상 흡수통일을 배제하고 있으나 통일의 기본 철학은 자유민주주의이기 때문에 내용상 흡수통일을 최종 목표로 하고 있다.[23] '민족공동체 통일방안'은 자유민주주의가 완성된 통일국가의 기본 이념이라는 점을 확고히 함으로써 북에게는 남한체제로 북한을 흡수하겠다는 의도로 비춰질 수밖에 없다. 한반도 군사적 긴장과 체제경쟁이 존재하는 상황 속에서 남북은 겉으로는 상호체제를 인정하자는 데 합의하면서도, 현실적으로는 자기 체제 중심의 통일방안을 고수하고 있기 때문이다.

4. 관점의 전환: '사람의 통일'과 '통일 과정의 기본 가치'

중요한 것은 새로운 통일방안의 제시보다, 기존 남북 합의 정신에 바탕을 두고, 이를 실천하는 대북 정책 방향에 대한 모색이다. 더욱이 남과 북 모두 공식적인 통일방안을 갖고 있지만 실제 통일이 공식 통일방안대로 될 가능성은 높지 않다. 실제 가능한 통일은 통일의 계기가 도래했을 때 미리 정해진 경로와 방식을 따르는 게 아니라 매우 역동적인 과정을 거치게 될 것이며, 이 같은 역동성은 남측의 통일방안이나 북측의 통일방안이 서로 이데올로기적 폐쇄성에 갇혀 자구에 매몰되는 비현실성을 벗어나게 해준다.[24] 따라서 분단극복과 통일의 문제는 단순히 체

---

23) 최완규, 「세계화의 압력과 새로운 통일논의: 쟁점과 과제」, 『한국과 국제정치』 제16권 1호, 2000, 14~15쪽.
24) 김근식, 「북한 급변사태와 남북연합: 통일 과정적 접근」, 『북한연구학회보』 제13권 2호, 2009, 59쪽,

제가 다른 두 국가를 하나로 통합시키는 문제를 벗어나 있으며, 게다가 경로 의존적이어서 어떻게 하는가에 따라 그 미래상은 달라질 수밖에 없다. 이런 맥락에서 상호 관련된 두 가지의 관점 변화가 필요하다.

우선 체제 경쟁적 성격을 완전히 벗어날 수 없는 체제통합 중심의 통일방안에서 벗어나 남과 북에서 살고 있는 '사람의 통일'이라는 관점으로 통일 논의의 틀을 전환할 필요가 있다. 사람의 통일이 필요한 이유는 사람의 통일이 정치경제의 통합을 떠받치는 바탕이자 통일을 진정한 사회적 통합으로 만드는 근본적인 힘이기 때문이다. 만약 통일이 남북 간 상호신뢰의 축적과 정서적, 문화적 소통 그리고 분단 상처의 치유 없이 이루어질 경우, 서로 다른 가치-정서-문화가 빚어내는 혼란과 파국을 낳을 가능성이 높다.

'사람의 통일'은 분단을 내재화한 믿음과 성향들 그리고 적대적인 사회심리에 주목한다. 분단의 적대성은 단순히 체제적 차원에서만 작동하는 것이 아니라 그 속에 살아가는 사람들의 신체와 마음을 통해 일상적 삶에 내면화되어 있다. 역으로 이렇게 내면화된 성향과 믿음, 적대성은 분단체제를 강화하기도 한다. 남과 북의 주민들은 자발적으로 서로를 적대적 타자로 여김으로써, 분단의 상처를 겪고 있는 직접적인 당사자들이 오히려 자발적으로 분단을 고착하는 주체가 되고 있다. 분단 70년이 지났지만 분단의 상처와 적대는 아물기는커녕 우리의 일상적 삶 속에서 뿌리를 내린 채 현재진행형으로 이어지고 있다. 북에 대한 이러한 적대성은 합리적 논리를 벗어난 심정적 충동이며, 따라서 자기모순을 자각하지 못한다. 이미 20여 년 전부터 화해 협력의 1단계를 이루겠다는 공식적 통일방안에도 불구하고, 북에 대한 적대적 원한 감정을 여전히 강고하기 때문이다. 우리 사회 구석구석에 적대와 원한이 내재화되고, 시간이 흐름에 따라 갈등은 심화되었다. 분단을 국내 정치용으로 활용

하는 종북 프레임은 분단의 적대성이 가장 적나라하게 드러나는 방식인
동시에 분단체제의 구속력을 드러내고 있다. 현재의 남북 관계는 민간
및 경제교류가 소강상태에 있는 반면, 경쟁적으로 군비 증강에 몰두하
는 현실에서 드러나듯 갈등과 대립의 강도를 더해가고 있는 형국이다.

　이러한 적대와 원한 감정 상태에서 통일방안을 논하고 남북연합의 건
설을 기대하는 것은 모래 위에 집을 짓는 일에 비유될 수 있다. 이를테
면 적대적 상처의 치유 없는 남북연합은 언제든 적대와 갈등으로 비화
되어 나갈 여지가 크기 때문이다. 남북은 70년 가까운 분단 상태로 '적
대적 공존관계'를 유지해 왔을 뿐 아니라 서로를 자기중심적으로 이해
하는 갈등의 역사를 지속해왔다. 특히 체제 정통성을 위해 적대성을 활
용해 왔기 때문에, 체제의 모든 영역에 증오와 원한의 감정이 내재화되
어있다. 분단으로 조성된 냉전적 사고는 여전히 강고하며, 이념 대립은
합리적 이성의 차원이 아니라 무의식적, 비합리적 충동의 차원에서 작
동하고 있다. 따라서 분단에 내재된 이러한 상호 적대와 원한의 감정을
극복하려는 노력이 결여된 법적, 제도적 장치는 근본적으로 지속불가능
하다. 통일 과정, 나아가 남북연합의 사회문화적 기초는 남북주민 사이
에 오랜 세월에 걸쳐 고착화된 '마음의 장벽'을 허무는 일이다. 그것은
남북의 화해와 협력을 구조적으로 제약하는 비합리적인 충동을 극복하
고 남북 주민의 민족적 열망을 긍정적이고 능동적인 에너지로 되돌릴
수 있는 방향을 모색하는 일에 다름 아니다. 이는 어느 한 분단국가의
체제통일 혹은 통일방안으로부터 출발하는 통일론이 아니라, 두 분단국
가에 살고 있는 민족 구성원들의 정서, 욕망, 가치관의 소통과 통합이라
는 '사람의 통일'론으로의 관점 전환을 의미한다.

　하지만 서로 다른 생활양식과 사고방식을 가진 채 적지 않은 시간 동
안 적대해온 사람들이 금방 하나가 될 수는 없을 것이다. 사회문화적 적

대성을 벗어나지 못하고 있는 남북의 현재 상태로부터 화해협력의 공존과 상생의 문화를 일구어 가려는 노력뿐만 아니라 서로의 공통성을 형성하려는 노력도 필요하다. 적대성을 극복하고 능동적인 민족적 에너지로 되돌리는 일은 남북이 서로 공유하는 가치를 확장하는 일과도 동전의 양면이라고 할 수 있다. 이런 점에서 사람의 통일로의 관점 전환과 더불어 또 하나의 관점 전환이 필요하다. 그것은 우리 내부에 통용되는 가치체계로부터 출발하는 통일론이 아니라, 통일 과정의 역동적인 상황에 대처할 수 있는 기본 가치를 사유하는 데 있다.

통일 과정의 기본 가치가 아니라 통일한반도의 이념, 가치체계가 통일방안의 제시보다 선행되어야 한다는 주장이 한 때, 유행한 적이 있다. 통일한반도의 미래상에 대한 연구는 1990년대 북의 경제난과 남의 민주화 및 경제발전이 대조적으로 부각되는 상황에서 국책연구기관을 중심으로 활발하게 논의되었다. 이러한 논의는 지금까지 통일방안은 많이 연구되었으나, 통일이념에 관한 연구는 미비했다는 문제의식에서 출발하였다. 그러나 논의의 출발점은 북한 체제가 실패했기 때문에 통일한반도의 이념과 체제는 자유민주주의가 되어야 한다는 데 있었다. 통일이념 연구는 2000년 남북정상회담 이후 남북화해 협력을 통한 점진적 통일론이 부상하면서 퇴조하였으나, 체제통합 방식을 되풀이하는 것이다.

하지만 통일국가의 이념이 분단국가의 어느 한편에 의해 자신에게 익숙한 가치들을 중심으로 제시될 때 그 이념은 다시금 분단의 적대성을 생산할 수밖에 없다. 따라서 남한 내부에서만 통용되는 가치체계를 통일국가의 이념적 가치로 미리 규정하는 통일론이 아니라 '통일 과정의 기본 가치의 정립'을 우선해야 한다는 관점 전환이 필요하다. 이는 무엇보다 먼저 '통일국가의 이념적 가치'와 '통일 과정에서 남북이 함께 공유해야 할 기본 가치'들을 구별하는 데에서 출발해야 함을 의미한다. 지금 남과 북에 필요한 것은 이 길을 함께 할 수 있는 공통가치와 원칙을 정립하는 것이다. 만일 남과 북이 '통일국가의 이념'을 미리 규정하고자 한다면 '둘' 중 어느 한쪽은 배제될 수밖에 없기 때문에 '통일지향'의 연대적 관계는 파괴될 수밖에 없다. 따라서 '통일국가의 이념적 가치'를 미리 규정하기보다는 '통일 과정의 기본 가치의 정립'으로부터 시작해야 한다.[25]

그렇다면 '통일 과정에서 남북이 함께 공유해야 할 기본 가치'는 구체적으로 무엇인가? 우선 '민족공동체 통일방안'과 관련해 볼 때, 그것은 화해협력 단계와 남북연합 단계라는 통일의 과정에서 남북이 공유하는 가치의 성격을 지닌다. 남북연합이 '북의 낮은 단계의 연방제'와 공통점이 있다고만 했을 뿐, 그 동안 남북연합의 질적 기반, 남북연합이 공유하는 가치에 대해 깊이 숙고되지 못했다. 즉 남북연합 구상은 궁극적으로 그것이 어떤 제도와 가치에 기반하는 것인지는 분명하게 보여주지 못했다. 하나의 복합공동체를 유지할 수 있는 기본 가치와 핵심제도에 대한 공감과 합의 즉 가치통합은 혈통적이거나 반외세적인 것이 아니라 보편적 연대성과 집단적 자기책임성에 근거해야 한다.[26]

다음으로 통일 과정의 기본 가치는 통일 과정에서 남북의 이념과 체제를 인정하면서도 모두가 공유할 수 있는 가치를 말한다. 통일을 이루는 과정에서 핵심적 과제는 남북이 공감하고 공유할 수 있는 가치라고 할 수 있다. 그런데 체제와 이념대립의 현상황에서 북한이 수용 가능한 가치체계를 사유함에 있어 남북 두 체제의 공통된 기반으로서 분단 이전에 공유했던 전통사상을 호명하는 경향이 있다. 이를테면 남북이 다

25) 박영균, 「남북의 통일원칙과 통일 과정의 기본 가치: 민족과 평화」, 『시대와 철학』 제25권 2호, 2014, 139~142쪽.
26) 박명규, 『남북경계선의 사회학』, 창비, 2012, 367~368쪽.

같이 과도기에 공감하는 이념으로서 홍익인간이 빈번하게 거론된다. "홍익인간사상은 우리 민족에게 고유한 것이라는 점에서 민족 주체적이면서도 그것이 지닌 보편적 인류애는 어떠한 사상이나 이념도 뛰어넘어 인류 모두의 사상이기 때문에, 통일을 지향하는 궁극적 인간관과 사회관 및 세계관으로서 손색이 없다"는 것이다. 그러나 비록 홍익인간사상은 남북이 공히 인정하는 고조선의 건국이념이라 할지라도 남북한의 체제와 이념, 역사관과 철학관의 차이로 인하여, 남북한에서 서로 다르게 해석되고 있으며, 따라서 해석상의 갈등을 유발할 수밖에 없다.

그렇다면 어느 일방의 가치체계에 근거하지도 않으며, 분단 이전에 남북이 공유한 가치도 아니라면, 통일 과정의 기본 가치는 어떻게 정립되어야 할까? 우선 분단 이전에 남북이 공유한 특정한 전통사상에 주목하기보다 분단 이후 남북이 합의한 내용을 살펴보고, 이를 통해 한반도 통일 과정의 기본 가치를 추출하려는 노력이 필요하다. 분단 이후 남북의 당국자들이 공식적으로 발표한 합의문들은 남북이 긴장관계를 완화시키기 위해 서로 노력하여 구축한 통일의 기본원칙이라고 할 수 있다. 따라서 통일의 기본 가치에 대한 연구가 제대로 되기 위해서는 남과 북이 합의한 '합의문'들 속에서 통일의 기본 가치와 원칙들을 추출해가야 한다.[27] 이런 점에서 보면 '민족공동체 통일방안'은 남북이 합의한 통일 원칙을 충실히 지켰다고 볼 수 없다. 왜냐 하면 '민족공동체 통일방안'의 자주·평화·민주라는 통일 3원칙은 남북이 최초로 합의한 1972년 '7·4 남북공동성명'의 '조국통일 3대원칙'(자주·평화·민족대단결)에서 '민족대단결'을 '민주'로 수정한 것이기 때문이다.

다음으로, 통일 과정의 기본 가치는 인권, 평화, 생태 등 보편적 가치

---

27) 박영균, 「남북의 통일원칙과 통일 과정 기본 가치: 민족과 평화」, 『시대와 철학』 제25권 2호, 2014, 114쪽.

가 구체적으로 실현하는 데서 성립한다. 통일의 가치는 한반도의 특수한 맥락을 지니지만, 보편적 가치를 훼손하거나 위협하는 것이 아니라, 오히려 평화, 인권, 생태적 가치와 결합될 수 있다. 보편적 가치가 그 자체로 목적 가치를 지닌다고 해서, 그 보편성을 탈맥락화 하는 것이 아니라 분단현실에서 작동하는 독특한 의미와 성격을 파악하고 분단극복과 한반도 통일의 맥락에서 어떻게 실현될 수 있는지에 대한 구체적 고민이 필요하다. 평화, 인권, 생태 등은 보편적 가치이지만, 나라마다의 특수한 사정에 따라 그 형태는 다양하게 드러날 수 있다. 이를테면 평화는 인류의 보편적 가치이지만 평화에 대한 논의나 구상이 구체적인 현실성과 실천성을 지니려면 불가피하게 특수한 시공간적 맥락성을 지녀야 한다. 평화를 해치는 비평화의 조건들이 동일하지 않고 평화를 추구하는 주체들의 성격 또한 매우 다양하기 때문이다. 평화론이 공허한 추상론의 혐의를 벗으려면 분명한 시공간적 조건과 연결해서 설명하고 이해하려는 노력이 필요하다.[28]

인권, 평화, 생태의 보편적 가치를 통일 과정에서 구체적으로 실현한다는 것은 체제중심의 관점이 아니라 인권, 평화권, 환경권 등 남북주민이 실질적으로 누려야 할 권리의 관점에서 통일을 바라본다는 것을 의미한다. 따라서 이러한 보편적 가치가 실현되는 과정은 위에서 말한 분단 이후 남북 정부가 합의한 통일원칙과 달리 남북 주민의 참여가 반드시 필요하다. 다시 말해 다양한 영역의 남북교류와 소통과정에서 남북주민들이 누려야 할 보편적 가치로서의 권리들이 권리의 당사자들에 의해 구체적으로 논의되고 결정되어야 한다는 것이다.

셋째, 통일 과정의 기본 가치는 미리 결정되는 것이 아니라 남북의 화

---

28) 박명규·백지운, 「21세기 한반도발 평화인문학의 모색」, 『동방학지』 제161집, 2013, 40~41쪽.

해협력 및 상호소통, 남북 관계의 진전과 맞물리면서 정립되어야 한다. 통일 과정의 기본 가치는 남북이 합의한 통일원칙의 실천적 이행뿐만 아니라 인권, 평화, 생태 가치의 실현이 남북 관계 개선과 선후 문제가 아닌 병행 추진이 이루어질 때 성립한다. 남북이 합의한 통일원칙 및 보편적 가치가 한반도적 맥락에서 구체적으로 실현되는 방식은 남북 관계의 진전 및 상호협력의 정도와 비례하여 점진적으로 확대하는 데 있다. 이 때 통일 과정의 기본 가치는 정부 및 민간 차원의 남북 상호작용 과정에서 소통과 협력을 증진시키면서 형성되는 동시에 소통과 협력을 위한 공통의 준거가 될 수 있다. 여기서 인권이든, 평화든 각자의 가치체계의 틀 내에서 절대화되는 것이 아니라 남북 관계 개선의 방향에서 유연하고 개방된 방식으로 해석될 필요가 있다. 왜냐 하면 인권, 평화, 생태 등 보편적 가치는 그것이 구현되는 구체적 현실 속에 존재하기 때문에 그에 대한 해석과 의미부여는 남북이 다를 수밖에 없기 때문이다. 따라서 문제는 인권, 평화 등의 용어 자체에 대한 추상적 합의가 아니라, 서로의 소통을 통해 각자의 해석과 의미부여를 서로 교환하면서 새로운 규칙, 공통성을 미래적으로 만들어내는 데 있다.

5. 나가는 말

해방과 분단 70년을 맞이하면서 남북 관계의 새로운 전기를 만들어야 한다는 목소리가 높지만, 개선의 기미는 여전히 보이지 않고 있다. 분단 이후 70여 년 동안 한반도의 위기가 일상화, 구조화되면서 남북 모두 헤아릴 수 없을 정도의 가시적, 비가시적 손실을 입었다. 그럼에도 남북의 적대적 관계가 지속적으로 유지되는 비정상적인 상황이 이어지고 있다.

물론 이러한 비정상적 상황 속에서도 국내외 정세변화에 따라 남북의 대화와 협력은 불연속적이나마 이루어졌지만. 그것도 잠시, 다시 적대 관계를 반복해왔다. 20여 년 전부터 정부의 통일방안이 화해·협력을 통한 평화적 민족공동체 수립으로 바뀌었지만, 아직도 대북 적대의식을 신념처럼 고집하는 사람들도 많다. 탈냉전이 이루어진 20년 전의 세계 사적 시간대와는 달리, 한반도는 이념대립의 냉전 시간대에 고착되어, 그 속에 사는 사람들의 인식과 실천을 강박하고 있다.

우리 사회에서 발생한 지난 몇 년 동안의 여러 사건들은 냉전적 적대가 우리의 삶을 얼마나 강력하게 지배하고 있는지를 여실히 보여주고 있다. 격렬한 감정적 반응을 동반한 이념대립, 비합리적 충동이 한반도를 여전히 배회하고 있는 것이다. 이처럼 종북 논쟁이 풍미하고 있는 데다, 남북 관계가 경색된 상황에서, 일방적인 통일방안이나 통일 정책의 제시는 오히려 남북 관계를 악화시키며, 결국 국내용 정치적 프로파간다 이상이 될 수 없다. 따라서 현 시점에서 중요한 것은 새로운 통일방안의 제시보다, 기존 남북 합의 정신에 바탕을 두고, 이를 실천하는 대북 정책 방향에 대한 모색이다. 보다 근본적으로는 체제 경쟁적 성격을 완전히 벗어날 수 없는 통일방안론에서 벗어나, 통일의 방향성을 재검토하고, 통일에 대한 시각을 새롭게 정립할 필요가 있다. 이 글에서 제시한 '사람의 통일'과 '통일 과정의 기본 가치'는 이에 대한 고민의 일단이라고 할 수 있다.

II부

통일의 기본가치

제4장 통일의 동력으로서 민족이라는
새로운 '환상체계'

박민철*

1. '통일'과 '민족'의 이념적 결합은 과연 가능한가?

한반도에서 'nation'이란 단어는 중국과 일본을 거쳐 1900년도 초에 한
반도로 수용되었고, '민족'이라는 번역어로 정착되었다.[1] 하지만 개념

---

* 건국대학교 통일인문학연구단 HK연구교수.

[1] 'nation'을 '민족'으로 번역하는 것과 관련된 상이한 견해들이 존재한다. 'nation'
은 '민족(ethnic group)'보다 '국민'에 가까운 번역어가 어울린다는 주장이다.
그러나 박찬승은 근대적 주권 국가를 건설하지 못한 한반도 현실에서 '국민'
보다는 '민족'이라는 단어가 더 적합했을 것이라고 주장하고(박찬승, 『민족,
민족주의』, 소화, 2010, 21쪽), 장문석은 '국민'이라는 번역어는 정치 공동체의
성원이라는 측면만이 부각되고 종족의 문화적 측면이 소거되기에 '민족'으로
번역하되 이를 '종족'과 '국민'의 중간적인 의미를 갖는 것이라고 규정한다. 장
문석, 『민족주의 길들이기』, 지식의 풍경, 2006, 10쪽. 본 논문은 큰 틀에서 이
들과 동일한 입장을 취하기에 '민족'이라는 번역어를 사용했다.

수용의 역사가 100여 년에 불과한 민족이라는 단어는 이내 한반도의 사상사에서 가장 중요한 단어가 되었다. 그런데 민족 개념 이해의 특징은 무엇보다 일제 강점기와 분단 시대라는 한반도의 특수한 현실 그리고 그에 기반한 요구들과 연결된다. 민족은 일제 강점기에 자주 독립을 쟁취하는, 해방 이후에는 분단 상황을 극복하는 과정에서 객관적으로 실체화된 개념으로 자리 잡았다. 식민과 분단의 역사로부터 요구된 민족 개념은 민족의 구성 요소 내지 본질을 혈연·언어·역사·문화와 같은 요인들로부터 찾고 이를 통해 자연적으로 민족의 기초가 이뤄진다는 객관주의적 내지 원초적인 입장에 가까울 수밖에 없었다. 이는 홉스봄이 이미 지적했던 것처럼 하나의 민족이 하나의 국가를 건설해왔던 한반도의 역사적 현실과도 연결된다. 결과적으로 민족 개념에 대한 '실체적 이해' 그리고 식민과 분단 현실 극복에서 지닌 '긍정적 이해'라는 두 가지 특징은 한반도에서 오랫동안 지속되어 왔다.

그러나 민족에 대한 뜨거운 관심만큼이나 그에 대한 비판의 소리도 역시 컸다. 민족·민족주의 개념[2]이 엄밀한 학문적 연구대상으로 자리 잡기 시작하면서, 이에 대한 상반된 의견이 첨예하게 대립하게 된 것이다. 합리적이고 공민적인 서유럽형 민족주의를 시민적·통합적·건설적인 것으로 보는 반면 원초적이고 종족적인 동유럽형 민족주의를 분열적·억압적·파괴적인 것으로 보는 서양의 민족주의 연구 흐름의 수용,

---

2) 본 논문에서는 민족과 민족주의 개념을 의도 상 병기할 것이다. 연구자들에 따라 민족과 민족주의 개념이 엄밀하게 구분되지 않을 때 곧잘 오해와 논쟁이 심화되기에, 엄격한 구별을 요구하기도 한다. 지극히 타당한 주장이다. 하지만 본 논문은 첫째, '민족은 민족주의의 출발점이자 결국엔 결론'이기도 하다는 점에서, 둘째, 민족·민족주의 자체에 대한 해석과 평가를 다루는 것이 아닌, 민족·민족주의와 통일의 이념적 충돌 내지 결합의 가능성을 탐구하는 것이기에 이 두 개념을 철저히 구분하지 않았다. 다만 그 차이가 분명히 드러나야 하는 특정 부분에 있어서는 양자를 구분해서 사용했음을 밝힌다.

1990년대 이후 전지구적인 세계화의 흐름과 함께 한국 사회가 경험한 탈근대 담론의 유입 및 다문화·다민족 사회로의 진입은 한반도에서 긍정적으로 유지되었던 민족·민족주의 개념에 대한 비판적 성찰을 불러왔던 것이다. 이처럼 현재 한반도에서는 민족·민족주의 개념을 둘러싼 첨예한 대립 양상이 반복되고 있다. 특히 이러한 대립 양상을 한반도 통일 문제와 관련시켜 보자면, 한편에서는 민족·민족주의가 여전히 분단 극복 및 남북통일을 위해 실천적으로 유효하며 앞으로도 계속될 것이라는 의견이 존재하며, 다른 한편에서는 이 문제와 관련해 더 이상 어떠한 실천적 기능도 담당할 수 없다는 비판이 공존하고 있다.

이와 같은 상반된 견해 속에서 본 논문은 민족·민족주의가 여전히 통일의 실천적 동력으로서 가능하다는 입장에 서 있다. 민족·민족주의 개념이 그것이 내포하는 여러 가지 한계로 인하여 한반도 통일의 '궁극적 이념' 내지는 '규제적 원리'는 될 수는 없지만, 최소한 통일에 대한 긍정적 노력과 실천적 행위를 불러오는 통일의 실천적 동력으로서의 가능성은 여전히 갖는다는 입장이다. 이때 본 논문을 이러한 가능성을 확보하기 위해 민족·민족주의 개념의 '해체적 독해'와 이를 통한 새로운 '환상 체계'의 구축을 주장한다.

구체적으로 본 논문은 첨예하게 상반된 논쟁으로 전개되고 있는 민족·민족주의 담론 자체에 대한 상세한 입장 전개보다는, 한반도의 통일과 관련해서 민족·민족주의 개념이 어떻게 활용되었는지 그리고 그 결과는 어떠했는지를 살펴볼 것이다. 그리고 이를 통해 민족·민족주의에 대한 해체적 독해의 필요성을 주장할 것이다(2절). 또한 민족·민족주의와 통일담론의 결합이 적절한 것이기 어렵다는 입장에 서 있는 탈민족주의를 비판하면서 분단 극복과 통일에 있어서 여전히 유지되는 민족·민족주의의 긍정적인 필요성과 실천적 기능을 다시금 확인할 것이다(3

절). 이후 2절과 3절의 논의를 바탕으로 민족·민족주의를 통일담론과
성공적으로 결합시키기 위한 재구성 전략에 대해 살펴볼 것이다(4절).

2. 한반도 민족주의의 이중적 흐름과 그 한계: '민족'의 아포리아

'민족·민족주의' 개념이 여전히 한반도 통일에 실천적으로 기능할 수
있다고 한다면, 그것이 가능할 수 있도록 하는 개념의 재구성 방식을 모
색해야만 한다. 그렇다면 우선적으로 요구되는 것은 통일과 민족·민족
주의 개념의 결합을 어렵게 만드는 요인이 무엇인지를 밝혀야 한다는
점이다. 그것은 무엇보다 민족·민족주의 개념의 복잡성 및 이와 연관
된 이론적·실천적 착종과 혼란에서 발생한다. 이는 흔히 '민족의 아포
리아'로 규정된다. 사실 엄밀하게 규정하자면 민족의 아포리아란 사실
'민족주의'의 아포리아이며, 그것은 민족주의의 '양면성'과 연결된다. 민
족주의는 자기완결적인 이론 구조를 갖지 못하기 때문에 끊임없이 다른
이데올로기와 결합할 수밖에 없는 이차적인 이데올로기이자 해방의 기
능과 억압의 기능을 동시에 담고 있는 자기 모순적 이데올로기라는 것
이다.[3] 그래서 민족주의는 종종 "도덕적인 동시에 비도덕적이고, 인간
적인 동시에 비인간적이며, 고상한 동시에 야만적인"[4]것으로 규정된다.

하지만 이러한 견해에 대해 민족주의를 시민적 민족주의와 종족적 민
족주의로 구분하고 전자는 긍정적인 반면 후자는 부정적이라고 평가하
는 전형적인 이분법적 이해 방식에 불과하다거나[5], "근대적 민족은 시

---

3) 톰 네언, 「민족주의의 양면성」, 백낙청 편, 『민족주의란 무엇인가』, 창작과 비
   평사, 1981, 243~244쪽.
4) Louis L, Snyder, *The New Nationalism and Its Alternatives*, Alfred A, Knopf, 1969,
   pp.171~172(차기벽, 『민족주의원론』, 한길사, 1990, 90쪽 재인용).

민적이며 동시에 반드시 인종적"[6]이라는 기본 전제를 무시한 단편적 관점이라고 비판할 수 있다. 그럼에도 불구하고 한국 사회에서 민족주의 담론에 대한 연구가 일정정도 축적된 시기, 이러한 양면성은 이른바 '민족주의자' 또는 '열린 민족주의자' 그리고 '탈민족주의자' 모두 일정 정도 공유했던 하나의 핵심 테제였음을 부인할 수 없다. 즉, 민족주의는 역사적 경험에 기반한 정서적 대응과 이데올로기적인 변형을 겪음으로써 상반된 태도를 양립하게 하는 분열적 특성을 지니고 있으며, 이러한 민족주의의 자기분열적 성격은 한국 현대사에서 '국가주의적 민족주의'와 '민중적 민족주의'라는 상반된 흐름으로 나타났기 때문이다.

국가주의적 민족주의는 해방 이후 한국 사회를 지배했던 민족주의의 한 경향이었다. 그것은 국가를 최고의 가치로 삼고 그 권위의 절대적 우위를 인정하는 관점에서 국가의 발전을 위해 민족주의적 열망을 수단화하는 일체의 경향을 의미한다. 특히 박정희 정권은 자신들에게 결핍된 권력의 정통성을 마련하기 위해 '반공'과 '경제발전'을 국가 정책의 최우선적 과제로 설정함으로써 북한에 대한 정치·경제적 우위를 만들어가고자 노력했다. 동시에 국가 발전, 경제 성장 그리고 체제 안보를 위해 민족·민족주의 개념을 정치 이데올로기로서 적극 활용했다. 하지만 이때의 민족은 북을 배제하는 반쪽짜리 민족이었으며, 국가 역시도 통일된 민족국가라기보다 남의 정치 체제만을 의미하는 분열된 국가였다. 결과적으로 일제 강점기의 독립 국가 건설과 해방 이후에는 통일 민족국가 건설을 위한 이념적 토대로 기능했던 민족·민족주의 개념은 국가주의적 민족주의라는 '민족주의의 굴절'에 따라 오히려 통일을 위한 실

---

5) 민경우, 『민족주의 그리고 우리들의 대한민국』, 시대의창, 2007, 62~63쪽.
6) 앤소니 스미스, 이재석 옮김, 『세계화 시대의 민족과 민족주의』, 남지, 1997, 140쪽.

천적 기능을 상실하게 되었다.

이러한 민족주의의 굴절에 대해 서중석은 다음과 같이 언급했다. "민족국가를 건설하려는 일제 강점 하에서의 민족주의와는 달리, 분단체제를 극복하여 통일 민족국가를 이루려는 것이 자주성의 확립과 함께 이시기 민족주의의 주된 방향이었다. 그러나 그것은 한국에서 분단 체제가 갖는 특수성으로 말미암아 민족주의는 제 역할을 하기가 어려웠고, 국가주의·반공주의 등과 뒤섞여 파행성을 보여주었다."[7] 서중석의 지적처럼 해방 이후 반공주의와 국가주의는 민족·민족주의를 적극 활용했다. 이를 통해 민족·민족주 개념은 왜곡되거나 국가 체제 이념으로 흡수되어 버렸으며, 그 개념의 실질적인 목적이었던 한반도 통일로부터 철저히 분리되어 갔다.[8]

하지만 차기벽은 서양의 사례를 들면서 국가주의적 민족주의가 갖는 한계에도 불구하고, 민족주의가 민족 통일을 위한 역할만은 충실히 달성할 수 있는 이념이라고 주장한다.[9] 그러나 한반도에서 국가주의적 민족주의는 오히려 분단 체제를 더욱 강화하는 결과를 낳았다. 한반도에서 국가주의적 민족주의의 발생은 차기벽이 지적하듯 시민적 기반이 약해서라기보다 근본적으로 '민족≠국가'라는 분단 체제에 기인했기 때문이다. '민족≠국가'라는 부등식은 역대 정권이 '민족'이란 레토릭을 남발하면서도 '국가'라는 체제를 전면에 앞세우게 했던 이유였다. 분단 체제 속에서 국가는 민족보다 상위의 의미 사슬에 자리 잡고 있었으며, 민족

---

7) 서중석, 「한국에서의 민족문제와 국가」, 한국사연구회 편, 『근대 국민국가와 민족문제』, 지식산업사, 1995, 113쪽.

8) 이러한 민족주의의 국가주의적 활용은 남한뿐만 아니라 북한 역시도 마찬가지였다. 남한의 '반공'국가주의적 민족주의와 북한의 '반제'국가주의적 민족주의는 남북의 '적대적 의존관계'를 보여준다. 이에 대한 많은 논의가 존재하기에 여기서는 따로 상술하지 않겠다.

9) 차기벽, 『민족주의원론』, 한길사, 1990, 108쪽.

은 반공 국가 체제를 정당화하기 위해 동원되었다. 민족 전체를 포섭하지 못하는 분열된 국가의 전면화는 오히려 민족 분열을 더욱 강화시키는 방향으로 나아갈 수밖에 없었다.

한편으로 국가주의적 민족주의와 상반되는 흐름 역시 존재했으며 특히 1980년대에 이르러 광범하게 확산되었다. 이러한 한반도 민족주의의 이중적 분화양상은 '부르주아적·개량적·친미적·반공적 민족주의와 민족 해방론적·민중적·반제적 민족주의'(서중석), '민족주의의 국가주의적 활용과 민중적 민족주의'(강만길), '체제 민족주의와 반체제 민족주의'(김민철), '관주도 민족주의와 대중적 민족주의'(홍석률), '발전론적 민족주의와 저항적 민족주의'(윤인진), '국가 민족주의와 반체제적 민족주의'(윤해동) 등으로 규정된다. 윤해동을 제외하고 대체적으로 여기에는 국가주의와 민족주의를 동일시해서는 안 되며, 민족주의의 담당주체 내지 결합된 이념적 지향에 따라 가치론적으로 구분하자는 의도가 담겨져 있다.

따라서 '국가주의적 민족주의'에 대한 일종의 안티테제로서 후자의 흐름은 '민중적 민족주의'로 규정할 수 있다. 이러한 흐름은 일제 강점기의 저항적 민족주의에 기반을 두면서도 1970-80년대 독재·군사정권에 대항하는 민주화의 실천, 1980년대 5.18 광주항쟁과 87년 6월 항쟁 및 노동자 대투쟁 등을 거치면서 사회 변혁의 새로운 주체로서 민중이 부각되는 것과 맞물려 본격화되었기 때문이다. 민중적 민족주의는 상대방의 절멸이라는 방식을 취함으로써 통일과 멀어질 수밖에 없었던 국가주의적 민족주의와는 달리, 민중이 중심이 되는 평화로운 통일 지향의 민족주의를 주장함으로써 통일담론과 결합되는 민족주의의 긍정적 가능성을 열어주었다. 사실 일반적으로 민족주의는 국가와 민족의 경계를 일체화시켜 독립된 주권국가로서 통일된 민족국가를 건설하려는 강한 열

망 등으로 이해된다. 이때 국가는 민족의 하위 개념에 불과하다. 국가라
는 정치 체제는 민족의 생존과 발전을 위해 존재하는 수단에 불과한 것
이다. 그래서 민족주의는 전통적으로 "민족의 통일과 독립, 번영과 발전
을 최고 목표와 가치로 신봉하는 이데올로기"[10]로 규정되고 있다.

예를 들어 강만길은 식민지 시대의 민족주의가 좌우 이념을 극복하고
일제 식민지에 대항하는 통일전선을 이루는 '저항적 민족주의'의 성격을
지녔다고 평가하면서도, 반대로 해방 후 지배적이었던 민족주의는 자신
의 통치권을 보장하기 위해 서로에 대한 배타적 태도만을 생산하는 '국
가주의적 민족주의'에 불과하다고 비판한다. 이를 통해 강만길은 일제
강점기 당시 민족주의의 해방적 기능을 계승하면서 동시에 앞선 시기의
국가주의 민족주의를 극복하고 한반도 전체를 사유하는 온전한 민족주
의로서 '통일 민족주의'를 주장한다. 이것은 분명 분단 극복에서 민족·
민족주의가 갖는 실천적 힘에 대한 긍정의 표시이기도 했다. 비슷하게
1980-90년대 백낙청과 송두율 역시 기득권 세력과 대비되는 시민 또는
민중을 통일 세력으로 제시하면서 분단 극복에서 민족주의적 차원을 경
시해서는 안 된다고 보았다.

그런데 이제까지 살펴본 한반도 민족주의의 이중적 흐름과 관련하여
민족주의의 굴절이 민족주의의 자체적 모순 때문에 그러한지, 아니면
민족주의 자체의 문제보다는 그것을 활용한 반공·분단·국가주의적 정
치세력의 이데올로기적 활용에 혐의를 두어야 할 것인지의 논쟁이 있어
왔다.[11] 전자의 입장은 민족·민족주의 이념 자체가 선험적·본질적으

---

10) 차기벽, 『민족주의원론』, 한길사, 1990, 257쪽.

11) 대표적으로 2000년 초반에 있었던 윤해동과 김민철의 논쟁이 있다. 이와 관
련해선 윤해동, 「한국 민족주의의 근대성 비판」, 『역사문제연구』 제4호, 역사
문제연구소, 2000. 김민철, 「'민족주의 비판론'에 대한 몇 가지 노트」, 『역사문
제연구』 제4호, 역사문제연구소, 2000 참고.

로 차별과 배제의 이데올로기임을 지적하는 반면, 후자의 입장은 민족주의 자체의 이념적 모순 때문이 아닌, 그 정치적 악용의 문제를 지적하면서 민족 개념의 긍정적이고 해방적 측면에 더욱 주목한다.

이러한 논쟁은 민족·민족주의가 과연 한반도 통일과 이념적으로 결합할 수 있는가라는 본 논문의 근본적 문제의식과도 연결된다. 이때 전자는 그것이 불가능하다는 입장이고 후자는 그것이 가능하다는 입장을 취한다. 하지만 두 입장 모두 민족주의가 해방적 기능과 억압적 기능을 동시에 가지고 있다는 점을 인식하지 못하면서, 양자가 공유하는 근본적 한계를 형성하고 있다. 국가주의를 민족주의 자체의 문제로 전적으로 환원시키는 것에서도 주의해야하지만, 동시에 민족·민족주의 개념에 정치적 활용만을 문제시삼고 그것에 긍정적·해방적 기능만을 부여하는 것 역시 거부되어야 한다. 따라서 중요한 것은 민족·민족주의 개념에 대한 '해체적 독해'이다. 이러한 해체적 독해는 민족주의 담론의 대표적인 유형들인 국가주의적 민족주의 및 민중적 민족주의에서 공통적으로 발견되는 근본적인 한계를 폭로함으로써, '민족' 및 '민족주의'가 통일을 위한 이념이 아닌 오히려 그것과 멀어지는 자기 모순적 특성을 지니고 있음을 밝히고, 궁극적으로 '민족·민족주의'를 통일담론과 성공적으로 결합시킬 수 있는 재구성 방식을 제안하는 것이다. 이때 해체적 독해는 국가주의적 민족주의와 민중적 민족주의의의 다음과 같은 공통된 한계를 이해하는 것으로부터 출발한다.

첫째, 국가주의적 민족주의는 정통성 경쟁과 흡수통일이라는 '정치적 의도'에 따라, 반면 민중적 민족주의는 그에 대항하는 민족통일이라는 '당위적 목적'에 따라 한반도 분단 체제의 구체적인 현실을 간과하였다. 이때 양자 모두 남북의 상이한 사상과 체제가 만들어내는 이질성과 차이에 관심을 둘 수 없었으며, 분단 이전에 남북이 공유했던 민족의 원초적이고 객관적인 요소를 강조하는 방향으로 전개될 수밖에 없었다. 예컨대, 상반된 두 흐름 모두 통일과 관련된 대표적인 표어는 '민족의 이질성 극복과 동질성의 회복'이었다. 여기에는 '고도의 민족적 동질성이 면면히 계승되고 있었으나, 분단 시기라는 짧은 기간 동안 서로의 이질성이 급격히 확산되었다'는 인식이 전제되어 있다. 하지만 민족의 동질성 회복이라는 단순 테제는 차이와 이질성의 인정을 거부함으로써 통일을 더욱 멀어지게 만들었던 요인이 되었다.

둘째, 이와 관련하여 동일한 혈연·언어·종교·관습을 상정하고 이를 회복시키거나 고수하려는 방식은 다양한 차이를 무화하고 폭력적으로 억압하는 동일성의 폭력을 낳거나, 또는 통일의 복잡한 문제를 낭만적이고 당위적으로 해결하려는 실천적 오류를 낳는다는 점이다. 달리 말해, 민족 동질성의 회복을 내세운 통일론은 남북의 진정한 차이들을 감추기 때문에 통일과 관련된 실제적인 문제를 정치적으로 회피하거나 간과하기 쉬웠다. 요컨대, 한반도 민족주의의 이중적 흐름은 그것이 추구했던 정치 이념의 결합 방식에 있어서는 분명히 달랐으나, 통일 지향의 전환적 각성을 불러 올 수 없었던 원초론적 민족 개념을 공유하고 있었다.12)

셋째, 국가주의적 민족주의와 민중적 민족주의의 이항 대립적 관계에서 발생하는 한계는 한반도 통일의 규제적 원리로서 민족·민족주의가 활용될 수 없도록 만들었다. 이것은 민족주의의 폐쇄성과 관련된다. 국가주의적 민족주의와 민중적 민족주의의 이항 대립은 결국 '국가 대 민족'이라는 이항 대립적 구도로 전개되었으며, 궁극적으로 각각의 절대성을 주장한다는 점에서 이 둘은 필연적으로 서로 닮을 수밖에 없었다는 것이다.13) 물론 국가주의적 민족주의와 민중적 민족주의를 '동전의 양

---

12) 신기욱, 이진준 옮김, 『한국 민족주의의 계보와 정치』, 창비, 2009, 263쪽.

면'으로 규정하는 인식은 과도하다고 할 수 있다.[14] 하지만 민중적 민족주의의 경우 그것의 긍정적 기능은 분명했을지라도 전자와 마찬가지로 다른 보편적 이념과 가치가 자리 잡을 여지를 협소하게 만들었다는 사실도 또한 지적될 수 있다. 뒤에서 부연하겠지만 국가주의적 민족주의의 '국가'만큼이나 민중적 민족주의가 설정한 '민족'이라는 거대한 표상은 다양한 가치들의 가능성들을 그 안으로 함몰되게 만들었던 요인이 되었다.

진정한 의도와는 별개로 국가주의적 민족주의는 남북의 통일을 위해 '민족·민족주의'를 이야기했으며, 이것은 그보다 진정성 있게 통일을 원했던 민중적 민족주의 역시 마찬가지였다. 전자는 후자를 '맑스주의 계급론 내지 북한 사회주의에 종속된 민족주의'로 비판했으며, 후자는 전자를 '국가주의에 희생된 민족주의'로 비판했듯이, 양자 모두 민족·민족주의에 한반도 통일의 이념적 지위를 부여했다. 하지만 전자가 내세웠던 민족은 분단 국가의 '국민 만들기'에 의해 형성된 반쪽짜리 민족이었으며, 후자가 내세웠던 민족은 현실 국가 체제를 뛰어넘어 과도하게 설정된 민족성을 가지고 있었다.[15] 그리하여 엄밀하게 말해 양자 모두에는 '같은 민족이므로 통일해야 한다'는 지향이 모두 포함되어 있음에도 불구하고, 오히려 그들이 말한 민족은 통일과의 이념적 결합을 가로막고 있었다. 그래서 양자 모두 통일을 주장하지만 그 통일의 주체로 설정된 민족은 결코 분단 극복의 동력으로 자리매김할 수 없었다. 특히

---

13) 윤해동, 「한국 민족주의 근대성 비판」, 『역사문제연구』 제4호, 역사문제연구소, 2000, 69쪽.

14) 나종석, 「탈민족주의 담론에 대한 비판적 성찰: 탈근대적 민족주의 비판을 중심으로」, 『인문연구』 제57호, 영남대학교 인문과학연구소, 2009, 68~71쪽.

15) 박영균, 「남북의 통일원칙과 통일과정의 기본가치-민족과 평화-」, 『시대와 철학』 제25권 2호, 한국철학사상연구회, 2014, 119쪽.

전자에서는 국가주의라는 체제 경쟁의 폭력적인 방식에 자연스럽게 포섭되어버렸던 민족·민족주의 개념의 취약성이 드러났고, 후자에서는 다른 보편적 가치들을 함몰시켰던 민족·민족주의 개념의 폐쇄성이 나타났기 때문이다. 따라서 이제 다시 제기되는 것은 '통일과 민족의 이념적 결합은 여전히 가능한가?'라는 문제의식이다.

3. 탈민족주의 비판 그리고 다시 요구되는 '민족'과 '통일'의 이념적 결합

결론부터 말하자면 통일과 '민족·민족주의'의 이념적 결합이 가능할 뿐 아니라, 실천적으로도 여전히 유효하다고 할 수 있다. 이러한 판단의 정당화는 한반도 통일문제와 민족·민족주의 개념의 이념적 결합에 대한 회의적 반응, 즉 탈민족주의를 논박함으로서 마련될 수 있다. 1980년 중반부터 본격화된 탈민족주의 연구는 민족·민족주의 개념에 대한 자기반성과 비판을 수행했다. 이는 곧 민족·민족주의 개념의 이중성과 파행성이 존재한다는 인식이기도 했다. 이를테면 한스 콘은 민족주의의 역사적 전통을 합리적이고 공민적인 바탕 위에서 형성된 시민적·통합적·건설적인 서유럽형 민족주의와 원초적이고 종족적인 요소를 바탕으로 한 분열적·억압적·파괴적인 성격의 동유럽형 민족주의로 구분한다. 이러한 구분은 1980년대 초반 어니스트 겔러, 베네딕트 앤더슨, 에릭 홉스봄 등으로부터 제기된 탈민족주의 연구에 있어서 일종의 준거점이 되었다.

이들은 민족이 역사적 과정에서 독립된 존재론적 실체라는 점을 거부하고, 근대화 과정에서 새롭게 '발명된 것', 또는 '상상의 공동체' 내지 '만들어진 전통'으로 규정했다. 이렇듯 민족 개념의 구성적인 성격에 주

목한 탈민족주의는 민족주의의 한계와 결함에 천착했다. 그리고 탈민족
주의의 문제제기는 1990년대 한반도에 급속도로 유입되었다. 한반도 달
민족주의 흐름에 담긴 공통분모는 민족주의가 획일주의적 집단주의로
서 결국 개인의 자율성에 대한 억압, 보편적 가치의 훼손, 민족 내 계급
적 불평등의 은폐, 타자에 대한 열린 이해의 가능성을 봉쇄한다는 문제
의식이었다. 이러한 흐름 속에서 한반도 통일문제와 관련하여 더 이상
민족·민족주의가 주도적인 이념적 기능을 할 수 없다는 인식이 확산되
었다. 그러한 인식은 구체적으로 다음과 같은 이유를 가지고 있었다.

첫째, 원초적 원형을 상정하고 민족동질성 회복을 말하는 민족주의적
관점은 통일에 필요한 '타자성의 인정'이라는 규범적 조건을 강화하기보
다는, 오히려 남북 분단 체제의 적대성을 확대재생산 할 것이라 점이다.
통일에 필요한 인식론적 태도는 곧 차이의 이해와 공존임에도 불구하고
민족주의적 통일담론은 그러한 차이를 이질성으로 규정하고 곧 이질성
의 극복과 동질성의 회복만을 주장한다는 것이다. 탈민족주의적 관점이
민족 동질성 테제를 비판하면서 분단 극복을 탈민족적 프레임을 통해
구성하고자 한 근본적 이유는 무엇보다 민족주의적 관점이 지닌 배타성
또는 차별과 억압의 기능을 우려하기 때문이기도 했다.[16]

둘째, 대표적인 근대적 현상인 민족·민족주의 개념은 분단 극복과
관련하여 어떠한 미래적 전망도 열어줄 수 없다는 점이다. 탈민족주의
적 입장은 대체로 근대적 민족·민족주의 개념이 한반도의 평화 통일에
어떠한 이념적 지평을 제공하지 못할 것이라는 점을 공유하고 민족주의
적 관점의 극복을 주장한다. 다시 말해 민족주의는 각 개인의 개성을 말
살하고 획일화하는 정치 권력 체제로서 근대적 민족국가 건설을 목표로
하고 있지만, 한반도의 통일은 이러한 민족주의적 기획이 아닌 근대적

---

16) 임지현, 『민족주의는 반역이다』, 소나무, 1999, 83쪽.

국민 국가의 초월을 전제로 하는 새로운 세계 시민 사회 건설 기획으로 전환되어야 한다는 것이다. 그래서 탈민족주의자들은 대체적으로 '하나의 민족, 하나의 국가'라는 근대적 기획이 목표가 아니라, '하나의 민족, 두 개의 국가'를 인정하고 2개의 국가 간의 적대성을 불식하면서 한반도 주민들의 복지·행복·자유·평화·인권·환경과 같은 보편적 가치의 구축에 힘쓰는, 이른바 '탈분단'·'탈냉전'의 기획이 한반도 통일의 핵심 목표가 되어야 한다고 주장한다.[17]

셋째, 전통적인 민족 개념보다는 한국 사회가 직면한 다문화주의적 관점에서의 통일담론이 필요하다는 점이다. 여기서는 민족 통일보다는 이질적인 사회 문화 통합이 보다 시급하게 요구된다는 견해가 전제되어 있다. 특히 탈민족주의와 동일한 문제의식을 공유하는 2000년대 후반의 다문화주의의 주장이 이에 해당한다. 이러한 입장은 한반도의 다인종·다문화 사회로의 진입이 다문화주의적 관점을 더욱 요구하고 있으며, 따라서 현재 한반도에서는 민족의 통일보다는 보편적인 가치의 확인, 평화 체제의 우선적 정착, 국가 공동체 인식의 강화, 이질적인 집단의 사회 통합 등이 우선적으로 필요하다고 주장한다.[18]

이러한 견해는 한반도 통일과 관련해서 민족·민족주의 개념에 최고

---

17) 권혁범, 『민족주의와 발전의 환상』, 솔, 2000, 178~182쪽; 윤해동, 『식민지의 회색지대』, 역사비평사, 2003, 290쪽; 박순성, 「한반도 통일과 민족, 국민국가, 시민사회」, 『북한연구학회보』제14권 제2호, 북한연구학회, 2010, 86쪽.

18) 물론 민족주의와 다문화주의의 양립과 공존가능성을 말하면서 '열린 민족주의'적인 다문화주의를 주장하는 연구들도 존재한다. 양영자(「분단-다문화시대 교육 이념으로서의 민족주의와 다문화주의의 양립가능성 모색」, 『교육과정연구』제25권 제3호, 한국교육과정학회, 2007), 전형권(「다문화 시대 한국 학교 통일교육의 성찰과 이념적 지평: 민족주의와 다문화주의의 융합모형 연구」, 『한국동북아논총』제72집, 한국동북아학회, 2014), 박형빈(「통일교육에서 민족주의와 다문화주의」, 『윤리교육연구』제31집, 한국윤리교육학회, 2013) 등은 민족 개념의 현실적 필요성을 인정하고 있다.

의 이념적 지위를 부여해왔던 기존 통일담론의 낭만적·당위적 성격에 적절한 비판을 수행했다는 의의를 갖는다. 하지만 통일과 관련된 탈민족주의적 관점이 갖는 결정적인 한계는 한반도에서 특수한 민족·민족주의의 현실적인 '실효성'과 '규정력'을 간과하고 있다는 점이다. 즉 민족·민족주의는 일제 강점기 이후의 역사적 경험을 거치면서 강력하게 구축되었고 여전히 작동하고 있는 것이 사실이다. 달리 말해 수많은 모순으로 첨예하게 대립하고 있는 남북의 분단 상황 속에서 민족이라는 토대가 아니면 어떠한 것으로 통일생성의 동력을 확보할 수 있겠는가라는 현실적 실효성, 그리고 한반도에 거주하는 대중들의 정서가 뿌리박고 있는 민족주의가 통일을 공통된 관심으로 상정하고 그것을 지향하는 현실적 규정력이 될 수 있다는 점을 고려할 필요가 있다.

탈민족주의자들이 주장하는 것처럼 민족은 고정불변의 실체가 아닌 끊임없이 '재구성'되는 과정에 있다는 것은 분명한 사실이다. 그리고 이때 재구성의 핵심은 전통적인 혈연적·원초적 민족 개념과 그에 기반한 배타적 민족주의의 해체라고 할 수 있다. 하지만 이러한 재구성의 과정과는 별도로, 서구와는 달리 상대적으로 강하게 유지되어 왔던 '민족'이라는 귀속감은 현실적으로 그 실효성을 발휘하고 있으며, 한반도 분단이라는 과제 앞에서 그 실효성은 계속해서 지속될 것이다. 홉스봄이 지적했던 것과 같이 민족은 오랜 기간 동안 단일한 공동체를 유지해 온 한반도에서 지극히 자연스럽고 당연한 정치적 단위일 수도 있으며, 이는 일제 강점기에 요구되었던 민족적 주체성과 분단 시대 이후 민족의 통일을 바라는 정서적 분위기가 여전히 강하게 남아있다는 것으로도 증명된다.

물론 우리에게 친숙하고 강하게 유지되고 있는 개념일지라도 객관적이고 반성적인 인식이 필요한 것은 분명한 사실이다.[19] 그러나 한반도

에서 진행되어 온 통일과 민족의 결합이 갖는 역사적 특수성을 이해하
지 못한다는 것은, 달리 말해 서구의 이론으로 한국적 현실을 일방적으
로 재단하고 평가하려는 경향이 강하다는 것을 반증할 뿐이다. 식민지
경험과 분단으로 인해 발생한 민족 통일에 대한 강한 욕구는 서구의 일
반 이론으로 환원시켜 이해될 수 없다. 이런 점에서 김영명은 탈민족주
의의 탈분단론이 갖는 허구성을 지적한다. 그는 통일보다 평화 공존이
라는 형식이 세계사적 현실에 보다 적합할 수 있다는 탈분단론의 주장
을 강하게 거부한다. 문제는 남북 관계가 다른 서구 국가들과는 달리 민
족 내부의 특수 관계라는 것이다. 즉, 한반도의 분단 체제에서 통합 없
는 평화 공존과 자유 교류의 상태가 그대로 지속될 것이라는 기대는 상
상에 불과하다는 것이다.[20] 전형권 역시 다문화주의적 관점이 분단 체
제에서 발생하는 이데올로기적 차이와 정치적 대립을 단순히 문화적인
이질성으로 단순화하거나 환치시켜 버린다고 비판한다.[21]

　물론 탈민족주의적 관점이 갖는 한계를 지적한다고 해서 그것이 단순
히 전통적 민족주의에 대한 고수나 적극적 지지를 의미하지는 않는다.
이 둘의 지적은 탈민족주의와 다문화주의가 엄연한 한반도 분단 체제의
특수성을 여실히 반영하지 못한다는 것이다. 더구나 탈민족 · 탈분단의
논리는 한반도 통일의 실질적인 주체로서 민족을 불투명하게 만들거나,
더 나아가서 한반도 통일의 가치를 폄하하는 결론에 도달할 우려가 있
다. 하지만 외세로 의한 식민 지배와 분단으로의 귀결이 한반도 주민들

---

19) 최문성, 「통일 교육의 이념적 지향: 민족주의의 가능성과 한계」, 『한국정치연
　　구』 제6집, 서울대학교 한국정치연구소, 1997, 250~251쪽.
20) 김영명, 「한국 민족주의와 통일 문제」, 『민족사상연구』 제11호, 민족사상연구
　　소, 2003, 227~228쪽.
21) 전형권, 「다문화 시대 한국 학교 통일교육의 성찰과 이념적 지평: 민족주의와
　　다문화주의의 융합모형 연구」, 『한국동북아논총』 제72집, 한국동북아학회,
　　2014, 244쪽.

에게 강한 민족적 동일화 욕구를 불러왔음 역시 주지의 사실이다. 20세기에 겪은 역사적 경험으로 인해 통일과 민족의 결합에 작동하는 대중적 열망은 한반도에서 매우 강렬하다.

마지막으로 탈민족주의적 관점은 민족주의의 억압성과 해방성이라는 양면적 성격을 고려하지 않고 부정적인 측면을 강조해서 이를 민족주의 전체로 확대시켜 비판하는 경향이 강하다는 사실을 지적할 수 있다.[22] 이를테면 민족 개념을 통해 통일의 당위성을 설정하는 것을 통일지상주의라고 비판한다. 이는 통일을 위해 최고의 가치 체계로 설정되는 민족 개념에 의해 다른 보편 가치들이 희생될 수 있다는 것이다. 하지만 실제로 전통적 민족주의자들의 경우에도 혈연적이고 원초적인 민족 개념만을 강조하고 한반도의 민족적 특수성을 이념화하고 있는 경우는 사실 드물다. 한반도 민족주의에 대한 강한 긍정의 입장에 서있는 강만길만 하더라도 민족주의를 세계사적인 보편 이념과 변증법적으로 매개해야만 한다고 주장한다.[23] 이처럼 한반도 분단의 현실에서 민족·민족주의 개념은 다른 보편적 가치를 결합하면서 끊임없이 재구성되도록 요구받았다.

한반도의 특수한 분단 체제 속에서 민족·민족주의에 대한 현실적인 실효성과 재생력, 그리고 통일과 민족 개념의 결합에 대한 지속적인 요구는 '열린 민족주의 담론'이 제기된 이유이기도 했다. 그것이 실제로 그렇게 되었는지는 전적으로 별개로 국가주의적 민족주의나 민중적 민족주의 공히 폐쇄적 민족주의에 대한 반성을 앞세웠다. 민족 개념을 원초적인 민족 개념으로 축소시키는 것에 반대하고, 이념적 가치 체계의 역

22) 나종석, 「민족주의와 세계시민주의: 자유주의적 민족주의를 중심으로」, 『헤겔연구』 제26호, 한국헤겔학회, 2009, 172쪽.
23) 강만길, 『한국민족운동사론』, 서해문집, 2008, 7쪽.

할을 담당해야만 했던 민족주의의 자기반성은 그것이 한반도에 이입된 순간부터 지속적으로 제기되어왔던 문제이기도 했으며, 이는 열린 민족주의의 출발점이기도 했다.

열린 민족주의의 핵심은 민족 개념의 독단적 기능과 민족주의의 억압성을 경계했고 끊임없이 보편적 가치와 민족 개념이 결합하길 요구했다는 점이다. 예컨대, 열린 민족주의는 한반도에서 민족적 정체성이 여전히 중요하게 작동할 것이며, 그러기 위해서는 한국의 민족주의가 '국민주권적 민족주의', '시민적 민족주의', '민주주의적 민족주의', '인간주의적 민족주의', '개방적 민족주의', '진보적 민족주의', '성찰적 민족주의', 심지어 '생태적 민족주의'와 같이 보편 이념과 결합된 방식으로 전개되어야 한다고 주장했다. 하지만 열린 민족주의의 한계는 그러한 민족과 보편 이념과의 결합이 단순히 당위적으로, 또는 기계적으로 결합된 방식을 넘어서지 못했다는 점이다. 예컨대, 민족주의 담론과 보편 가치의 결합은 지속적으로 이야기되어 온 바였으나 단순히 선언적인 성격에 그치고 말았으며, 그 구체적인 결합의 논리가 무엇인지를 해명하지 못하였다. 따라서 뒤에서 살펴보겠지만 중요한 것은 그러한 결합의 구체적 논리를 마련함으로써 민족주의의 선험적 강조로 인한 보편 가치의 형해화 가능성, 반대로 보편 가치의 절대화로 인한 민족주의의 형해화 가능성을 막는 일이다.

이제까지 살펴본 것처럼 어찌되었건 민족·민족주의 개념은 20세기 한국의 근현대사를 이끌어왔던 주요한 이념 체계였음은 분명하다. 그것의 실질적 효과가 어떠했던지 간에 통일을 위한 관심과 노력은 민족·민족주의 개념이 존재했기에 가능했다. 베네딕트 앤더슨이 민족을 '상상된 정치적 공동체(imagined political community)'로 규정했을 때, 이것은 민족이 문화적으로 구성된 것을 의미할 뿐 결코 허구임을 주장한 것은 아니었다. 이는 곧 여전히 민족은 "통일의 과정에서 구체적으로 작용하는 메커니즘"[24]이 될 수 있다는 의미이기도 하다. 따라서 중요한 문제는 민족·민족주의 개념의 한계를 극복하고 분리될 수밖에 없었던 통일과 민족의 이념적 결합 논리와 방식에 대해 고민하는 것이다.

4. 민족이라는 '환상체계' 구축 전략과 남겨진 문제들

핵심은 통일의 실천적 동력으로서 민족·민족주의 개념을 어떻게 재구성할 것인가라는 문제이다. 이는 곧 민족이라는 '새로운 환상체계'의 구축 과정이라고도 할 수 있다. '민족' 내지 '민족주의' 개념은 집단적 유대감을 전제로 한다는 점에서 인간의 정서적 측면을 내포할 뿐만 아니라, 구체적인 역사적 과정 속에서 강력한 이데올로기적 기능을 수행하기도 했다. 아울러 그것은 지나간 분단의 역사를 반성하고 동시에 아직 도래하지 않은 통일 한반도를 꿈꿀 수 있게 하는 상상력이기도 하다. 즉 민족 및 민족주의는 정서 및 이데올로기와 착종되어 있으며 장차 사회적·현실적·실천적 대안의 모색에 기능할 수 있도록 확장되어야 하는 미완의 개념이다. 그렇기에 그것을 일종의 '환상체계'라고 규정할 수 있다. 슬라보예 지젝의 논의를 빌리자면, 환상은 현실과 반대되는 무가치한 것이 아니다. 그것은 단순히 머릿속 공상의 산물이 아닌 현실을 구조화하는 실제적인 힘이다.[25] 즉, 환상은 실재의 결여를 충족시켜 줄 수 있는 믿음을 만들어내고 그러한 믿음에 기반하여 현실에 대한 인식과

---

24) 이경식, 「통일의 구체적 작동 메커니즘으로서의 민족주의」, 『시민윤리학회논집』, 한국시민윤리학회, 2002, 241쪽.

25) 슬라보예 지젝, 이수련 옮김, 『이데올로기라는 숭고한 대상』, 인간사랑, 2003, 68쪽.

창조적인 활동을 생산한다. 요컨대, '환상체계'란 용어는 이처럼 민족 및 민족주의 개념이 우리들의 정서·이데올로기·상상력과 결부되면서도 현실 개입적인 기능을 내포하고 있음을 지칭하기 위한 것이라 할 수 있다.[26)]

결국 민족이라는 환상체계는 우리들의 실존적 삶에 각인되어 있는 민족 개념을 재구성하여 현실 변혁의 유토피아적 전망을 제공하는 것이라고 할 수 있다. 물론 그러한 민족이란 환상체계의 구축전략이 없었던 것은 아니다. '민족≠국가'의 분단국가는 '민족없는 국가'라는 결여를 메우고 자신들이 민족을 대표하는 것으로 자리매김하기 위해 그러한 환상체계로서 국가를 활용했다. 다시 말해 국가주의적 민족주의는 국가라는 환상체계를 앞세우고 민족을 수단화했다. 반대로 민중적 민족주의는 현실적인 국가성을 넘어 과도한 민족 이념을 설정함으로써 환상체계를 구축하였다. 하지만 그것들은 현실 변혁, 분단 극복을 위한, 인간다운 삶을 확보하기 위한 전략이 아니라 정치적 수사에 불과했거나, 민족 개념을 과도하게 강조하는 낭만적 구호에 불과했기에 그러한 환상체계는 자체적으로 붕괴할 수밖에 없었다. 이렇듯 모든 환상체계가 현실성과 정당성을 갖는 것은 아니다. 그것은 통일과 민족의 이념적 결합에 대한 정당성과 그 논리를 명확히 제시할 때에만 비로소 가능하다.

민족이라는 새로운 환상체계 구축 전략에는 따라서 첫째, '1민족 2국가'라는 현실적인 분단 체제를 전제로 하면서도 동시에 민족·민족주의 개념의 현실적인 실효성과 긍정적인 재생력을 재확인하는 것으로부터

---

26) 비슷한 맥락에서 장문석은 '사회적 상상계'를 주장한다. 즉 민족주의가 공동체의 인식과 실천에 필요한 어휘와 문법, 표상과 감각을 제공할 수 있다는 것이다. 그는 슈테거(Manfred Steger)의 정리를 빌려와 민족주의가 "사람의 인식과 행동을 근저에서 규정하는 모종의 사회적 상상계로 간주될 수 있다"고 말한다. 장문석, 『민족주의』, 책세상, 2011, 63~70쪽.

출발한다. 이종석이 지적하듯 통일은 "실체로서 두 개의 주권체가 존재한다는 냉엄한 현실"[27]로부터 출발해서 궁극적으로는 "새로운 민족국가 건설 프로젝트"[28]인 것처럼, 통일된 민족국가 건설은 단순히 과거에 있었던 '고향'의 복원이 아니라 지금까지 누구도 들어가 보지 못한 미래적 고향으로서 통일 한반도를 제시하는 것이기도 하다. 이때 민족이라는 공동체는 미래의 고향으로서 통일 한반도를 가시적으로 보여주는 실천적 기능화를 담당한다.

앞서 살펴봤듯이 국가주의적 민족주의의 민족이 결국 국가를 중심으로 한 종속된 민족성이었다고 한다면, 민중적 민족주의에서 민족은 국가성을 부정한 과도한 민족성을 내포하고 있었다. 하지만 그 결과는 동일했다. 결국 '1민족 2국가'라는 한반도 분단 체제의 냉혹한 현실을 전제로 하면서 동시에 민족 개념의 긍정적인 실효성을 확인한다는 것은 민족·민족주의 개념은 민족성과 국가성의 조화가 이루는 방식으로 재구성되어야 함을 의미한다. 이는 '국가 대 민족'이라는 이항 대립적 구도속에서 마련된 민족 개념이 아닌 한반도의 통일이 결국 실효적인 지배상태에 놓인 두 '국가'의 통합을 전제로 하면서도 민족적 합력을 만들어가는 새로운 '민족'의 공동체를 건설하는 동력으로서 민족 개념이 재구축되는 것을 의미한다.

둘째, 민족이라는 새로운 환상체계 구축을 위해서는 '실체화된 민족 개념의 기각'과 '역사 공동체로서의 민족 개념의 실재화' 전략이 필요하다. 이제껏 한반도에서는 항상 변하지 않고 동일하게 머무르는 어떤 동질적인 요소를 통해 민족 개념을 이야기해 온 경향이 강했다. 어떤 항구불변하는 요소가 민족의 성격과 특징을 '아프리오리'하게 규정하고 있다

---

27) 이종석, 『분단시대의 통일학』, 한울아카데미, 1998, 289쪽.
28) 이종석, 『분단시대의 통일학』, 한울아카데미, 1998, 20쪽.

는 인식이다. 하지만 이렇게 실체화된 민족 개념은 곧 민족주의의 왜곡과 편견을 낳으며 결과적으로는 굴절된 방식으로 전개될 가능성이 굉장히 크다. 이를테면 그것은 배타적 근본주의로 이행할 가능성이 높으며 서구의 역사가 보여주듯 억압과 배제의 논리로 사용될 수 있다는 한계를 갖는다. 반면 비실체화된 민족 개념은 항구불변하는 특정 요소를 기반으로 해서 '주의(ism)'화되는 방식이 아니다. 통일의 실천적 동력으로서 민족 개념이 기능할 수 있기 위해서는 비실체화된 민족 개념을 다시금 사유해야 한다. 무엇보다 민족이란 개념은 결코 "정태적 개념이 아니라, 적극적으로 변화시킬 수 있는 동태적 개념"[29]이기 때문이다.

이러한 기획은 '민족은 사회적 실재'라는 명제와 연결된다. 이것은 우선적으로 우리들의 감성과 지각의 관계에서 그것이 존재한다고 느껴지는 '경험적인 실재성'으로 민족에 대한 이해 방식을 말한다. 그러한 실재성은 역사적 공동체라는 실재 형식으로 나타난다. 역사공동체는 특수한 역사적 경험과 역사적 의식을 공유하는 공동체를 의미한다. 그런 의미에서 서경식은 "'민족'은 고통과 고뇌를 공유하면서 그 고통에서 해방되기를 지향함으로써 서로 연대하는 집단"[30]으로 규정한다. 이렇듯 역사적 공동체로서 민족은 한반도가 경험한 일제 식민지 지배의 억압과 차별 그리고 분단 이후 지속된 아픔과 상처를 공유하면서 이러한 고통으로부터 해방되기를 지향하는 집단으로 정의할 수 있다.

따라서 '실체화된 민족 개념의 기각'과 '역사 공동체로서의 민족 개념의 실재화'라는 전략은 항구불변적으로 전승되어 온 혈연·언어·경제·문화 등이 공유되고 있으며 이러한 공통된 요소들이 민족을 형성한

29) 이진영, 「한국의 민족정체성과 통일을 위한 '열린 민족' 개념에 관한 연구」, 『통일연구』 제5권 제1호, 연세대학교 통일연구소, 2001, 229쪽.
30) 서경식, 임성모·이규수 옮김, 『난민과 국민 사이』, 돌베개, 2006, 11쪽.

다는 식의 실체화를 거부하는 것이다. 오히려 그것은 전근대의 종족적 공통성보다 한반도가 20세기를 거쳐 체험한 역사적인 경험의 축적에 기반해서 민족 개념을 재구성하는 전략을 의미한다. 물론 그러한 재구성 전략이 민족 형성에서 혈연·언어·문화의 상대적 중요성마저 부정하는 것은 아니다. 다만 그러한 요소들을 획일적이고 동질적으로 규정해서 어떤 절대적인 지표로 삼는 것이 아니라, 그것들이 전승되는 과정에서 다양한 차이와 변용을 낳고 있음을 인정하는 전략인 것이다.

셋째, 민족이라는 새로운 환상체계 구축을 위해서는 민족주의와 보편적 이념의 '변증법적 긴장관계'가 요구된다. 이 둘의 '변증법적 긴장'[31]은 이를테면 민족·민족주의 이념이 자유·평등·인권·민주주의와 같은 보편적 이념에 통제당하는 동시에 다른 한편으로 그러한 보편적 이념을 구체적으로 실현하는 동력으로 작용한다는 의미이다. 민족주의가 보편적 이념과 결합되지 않을 경우, 그것은 민족이라는 집단을 절대화하면서 대중들의 집단 정서로 활용되거나 다른 가치들을 그 하위로 종속시켜버릴 수 있다. 민족·민족주의가 한반도 통일의 궁극적 이념 내지 규제적 원리가 될 수 없다는 것 역시 이와 관련된다. 민족주의는 통일된 민족국가 건설에 있어서 필요한 조건이긴 하지만 단순히 그것 자체로 충분한 조건이 될 수 없다.[32]

그런데 보편적 이념과 결합된 민족·민족주의 개념을 사유해야만 하는 또 다른 이유는 통일 한반도의 미래적 비전과 관련이 있기 때문이다. 한반도 통일은 대내적으로는 서로 상이한 사상과 체제에서 서로 적대적

---

31) '변증법적 긴장'은 마루야마 마사오로부터 차용했다. 그는 사상가와 역사의 관계를 '변증법적 긴장관계'로 설명한다. 사상가는 "역사에 의해 자신이 구속되는 것과 역사적 대상에 자신이 작용을" 하는 관계 이른바 변증법적 긴장을 통해 과거의 사상을 재현"한다는 것이다. 마루야마 마사오 외, 고재석 옮김, 『사상사의 방법과 대상』, 소화, 1997, 40쪽.

32) 이광규, 『신민족주의의 세기』, 서울대학교출판부, 2006, 228쪽.

인 대립 관계로 살아오길 강요받았던 두 집단이 하나로 합쳐지는 과정
이자, 대외적으로는 동서 냉전 체제의 마지막 유산이 극복되는 과정으
로서 동북아 평화 공동체로의 진입이라는 세계사적 의미를 갖는다. 이
때 상이한 사상과 체제의 통합은 인류의 번영에 복무하는 보편적 가치
와 이념 속에서 가능하고, 동북아시아의 평화 공동체의 진입 역시 이러
한 보편적 가치 및 이념이 전제될 때만 가능하다.

실제로 아이러니하지만 과거의 민족주의 모두 민주주의의 결합을 주
장해왔다. 박정희 정권의 국가주의적 민족주의를 정당화한 한승조에 의
하면 박정희 정권의 민족주의가 민족적 주체성을 강조하여 한민족에 적
합한 민주주의 체제의 토착화를 표방했다고 주장하고 있으며,[33] 그와
대비되는 민중적 민족주의적 흐름에 서있는 박현채는 진정한 민족주의
로서 민중적 민족주의의 모토가 통일된 민주주의적 민족국가의 확립을
지향했다고 주장한다.[34] 하지만 이러한 상반된 입장 모두 다 민주주의
이념을 결합시키려고 했음에도 불구하고 민족 이념에 다른 가치들을 종
속시키는 기계적 결합에 불과했다.

오히려 중요한 것은 민족·민족주의 이념과 보편적 이념 사이에서 한
쪽의 손을 들어주거나, 또는 이 둘의 당위적·기계적 결합을 주장하는
것이 아닌 양자의 변증법적 긴장 관계를 유지하는 것이다. 송두율이 민
족주의의 한계가 분명함에도 불구하고, 그것이 분단 극복의 강한 동력
임은 분명한 사실이라고 주장했던 이유는 바로 민족주의와 보편적 이념
의 이분법적 대립 구도를 극복하고자 했기 때문이다.[35] 그것은 민족주

---

33) 한승조, 『한국정치의 지도이념-유신개벽사상의 과거, 현재, 미래』, 서향각, 1977.
34) 박현채, 「분단시대 한국 민족주의의 과제」, 송건호·강만길 편, 『한국민족주의론 II』, 창작과 비평사, 1983(각주 33, 34 모두 재인용: 전재호, 『반동적 근대주의자 박정희』, 책세상, 2001, 24~27쪽 재인용).

의의 한계로 인해 보편적 이념의 통제가 분명 필요하며, 동시에 그러한 민족주의 이념이 곧 민주주의 실현에 구체적인 동력으로 작동할 수 있다는 의미이기도 했다.

한반도의 민족주의가 지니는 강한 현실성과 재생력은 그것이 목적으로 삼았던 역사적 과제가 실현되지 않았기 때문에 가능했다. 하지만 다른 측면에서 볼 때 한반도 통일은 집단화된 민족적 열망이 보다 강하게 자리 잡을 수 있는 기제이며, 이럴 경우 민족이라는 집단을 절대적 가치 설정 영역에 놓음으로써 다른 가치들을 그 하위로 종속시키는 배타적·억압적 이데올로기 발생의 기제가 될 수도 있다. 물론 민족·민족주의가 언제나 타자를 배제하고 억압하는 것이 아님은 분명하다. 그러나 만약 통일이 우리의 의도와는 다르게 동아시아의 배타적 국민 국가 체제를 강화하는 방식으로 전개된다면, 보다 구체적으로 통일 한반도가 북·중·러와 한-미-일의 대립적 삼각동맹 체제의 한쪽으로만 귀속되는 방식을 취한다고 한다면 동아시아의 내셔널리즘은 강화될 것이고, 한반도에서 민족주의 역시 우리가 우려하는 방식으로 전개될 공산이 크다. 그런 점에서 민족·민족주의 개념은 자신들의 이념적 지위를 다른 보편적 가치들과 긴장관계 속에서 구축할 필요가 있다.

마지막으로 민족이라는 새로운 환상체계는 또 다른 환상체계의 구축을 지속적으로 요구하는 '열린 지향성'을 가져야 한다. 이것은 한반도 통일이 단순히 근대적 기획이 아니라 탈근대적 기획이기 때문이다. 자세히 말해 이미 근대적 민족(국민)국가의 온갖 모순이 첨예하게 드러나고 있는 시점에서 한반도 통일은 그 모순을 그대로 답습하는 근대적 기획의 국가 형성이 아니라, 자유·평등·인권·민주주의·생태와 같은 보편적 가치의 실현을 통해 그러한 모순을 극복하는 새로운 형태의 국가

---

35) 송두율, 『민족은 사라지지 않는다』, 한겨레신문사, 2000, 87쪽.

공동체 건설로 나아가야 한다는 것이다. 물론 당연하게 한반도 통일이
탈근대적 기획이 되어야 한다고 해서 앞서 살펴본 탈민족주의가 주장하
는 방식을 그대로 따르자는 것은 아니다. 즉, 단순히 민족보다 다른 보
편적 가치들을 앞세우고 이것들을 서열화하는 방식은 아니라, 민족이라
는 통일의 동력을 전제로 하면서도 여타의 보편적 이념과 가치가 상호
연관 관계 속에서 부각되어 한반도 통일을 만들어가는 원리와 원칙으로
작동되어야 한다는 것이다.

이러한 탈구축의 지향은 한반도 통일 '이후'에 발생할 수 있는 문제와
도 연관된다. 어떤 견해에 따르자면 동아시아 각국이 내셔널리즘을 강
화하는 경향을 보이듯 한반도 역시 통일 이후에도 여전히 민족주의 이
념 자체가 큰 영향력을 발휘할 것이라고 주장한다.36) 또 다른 견해에서
는 그것이 민족의 통일을 지상 과제로 삼고 있을 때는 이념적 지위를 갖
지만, 그것이 달성되고 난 뒤에는 더 심각한 오류를 낳을 수 있다는 점
에서 곧 폐기되어야 한다고 주장한다.37) 더 나아가 다른 한편으로 새로
만들어질 통일한반도는 '민족'과 '국민'이라는 배타적 속성에 얽매이지
않으며 민주주의적 시민성에 입각한 새로운 상상적 공동체를 구성할 필
요가 있다는 주장도 있다.38) 이런 견해들 모두는 통일된 이후의 한반도
에서 세심하게 다뤄져야 할 민족·민족주의의 기능적 한계를 고민하는
것이기도 하다.

장문석은 한반도 분단 상황에 대한 무관심이 어쩌면 '내셔널리즘의
결핍' 때문이라고 주장한다.39) 그래서 내셔널리즘의 과잉만큼이나 그것

---

36) 박찬승, 『민족·민족주의』, 소화, 2011, 239쪽.

37) 피터 차일즈·패트릭 윌리엄스, 김문환 옮김, 『탈식민주의 이론』, 문예출판사,
   2004, 127쪽.

38) 진태원, 「어떤 상상의 공동체? 민족, 국민 그리고 그 너머」, 『역사비평』 통권
   96호, 역사비평사, 2011, 195~196쪽.

의 부재는 더 큰 문제를 일으킬 수 있다고 말한다. 그것은 과거의 잘못에 대한 비판적 견제력과 보다 나은 삶에 대한 추진력을 함유하는 민족주의에 대한 최소한의 믿음을 가지면서도, 동시에 그러한 내셔널리즘의 결핍을 어떻게 보완할 것인가라는 문제의식이다. 단순히 내셔널리즘의 온전한 실현만이 해결책이 될 수 없다. 근대적 기획 속에서 마련된 내셔널리즘이 아닌 탈근대적 기획 속에서 마련된 내셔널리즘의 보완, 즉 근대적 민족국가의 한계를 뛰어넘을 수 있는 민족·민족주의의 '성찰적 활용'을 고민해야 한다. 요컨대, 민족이라는 환상체계를 넘어서는 또 다른 환상체계의 구축은 지속적으로 요구되는 한반도의 과제일 것이다.

---

39) 장문석, 「내셔널리즘의 딜레마」, 『역사비평』 제99집, 역사문제연구소, 2012, 215~216쪽.

제5장 통일과 평화의 길항관계:

통일이념, 통일국가형태, 민족성과 국가성의 충돌

이병수*

1. 들어가는 말: 통일과 평화의 분기(分岐)

'자주, 평화, 민족대단결'의 3대 통일원칙을 합의한 7·4 남북공동성명
(1971년) 이후, 한국의 공식적 통일방안은 '평화통일론'이었다. '평화통일
론'은 무력이 아닌 평화적 방법에 의한 통일을 의미하는 것으로, 이 때
평화는 통일이라는 목적가치를 실현하기 위한 수단으로 위치 지워졌다.
따라서 통일과 평화의 관계는 평화의 가치가 통일의 가치에 종속되는
'수단-목적'의 위계적인 것이었다. 평화는 통일을 위한 수단적 가치로만
여겨졌으며, 평화를 목적가치로 추구하는 평화운동은 냉전체제에서 독
자적인 존립기반을 갖기 어려웠다.

그러나 1990년대에 이르러 평화와 통일의 관계를 바라보던 기존의 관

---

* 건국대학교 통일인문학연구단 HK교수.

점에 중대한 변화가 초래되었다. 1990년대는 세계적 탈냉전과 더불어 남북화해의 기운이 싹트고, 1987년 이래 민주화가 진척되면서, 그 동안 한국사회를 지탱해 왔던 기존 사고틀에 커다란 변화가 일어난 시대였다. 세계적 탈냉전과 민주화의 진전은 시민사회의 자율성과 다양성을 증대시켰으며, 그에 따라 평화, 인권, 성, 환경, 생태 등의 가치를 중심으로 다양한 시민운동이 활성화되었다. 한국사회의 평화운동도 이러한 탈냉전과 민주화의 산물이었다. 탈냉전과 민주화로 한국 시민사회가 재발견되면서 새로운 사회운동으로서 평화운동이 가능했다.[1] 이러한 시민운동의 활성화와 평화에 대한 관심과 문제의식 확대를 배경으로, 평화와 통일에 대한 기존의 이해와는 다른 새로운 경향이 등장하였다. 통일을 단일민족국가 수립으로 이해하던 전통적인 '민족우선주의적' 관점이 부정되고, 통일을 민족의 지상과제로 여기는 정도도 약해졌다. 또한 평화를 통일의 수단이 아니라 오히려 특수한 가치인 통일과는 다른 목적을 지닌 보편적인 가치이며 따라서 평화와 통일의 과제가 반드시 일치되지 않는다는 인식도 점차 확산되었다. 보편적 가치로서의 평화가 새롭게 인식된 것이다.

특히 2000년 남북 정상회담 이후의 달라진 남북관계가 평화와 통일이 분기된 가장 큰 원인이라고 할 수 있다. 2000년 정상회담 이후, 국민들의 냉전적 안보의식이 해체되고, 평화적 공존에 대한 암묵적 합의가 증대되었다. '6·15 공동선언'은 평화 공존에 대한 인식의 확산과 동시에, '미래의 통일, 당면의 평화'라는 생각들을 확산시켰다.[2] 최근 시민사회 진영 내에서 평화와 통일의 관계에 대한 논쟁이 하나의 흐름을 형성하고

---

1) 구갑우,『비판적 평화연구와 한반도』, 후마니타스, 2007, 197쪽.
2) 정영철,「한반도의 '평화'와 '통일': 이론의 긴장과 현실의 통합」,『북한연구학회보』제14권 2호, 2010, 195쪽.

있다. 논쟁은 통일운동을 중심으로 평화를 사고하고 있는 흐름과 평화
국가 혹은 평화체제 구축의 시급함 및 평화 운동의 중요성을 강조하는
두 흐름으로 진행되고 있다. '한반도식 통일론'과 '평화국가론'은 겉으로
드러내는 통일의 강조와 평화의 강조의 차이에도 불구하고 이들 담론은
2000년 남북 정상회담 이후 새로이 맞게 된 남북의 화해와 협력이라는
정세 하에서 평화와 통일을 화두로 삼고 등장한 점에서 공통적이다.[3]

　이처럼 평화와 통일의 분기는 한국 시민사회의 성장에 따른 평화의
중요성에 대한 증대하는 관심의 산물이었다. 그러나 평화가 통일과는
목적이 다른 보편적 가치라는 인식이 확산됨으로써, 평화를 통일과 분
리시키는 주장도 등장하였다. 평화와 통일을 구분하는 시각에는 기존의
통일담론이 분단을 강화시켜왔다는 전제 아래, 무조건적 통일이 아니라
적대의 청산과 평화공존이 중요하다는 문제의식이 놓여 있다. 통일지상
주의는 문제가 있으며, 통일이 한반도 주민의 평화와 삶의 질 향상을 위
한 과제로 여겨져야 한다는 것이다. 그러나 이러한 문제의식의 타당성
에도 불구하고, 통일이 안 되어도 평화공존이 가능하며, 평화를 앞세우
면서 통일을 유보하거나 선택적 과제로 여기는 평화우선론적 경향은 다
분히 문제가 있다. 통일을 달성하기 위해서라도 우선은 평화에 주력할
필요가 있음을 부정하는 것이 아니라, 평화의 과제에만 치중한 나머지
통일을 유보하거나 선택적 과제로 평화가 논의되는 방식이 문제라는 것
이다. 이는 '보편적인 것으로서 평화'와 '특수한 것으로서 통일'이라는 새
로운 이분법적 사고를 낳을 수 있고, 자칫 평화로운 공존 속에서 두 국
가로의 분리와 분단의 현상 유지라는 부정적 사고를 확대할 가능성도

---

3) 구갑우에 따르면 통일과 평화의 분기는 2000년 체제의 모순 때문이다. 2000년
　체제는 남북한이 서로의 국가적 실체를 인정할 때 재생산될 수 있는 체제이
　며, 따라서 통일과 평화 모두 2000년 체제의 진화과정에서 열려 있는 대안이
　될 수 있다.(구갑우, 『비판적 평화연구와 한반도』, 후마니타스, 2007, 74쪽)

또한 높여 놓기[4) 때문이다.

이 글의 목적은 평화와 통일을 분리하는 최근의 다양한 논의들을 비판적으로 고찰함으로써 통일과 평화의 긴밀한 연관성을 주장하는 데 있다. 이를 위해 평화우선론의 상호 연관된 논리적 근거들을 세 가지 측면에서 재구성하여 각각 비판함으로써 평화와 통일의 밀접한 관계를 논증하는 방식으로 진행하고자 한다. 평화와 통일의 밀접한 관계에 대한 논증은 첫째 통일의 이념과 관련하여 민족주의와 보편적 가치의 결합 가능성을 통해(2절), 둘째 통일국가의 형태와 관련하여 단일민족국가가 아닌 복합적 공동체의 전망을 통해(3절), 셋째 민족성과 국가성과 관련하여 양자의 대립이 아닌 조화로운 균형의 필요성을 통해 각각 이루어질 것이다.

2. 통일의 이념: 민족주의와 보편적 가치의 결합

평화와 통일을 분리하는 기저에는 통일의 이념이 민족주의의 논리에 근거하고 있기 때문에 한반도의 미래지향적 가치, 보편적 가치로 여길 수 없다는 탈민족주의적 사유가 자리 잡고 있다. 탈민족론자들은 근대사회의 핵심 징표인 '민족'에 대해 근본적으로 회의하면서 해체할 것을 주장하며, 민족주의 이념을 대외적 배타성과 대내적 획일성을 내재한 동일화 이데올로기이라고 비판한다. 따라서 이들은 한국사회에서 민족주의가 통일의 가장 강력한 이념적 기반이 되어왔기 때문에, 통일의 가치를 높이 평가하지 않는다. 이를테면 남북이 하나의 단위가 되는 의미의

---

4) 정영철, 「한반도의 '평화'와 '통일': 이론의 긴장과 현실의 통합」, 『북한연구학회보』 제14권 2호, 2010, 201쪽.

통일은 한반도 주민의 보편적 목표나 기본적 전제가 되기에는 너무 편협하며 인류가 근대사의 우여곡절을 통해서 합의한 기본적 가치의 하위 수준에 머물러 있다는 것이다.[5] 통일은 편협한 민족주의에 기반하고 있고, 보편적 가치의 하위 수준에 머물러 있기 때문에 오히려 인간다운 삶을 보장하는 인권, 평화 등이 한반도의 미래적 가치가 되어야 한다는 것이다. 이런 맥락에서 그들은 민족주의를 함축하는 '통일'이라는 말 대신 남북 주민들의 삶을 황폐화시키는 분단구조를 극복하고 평화를 지향하자는 의미에서 '탈분단'이란 말을 제안한다.[6] '탈분단'이란 말은 분단극복 문제와 통일문제를 분리하면서, 그 동안의 통일담론에 이념적 기반을 제공해온 민족주의를 배제하고, 분단극복에서 인권과 평화 등 보편적 가치의 우선적 중요성을 부각시키기 위해 고안된 용어라고 할 수 있다.

그러나 문제는 첫째, 분단극복을 평화, 인권의 가치를 통해서만 사유하고, 민족주의와 분리시켜 이해한다는 점이다. 탈민족주의자들은 분단극복을 민족주의가 아니라 평화나 인권의 가치를 통해서도 충분히 사유할 수 있다고 본다.

이들은 민족주의 이념이 지닌 억압성과 폐쇄성에 강박되어 있기 때문에, 민족 개념의 이해에서 종족적 범주를 전적으로 배제하고 오로지 정치적 범주에 묶어두려 한다. 민족 이해에서 종족성을 약화시키는 이유는 종족적 민족론이 지닌 인종주의적 배타성을 우려하기 때문이다. '종족적 민족'(ethnic nations)과 '시민적 민족'(civic nations)의 구분하려는 이들의 시도는 종족적 민족개념이 배타성과 획일성이라는 한국 민족주의의

---

5) 권혁범, 「통일에서 탈분단으로」, 『당대비평』 2000년 가을, 159쪽.

6) 임지현, 「다시 민족주의는 반역이다」, 『창작과 비평』, 가을호(통권 117호), 2002, 200쪽. 조한혜정 외, 『탈분단 시대를 열며』(삼인, 2000)와 권혁범의 『민족주의와 발전의 환상』(솔, 2000)도 기존 통일담론의 민족주의적 성향을 강하게 비판하고 통일 대신 '탈분단'이란 말을 선호한다.

성격을 강력히 주조했다는 판단과 관련이 깊다. 그러나 민족은 순전히 언어, 역사 등의 문화적 공동체로도, 순전히 시민적 권리의 정치적 공동체로도 환원될 수 없으며, 양자가 결합한 범주이다. 종족성과 시민성은 서구의 민족국가에서도 한 번도 완전히 분리된 적이 없으며 앞으로도 그럴 가능성이 높다.[7] 또한 종족성과 정치공동체가 한 번도 일치해 본 적이 없는 20세기 한반도의 역사는 시민적 민족과 종족적 민족의 이분법의 적용불가능성을 보여준다. 20세기 한반도의 민족정체성은 특정한 정치경제적 조건 속에서 다양하게 변용되었다. 따라서 민주적 권리를 강조하는 시민적 정체성이나 혈연 언어를 강조하는 종족적 정체성은 그 어느 것도 20세기 한반도와 코리언 디아스포라의 역사에서 진행되어온 다양한 국적, 법적 지위, 언어차이, 관습의 현지화 등 민족 정체성의 다양한 변용을 설명하기 어렵다.

또한 인간은 세계시민적 의식보다 종족적 공동체로부터 안정성과 소속감을 느끼는 존재다. 인간은 주체적 선택 못지않게 자연적으로 연결된 공동체의 존재와 그 역사를 통해 자신의 정체성을 느끼는 존재다. 종족적 민족주의가 인종주의적 폐쇄성을 지닌다는 입장은 이러한 차원을 경시하고 있다. 인간 사회에서 더욱 보편적인 것은 정체성의 추구 혹은 소속에의 열망이며 민족주의는 바로 이 점에 기반을 두고 있다.[8] 따라서 사회 통합은 보편적 정치 원칙들의 공유보다 훨씬 깊게 들어가는 공동체에 대한 감각을 필요로 하며, 이 사회통합은 바로 민족정체성에서 구해질 수 있다.[9] 공유된 역사, 공동의 언어 등에 바탕을 둔 공동체의

---

7) 앤소니 스미스에 따르면 "근대적 민족은 시민적이며 동시에 반드시 종족적이다." 이재석 옮김, 『세계화 시대의 민족과 민족주의』, 남지, 1997, 140쪽.

8) 김동춘, 「시민운동과 민족, 민족주의」, 『시민과 세계』 1호, 2002, 86쪽.

9) 나종석, 「민주주의, 민족주의 그리고 한반도에서의 국민국가의 미래」, 『사회와 철학』 제22집, 2011, 20쪽.

유대감에 의한 동기부여 없이는 자유롭고 평등한 시민들의 공동체 역시 추진력을 갖고 실천되기 어렵기 때문이다.

따라서 분단극복과 통일문제는 민족주의 문제로만 좁게 이해될 수도 없지만, 동시에 민족주의를 떠나서도 이해될 수 없다. 통일이 민족적 감정과 정서를 절대화하는 낭만적 민족주의의 협소한 틀을 벗어나야 하는 것은 당연하지만, 정체성의 추구 혹은 소속에의 열정 등 민족주의적 동력이 무시되어서도 곤란하다. '역사적 국가'라는, 매우 오랜 동안 형성되어 온 한반도의 정치, 경제, 문화적인 동일성, 그럼에도 민족=국가의 열망이 좌절되어온 20세기 한반도의 역사를 염두에 둔다면 대중들의 생활세계에 체화된 민족주의적 열정을 부정하면서 분단극복을 모색할 수는 없다. 민족주의는 당분간 통일의 당위성뿐만 아니라 통일을 추진하는 동력으로 그 유용성이 완전히 사라지지는 않을 것이다.

둘째, 민족주의는 보편적 가치를 훼손하거나 위협하는 편협한 이데올로기이기 때문에 보편적 가치와 결합될 수 없는 것으로 본다는 점이다. 민족주의 논리는 "근본적으로 차별과 배제의 메커니즘"이며, "우리의 생존과 번영을 최고의 가치로 삼는 집단주의이므로 민족의 이익을 위해 인권, 환경, 생명 등의 보편적 가치는 대체로 무시되거나 부차화 된다."[10] 개개인의 삶을 하나의 민족 집단으로 편입시키는 민족주의는 대내적으로 개인의 자유를 위협하며, 대외적으로 타민족을 억압하는 이념적, 정서적 기초로 작용할 수 있기 때문에 인권, 평화 등의 보편적 가치와 양립할 수 없다는 것이다. 그러나 민족주의가 "근본적으로 차별과 배제의 메커니즘"이란 말은 민족주의 대 보편주의의 선험적, 본질론적 이분법을 드러낸다. 탈민족주의자들은 동일한 근대의 산물이지만 인권, 평등,

---

10) 권혁범, 『민족주의는 죄악인가』, 생각의 나무, 2009, 76~77쪽. 임지현 역시 "건강한 내셔널리즘과 나쁜 내셔널리즘을 구분하는 것이 사실상 불가능하다"고 본다.(임지현 · 사카이 나오키, 『오만과 편견』, 휴머니스트, 2003, 187쪽)

생태에 대해서는 관대하고 민족주의에 대해서는 다른 이념보다 더 억압적이고 차별적인 이데올로기로 단죄한다. 그러나 잘 알려져 있다시피 민족주의는 자기완결적인 논리구조를 갖추지 못한 채 다른 이데올로기와 결합하는 이차적 이데올로기이며, 저항성과 아울러 침략성의 양면성을 갖는다. 이는 민족주의 이념의 본질적 억압성, 혹은 민족주의 대 보편주의의 이분법을 설정할 것이 아니라, 민족주의를 추구하는 주체들의 성격과 이들이 해결하려는 역사적 과제 등 당대의 구체적, 실천적 맥락이 중요함을 의미한다. 따라서 "민족주의를 선험적이거나 원칙론적 차원에서 접근하기보다는 그것이 구체적 문제와 조우하면서 낳을 담론적 효과와 정치적 결과에 주목해야 한다."[11]

이런 맥락에서 평화, 인권 등 보편적 가치와 민족주의를 함께 고려하는 것이 가능하다. 한반도에 보편적 가치를 보다 심화시키는 질서를 창출하는 노력과 민족적 연대성과 정체성에 대한 상호 확인을 위한 작업이 함께 동반될 수 있다. 즉 남북이 공유하는 사회통합의 자원을 활용하는 협력방안과 인권과 민주주의와 같은 정치적 원리의 궁극적 실현을 통한 통일의 길은 상충되지 않는다.[12] 따라서 민족주의가 한국사회에서 지닌 역동성과 생명력을 인정하면서, 인권과 평화의 실현 과정과 연관시킬 수 있는 방안이 고민될 필요가 있다. 달리 말해 민족주의가 지닌 현실적 힘을 평화, 인권, 생태와 같은 보편적 가치와 지혜롭게 결합하는 통일의 이념을 발전시킬 필요가 있다. 만약 통일의 이념이 평화 등 보편

---

11) 박명규, 『남북경계선의 사회학』, 창비, 2012, 203쪽.

12) 나종석, 「민주주의, 민족주의 그리고 한반도에서의 국민국가의 미래」, 『사회와 철학』 제22집, 2011, 27쪽. 박명규 역시 "다양성과 자율성을 강조하는 다원적 원칙이 민족공동체 담론과 연결되어야 하고, 생태주의를 포함하는 대안적 발전론이 한반도 공동의 경제통합을 실현하려는 노력과 결합될 필요가 있다. … 이런 노력들이 남한의 민족주의가 21세기에도 유효한 동력으로 기능할 수 있는 요건"(박명규, 위의 책, 203쪽)이라고 본다.

적 가치와 결합되지 않는다면, 민족을 앞세워 개인을 억압하고 통제하는 방향으로 기능할 수 있다.

탈냉전 후 민족주의 담론은 주로 통일문제와 관련지어 논의되었고, 또한 '열린 민족주의'로 변용되어 나타났는데, 그 특징은 복고적, 문화적 민족주의 논의가 줄어든 대신 자유, 평등, 정의, 국제협력 등 보편 규범과 원칙들이 적극 수용되어 왔다는 점에 있다.13) 그러나 민족주의 담론과 보편적 가치의 결합을 사유하는 것은 양자 사이의 긴장 때문에 용이하지 않다. 이를테면 민족주의의 틀을 원칙적으로 유지하면서 보편적 가치를 결합할 경우, 평화, 인권 등은 민족주의에 종속되면서, 70년대의 '한국적' 민주주의에서처럼 보편적 가치가 형해화될 가능성이 높다. 반면 보편적 가치를 탈맥락적으로 절대화하면, '시민적' 민족주의의 입장이 탈민족주의로 쉽게 변화해간 데서 알 수 있듯이 민족주의 역시 형해화될 가능성이 높다. 민족주의와 보편적 가치가 결합되어야 한다고 선언적으로 주장하면서도 결합의 논리가 무엇인지에 대한 연구가 드문 이유도 이와 관계가 깊다.

박명규는 민족주의가 민족적 감정과 정서를 절대화하는 것이 아니라 좀 더 중요한 가치를 실현하기 위한 수단적인 것으로 보아야 하며 따라서 통제되는 민족주의여야 한다고 주장한다. 그는 최종적으로 한국민족주의는 자신을 통제하고 성찰할 상위의 가치로서 평화를 설정하는 '평화민족주의'의 지향을 가져야 하며, 이 때 평화는 통일을 이루기 위한 전제조건이나 수단으로서가 아니라 오히려 독립이나 자주보다도 더 우위에 있는 가치로 이해되어야 한다고 본다.14) 또한 서보혁은 민족주의,

---

13) 서보혁, 「보편주의 통일론과 인권·민주주의 친화형 남북관계의 탐색」, 『세계지역연구논총』 제32집 1호, 2014, 9쪽.
14) 박명규, 「21세기 한반도와 평화민족주의」, 『다시 대한민국을 묻는다』, 한울, 2007, 485~487쪽.

국가주의 중심의 기존 통일론의 한계를 지적하면서, 통일을 보편가치의
한반도 구현으로 정의하는 보편주의 통일론을 대안적 통일 담론으로 제
시하고 있다. 그에 따르면 "민족통일이라는 형식에 보편가치를 내용"으
로 담는 보편주의 통일론은 보편가치에 역행하는 형식을 인정하지 않으
면서도 민족 동질성 회복, 민족공동체의 실현과 같은 민족주의 통일론
의 합리적 핵심을 융해할 수 있다.[15]

두 사람은 '수단-목적'이나 '형식-내용' 등 민족주의와 보편적 가치의
결합논리뿐만 아니라 용어에 있어서도 '평화민족주의', '보편주의 통일
론' 등 다르게 표현하고 있지만, 통일을 보편가치를 실현하는 과정이며,
민족주의적 열정이 억압과 배제의 논리로 작동하지 않도록 보편 가치에
의해 통제되어야 한다고 보는 점에서 동일하다. 두 사람의 논지에 동의
하면서도, 양자의 결합논리에 대한 사유가 보다 풍부해져야 한다는 점
에서 인권, 평화 등의 보편가치를 칸트가 말한 규제적 이념(영혼, 세계,
신)으로 이해하는 방식도 가능하리라 본다. 이를테면 평화를 한반도 통
일공동체 형성을 위한 규제적 이념으로 본다는 것은 다음과 같은 함축
을 지니기 때문이다. 첫째, 칸트의 규제적 이념이 복잡한 경험적 현상
속에 규칙성을 발견하기 위해 목적론적으로 요청되는 이념이듯이, 평화
는 분단현실을 극복함은 물론 미래의 통일한반도를 위해서도 실천적으
로 요청된다. 둘째, 칸트의 규제적 이념이 경험적 현상을 규칙적으로 질
서지우는 데 유용한 이념이듯이, 평화는 분단 문제를 성찰하면서 통일
의 과정을 준비하고 실천하는 데 있어 남북이 공통적으로 참조할 수 있
는 하나의 유용한 준거가 될 수 있다. 셋째, 규제적 이념을 아무런 유보
조건 없이 경험적 현상에 구성적으로 사용함으로써 초월론적 가상에 빠

---

15) 서보혁, 「보편주의 통일론과 인권·민주주의 친화형 남북관계의 탐색」, 『세
   계지역연구논총』 제32집 1호, 2014, 15쪽.

지듯이, 평화를 구체적 역사적 맥락과 관계없이 무분별하게 강조하면 공허한 추상론에 빠진다.

3. 통일국가의 형태: 단일민족국가와 복합적 정치공동체

평화와 통일을 분리하는 입장은 통일국가의 형태를 1민족 1국가의 완성된 민족국가로 여기는 관점을 부정한다. 왜냐하면 통일국가를 두 개의 국가를 통합한 단일한 민족국가의 형태로 여길 때, 평화적 통일은 불가능하며, 오히려 갈등과 전쟁을 불러 올 수 있다고 보기 때문이다. 만약 이러한 의미의 통일을 최우선 과제로 설정한다면, 남북 간의 일방적인 사회경제적인 차이로 인하여 반드시 폭력적인 방법이 아니라 하더라도, 결과적으로는 폭력적이고 고통스런 문제를 수반한다고 본다.[16] 그렇기 때문에 남북한 관계의 이상적 형태는 하나의 체제가 되기 위한 목표를 실현하는 데 있는 것이 아니라 남북공존을 목표로 하는 데 있으며, 이런 점에서 "평화를 더 잘 유지할 수 있는 것은 통일이 아니라 평화공존"이다.[17] 나아가 분단 하의 평화공존이 지속되지 않고 통일국가를 이룬다고 하더라도 그 국가형태는 1민족 1국가가 아니라 국민국가 틀을 넘어서는 복합적 정치공동체여야 한다고 본다. 즉 통일국가의 형태에 대해 단일민족국가의 개념 너머에 있는 복합국가, 지금까지의 근대적 민족국가와는 다른 형태의 국가형성이라는 정치적 상상력, 혹은 국민국가의 틀을 넘어서는 인식의 지평이 요구된다. 분단의 극복이 유일한 해

---

16) 최장집, 「해방 60년에 대한 하나의 해석: 민주주의자의 퍼스펙티브에서」, 『시민과 세계』 제8호, 2006, 45~46쪽.

17) 최장집, 『민주화 이후의 민주주의』, 후마니타스, 2002, 217~218쪽.

법으로서의 통일에 갇혀 있다면, 미래의 복합적 정치공동체에 대한 상상력의 빈곤을 초래한다는 것이다.[18]

그러나 문제는 첫째, 통일과 평화의 분리에 대한 주장은 통일국가의 형태가 단일민족국가라는 전제에 근거하고 있다는 점이다. 다시 말해 평화가 통일보다 더 우선하는 가치라는 주장은 통일을 단일민족국가의 수립으로 보는 전제에서나 가능한 주장이다. 하지만 탈냉전 후 남북 화해의 분위기가 성숙하면서, 특히 2000년 남북정상회담 이후 '과정으로서의 통일'론이 확산됨에 따라 많은 연구자들은 남북 긴장완화와 교류의 확대 그리고 화해협력을 통해, 무력이 아닌 평화적 과정으로서의 통일에 대해 동의하고 있다. 이처럼 통일을 단일민족국가 수립이 아니라 남북 주민의 삶의 질을 향상시켜가는 과정으로 본다면, 이런 과정을 통일이 아닌 평화라는 말로 설명하면서 통일이 평화를 위협한다고 단정할 필요는 없다. 통일이 체제와 이념을 하나로 만드는 일회적 사건이 아니라 과정이라고 할 때, 평화 공존은 오히려 통일을 이루어가는 하나의 단계로 이해될 수 있다. 평화체제는 그 자체로서는 통일이라고 말할 수 없지만 '과정으로서의 통일'을 고려한다면 '사실상의 통일'에로의 진입으로 볼 수 있다. '과정으로서의 통일'에서는 평화와 통일이 서로 배타적이라기보다 불가분의 밀접한 관계를 맺고 있다.[19]

그러나 이러한 '과정으로서의 통일' 역시 궁극적으로는 단일민족국가를 통일국가의 최종형태로 상정한 과도적 단계로 주장된 것이 아니냐는 반론이 제기될 수 있다. 사실 2000년 6·15 선언 제2항 "남측의 연합제 안과 북측의 낮은 단계의 연방제 안이 서로 공통성이 있다"는 합의는 통

---

18) 임지현, 「다시 민족주의는 반역이다」, 200쪽.
19) 이남주, 「시민참여형 통일운동의 역할과 가능성」, 『창작과비평』 2008년 겨울호, 376~377쪽.

일국가의 최종형태가 아니라 평화적이며 점진적인 통일의 과정, 단계에 대한 합의였다. 남북의 이질적인 이념과 체제상 통일국가의 최종형태에 대한 합의는 사실상 불가능했기 때문이다. 남북연합이나 연방제는 통일국가의 최종형태가 아니라 통일국가 형성을 위한 평화적이고 점진적인 과정, 단계를 의미하며, 남과 북의 통일방안은 '1민족=1국가'의 단일국가모형을 통일국가의 최종형태로 상정하고 있다. 이를테면 현재 정부의 공식적 통일론은 1989년에 '한민족공동체 통일방안'으로 발표되고 2004년에 일부 수정되어 공포된 '민족공동체 통일방안'이다. 이 방안은 남북관계가 화해협력 단계로부터 남북연합 단계를 거쳐 최종의 통일국가 단계로 이행하는 3단계통일론을 핵심으로 하고 있다. 여기서 3단계 통일국가의 형태는 자유민주주의 체제로 통합된 '1민족=1국가'의 단일국가모형이라고 할 수 있다.

하지만 오늘날 평화와 통일의 불가분성을 주장하는 많은 이들은 단일민족국가를 통일국가의 최종형태로 여기지 않는다. 백낙청은 6·15 선언에 나타난 '과정으로서의 통일'을 수긍하면서도, 이 과정의 종착점을 단일민족국가로의 완전한 통일로 설정하는 고정관념을 반대한다. 그에 따르면 통일국가는 " '과정'과 '종결점'의 구분 자체가 모호한 상태에서 그 과정의 실상에 따라" "통일이라는 목표의 구체적 내용마저 바뀔 수 있는 개방적 통일과정"[20]에 의해 결정될 뿐이다. 그가 이처럼 통일국가의 최종형태를 열어두자고 주장하는 이유는 남북의 정권이 결코 합의할 수 없다는 그의 현실주의적 고려가 작용하기 때문이기도 하고, 무엇보다도 그가 시민 참여의 질과 양에 따라 통일국가의 최종적 형태가 달라질 수 있는 가능성을 열어두기 때문이다. 최완규 역시 정부의 공식적 통일방안 가운데 통일국가 형성이라는 3단계를 유보하고 있다. 그에 따르

---

20) 백낙청, 『어디가 중도이며 어째서 변혁인가』, 창비, 2009, 69~70쪽.

면 3단계는 남북 상호간의 장기간에 걸친 교류, 협력과 평화공존, 나아가 국가연합을 형성한 이후 그것이 발전적 형태로 제기될 수 있는 이상의 목표이지 당위나 필연은 아니²¹⁾라고 본다. 따라서 통일국가 형성은 국가연합 형성 이후 남북 교류와 소통의 양과 질에 따라 발전적 형태로 제기될 수 있는 미래적 목표로 열어둘 필요가 있다는 것이다.

둘째, 통일과 평화를 분리할 때, "근대적 민족국가와는 다른" 복합적 정치공동체로서의 통일국가의 미래상을 상상할 수 있다고 주장하는 점이다. 그러나 이 역시 통일국가의 형태를 단일민족국가로 이해할 때만 가능한 입론이다. 앞서 살펴보았듯이 평화와 통일의 불가분성을 주장하는 이들도 통일을 '1민족=1국가'라는 단일형 민족국가 건설의 과제로 환원하는 것을 거부하고, 통일국가의 형태를 국가연합 이후 발전적 형태로 제기될 수 있는 미래적 목표로 열어두자고 주장하고 있기 때문이다. 따라서 통일을 강조한다고 해서 "미래의 복합적 정치공동체에 대한 상상력의 빈곤을 초래"한다고 할 수 없다.

백낙청은 분단체제 극복을 통해 우선 도달해야 할 국가형태가 '국가연합'이지만, 국가연합에서 더 진전된 정치공동체의 형태는 단일민족국가가 아니라 "온갖 형태의 연방국가와 국가연합들을 두루 포괄"하면서 "다민족사회를 향해 개방된 복합국가(compound state)"²²⁾여야 한다고 주장한다. 그가 이처럼 복합국가를 정확하게 규정하지 않고, 포괄적으로 설정하는 이유는 복합국가가 시민들의 주체적 참여의 발전 정도에 따라 결정되어야 할 문제라고 보기 때문이지만, 동시에 식민과 분단이라는 한반도의 역사적 현실을 고려하기 때문이기도 하다. 그에 따르면 한반

21) 최완규,「김대중 정부 시기 NGO 통일교육의 양극화 현상」,『북한연구학회보』제15권 1호, 2011, 299쪽.
22) 백낙청,『한반도식 통일, 현재진행형』, 창비, 2006, 83쪽.

도의 현실에 맞는 새로운 복합국가 형태는 국민국가의 틀을 아주 벗어날 가능성이 현실적으로 적다. 그는 식민지시대와 분단시대를 통틀어 한 번도 온전한 국민국가를 갖지 못한 한반도 현실에서 국민국가와 복합국가를 상호배타적으로 보지 않는다.[23] 요컨대 근대적 민족국가 개념에 구애되지 않는 창의적 형태로 구상되는 복합적 국가여야 하지만, 국민국가와 전혀 별개의 성격을 지닌 국가형태는 아니라는 것이다.

이처럼 통일국가의 최종형태를 국가연합이라는 단계를 거쳐 도달될 수 있는 복합국가로 보는 데서 더 나아가, 남북연합이나 연방제가 단순히 단일국가로 향하는 과도적 장치가 아니라 현재 한반도라는 지역 내의 이질성, 다원성, 분산성을 반영하는 새로운 최종적인 통일국가의 형식이 될 수 있다는 주장도 있다.[24] 다시 말해 지난 20년간 남북의 정치경제적 전환은 남북의 비대칭성을 높였고, 남의 다문화화가 그런 비대칭성을 심화시킨 상황에서, 현재 통일방안의 한 단계(중간단계)로 설정된 남북연합이나 연방제 같은 복합국가가 최종적인 통일국가의 형식이 될 수도 있다는 것이다.[25]

국가연합이나 연방제를 통일의 과도적 단계로 보든, 아니면 최종적인 통일국가형태로 보든 복합국가의 전망은 통일국가의 형태가 1민족 1국가라는 하나의 방향성을 지닌 기획이 아니라, 민족국가 형태의 중첩적

---

23) 위의 책, 178~179쪽. 그러나 복합국가는 기존의 국민국가의 결속원리와는 다른 대안적 원리들을 지닌다. 복합적 정치공동체에서는 경계의 고정성보다는 지리적·인종적·정치적·경계가 중첩되는 '경계의 유연성'이, 권력의 집중성보다는 비국가적 영역의 자율성 및 권리가 좀 더 적극적으로 보장되는 '권력의 분산성'이, 그리고 국민적 통합보다는 집합적 정체성의 대상이 국민국가에 국한되지 않고 국제적 연결이 가능해지는 '연대의 다층성'이 더욱 강조된다.(박명규, 「복합적 정치공동체와 변혁의 논리」, 『창작과비평』 제28권 제1호(통권 107호), 창비 2000, 16~17쪽)

24) 이남주, 「분단체제 하에서의 평화담론」, 『동향과 전망』 제87호, 2013, 91쪽.

25) 박명규, 『남북경계선의 사회학』, 324~325쪽.

이고 복합적인 기획과 맞물려 있다. 이를테면 새로운 복합적 공동체에
서는 국가주권 문제와 관련하여 과거와 같은 배타적, 폐쇄적 개념이 아
니라 인권과의 관계를 고려한 발상의 전환이 요구되며, 민족정체성과
관련하여 단일 혈통과 문화를 앞세우는 민족동질성이 아니라 복합적인
정체성에 대한 새로운 인식도 요구된다. 이처럼 복합국가론은 분단 이
전의 민족공동체 회복이라는 단선적이고 정형화된 틀로 통일을 이해하
는 것이 아니라, 지금까지의 근대적 민족국가와는 다른 미래의 새로운
정치공동체를 사유하려고 한다. 통일한반도의 새로운 국가형태에 대한
이러한 사유는 미완의 민족국가건설이라는 과제의 실현하는 것이기도
하지만 동시에 근대의 모순을 극복하는 탈근대의 가능성을 확장하는 것
이기도 하다.

4. 국가성과 민족성: 충돌과 균형

　평화가 통일보다 우선된다는 입장은 한국이 1990년대 이후, 민족정체
성이 약화되고 민주적인 시민정체성이 강화된 결과, 분단국가가 아니라
자족적으로 완성된 국가 인식에 기반하고 있기도 하다. 1990년대 이후
한국사회는 경제발전과 민주화를 바탕으로 한국인으로서의 집단적 소
속감과 긍지를 지닌 시민적 정체성이 증대되어 왔다. 1990년대 이후 한
국사회의 민주화와 경제발전에 힘입어, 한국인의 국민개념은 혈연적 요
인과 반공적 국민의식이 주도하던 냉전기와 달리, 밑으로부터 자발적으
로 형성된 대한민국 국민으로서의 소속감과 긍지를 지닌 시민적이고 정
치적 차원의 의미로 변화되었다. 1990년대 이래 일상적 민주주의의 경
험과 한국자본주의의 물질적 성취를 실감하였고, 이런 독특한 일상적

실감에 기초하여 한국에 대한 집단적 자부심과 같은 독자적인 정서와 지향들이 나타나게 된 것이다.[26] 이에 반해 북한은 1990년대 이후 굶주림과 생활고를 견디지 못한 많은 북한 주민들이 대거 국경을 넘어 탈북하는 사태가 벌어지는 등 심각한 체제위기에 직면하였고, 체제안정을 보장받기 위한 핵실험을 감행함으로써 한국인에게 체제경쟁에서 실패한 호전적인 타자로 각인되어왔다.

북과의 체제경쟁에서 승리했다는 관념은 한국의 국가를 분단국가가 아니라 자기완결적인 독립국가임을 당연시할 수 있는 분위기를 조성하였다.[27] 그 동안 남북관계에서 민족사적 정통성과 체제우월성을 전제로 한 대한민국 국가정체성의 강조는 보수 세력의 전유물이었다. 그러나 1990년대 이후 민주화와 경제발전이라는 남의 '역사적 성취'와 경제난과 체제실패라는 북의 '역사적 전락'을 배경으로 진보세력조차 '자기 완결적'이고 '자족적인' 대한민국의 국가성을 인정하는 양상을 보이고 있다. 이를테면 최장집은 민주화 이후 한국사회의 국가정체성 강화를 바탕으로 적어도 오늘의 한국사회를 "분단시대라는 정의가 함의하듯 불안정하고 불완전한 반쪽의 정치체제가 아니라, 근대화되고 자족적으로 완성된 사회이자 국가이며 체제"라고 본다.[28] 이런 맥락에서 그는 남북이 지향해야 할 관계가 통일이 아니라, 장기간에 걸쳐 남북의 평화공존과 경제

---

26) 박명규, 「21세기 한반도와 평화민족주의」, 466~477쪽.

27) 김동춘, 「시민운동과 민족, 민족주의」, 『시민과 세계』 1호, 2002, 76쪽.

28) 최장집, 「해방 60년에 대한 하나의 해석: 민주주의자의 퍼스펙티브에서」, 『시민과 세계』 제8호, 2006, 46쪽. " '해방 60'년을 말한다는 것은 2차 대전 종전과 더불어 시작된 냉전의 결과로 분단된 지난 60년의 역사와, 우리가 '한국'이라고 부르는 남한의 국가가 그 자체로서 하나의 자족적인 국가이자 주권국가로서 성장한 한국현대사를 이야기하는 것이라 하겠다."(같은 논문, 22쪽) 장은주 역시 대한민국의 건국을 "우리 근현대사 전체의 역사적, 정치적 성취"로 본다. 장은주, 『인권의 철학: 자유주의를 넘어, 동서양이분법을 넘어』, 새물결, 2010, 338쪽.

협력 관계가 안정적으로 정착되고, 북이 국제적으로나 국내적으로 남과 같이 자족적인 독립된 국가로서의 지위와 안정성을 갖게 되는 것이라고 주장한다.29) 그리하여 그는 남북관계의 이상적 형태가 통일을 지향하는 같은 민족 내 관계라는 점보다, 자족적인 주권국가 간의 평화적 관계가 되어야 한다는 점을 강조한다.

그러나 문제는 첫째, 이러한 국가성의 강조가 대한민국의 '역사적 성취'에 고무되어 분단이 평화를 위협하는 측면에 대한 인식이 부족하다는 점이다. 마치 분단비용을 고려하지 않은 채 일방적으로 통일비용의 부담을 주장하는 것과 마찬가지로, 통일이 그 과정에서 폭력이나 고통스런 문제를 수반한다는 인식에는 투철하지만, 분단이 수반하는 폭력과 상처에 대한 인식이 누락된 사고의 불균형을 보여준다. 한국사회가 걸어온 산업화와 민주화의 과정에 대한 정확한 인식은 분단과 남북문제를 해결하는 출발점임은 분명하지만, 이런 자세는 우리가 당면한 문제들이 분단으로 인해 형성된 역사적 상처들과 어떻게 결합되어 있는가를 성찰하는 작업과 결합되지 않으면 안 된다.30)

백낙청은 남북관계가 '자기 완결적'이고 '자족적인' 두 국가 간의 관계가 아니라 "남북을 아우르는 하나의 분단체제가 있고, 이 또한 완결된 체제이기보다 세계체제의 하나의 독특한 시·공간적 작동형태에 해당한다고" 주장한다."31) 그가 말하는 분단체제는 자본주의 세계체제라는 상위체제와 남북의 두 국가체제라는 하위체제 사이에 존재하면서, 남북

---

29) 최장집, 위의 글, 45~47쪽.

30) 나종석, 「민주주의, 민족주의 그리고 한반도에서의 국민국가의 미래」, 『사회와 철학』 제22집, 2011, 12쪽.

31) 백낙청, 『한반도식 통일, 현재진행형』, 81쪽. "분단체제는 세계체제의 하위체제이면서 일정한 독자성을 갖는 남북한 체제의 독특한 결합"(백낙청, 『민족문학의 새 단계』, 창비, 1990, 83쪽)이다.

의 두 국가를 망라하는 독자적인 체제이다. 요컨대 그에 따르면 분단은 상호영향력과 의존성의 측면에서 단순히 국경을 접한 자족적인 국가 간의 외적 관계로 치부할 수 없는 하나의 체제적 성격을 지닌다. 따라서 남북 두 국가의 내부에서 일어나는 사회적, 정치적 현상은 분단체제와의 관련을 떠나서는 제대로 파악할 수 없다. 그가 "태생적으로 반민주적이고 비자주적인 분단체제가 지속되는 한 남북 어느 한쪽에서도 온전한 민주주의가 불가능하다[32]"고 여기는 것도 이 때문이다. 분단 상황 아래서는 민주적이고 자주적인 사회로 발전할 수 없을 뿐만 아니라 평화 역시 불안정하고 임시적일 수밖에 없다. 즉 분단 상태에서 달성될 수 있는 평화공존은 전쟁이 재발되지 않는 가장 낮은 단계의 평화를 겨우 달성한 상태에, 그것도 안정적으로가 아니라 항상 유동성을 내포하는 상태로 머무를 수밖에 없다. 분단체제가 평화의 정착을 방해하는 훼방꾼으로 존재하기 때문이다.[33]

여기서 20년이 넘는 동안 그 주안점을 달리하면서 외연을 확대하고 내용을 심화시켜온 분단체제론을 전부 논할 수 없지만, 남북관계가 일반국가들과의 관계와 달리 분단시기 동안 상호 영향력을 미쳐왔으며, 한반도에서 평화문제가 일본의 평화헌법 수호운동이나 서유럽의 반핵운동와 달리 분단체제의 변혁과 맞물려 있다는 통찰은 강한 설득력을 지닌다. 분단은 한반도 평화를 구조적으로 침해할 수밖에 없다. 다시 말해 분단은 단지 전쟁의 위기만이 아니라, 권위주의 체제의 정당화, 사회적 폭력의 확대 등 민주주의의 발전과 평화적인 삶의 실현을 제약한다. 때문에 분단 하의 주권적인 두 국가 간의 평화란 잠정적이고 불안정하며, 이러한 불안정적인 유동성은 분단극복과 통일을 통해서만 궁극적으

---

32) 백낙청, 위의 책, 64쪽.
33) 홍석률, 『분단의 히스테리』, 창비, 2012, 403쪽.

로 극복될 수 있다.

둘째, 한국의 정치적, 경제적, 문화적 성취를 "자족적으로 완성된 사회이자 국가"로 성장한 한국사회의 전유물로만 여긴다는 점이다. 이러한 시각에서는 분단 후 북한의 역사적 경험이나, 해외 코리언의 역사적 경험을 포함하는 민족적 차원이 누락될 수밖에 없다.

우선, 대한민국이 이룬 경제성장과 민주화가 대한민국이 한반도 통일을 주도하도록 뒷받침하는 사회적 자산일지라도, 대한민국 건국을 분단의 공식화과정으로 평가하고, 한국의 미래를 통일한반도의 전망으로부터 읽어내면서 '분단의 창'을 통해 한국을 바라보려는 보다 넓은 시각에서 파악될 필요가 있다.[34] 즉 해방 이후 한국의 현대사를 한국만의 자기완결적인 주권국가의 닫힌 역사가 아니라, '분단의 창'을 통해 남과 북을 포괄하는 한반도적 시각에서 이해될 필요가 있다는 것이다. 나아가 한국의 역사적 성취를 '분단의 창' 뿐만 아니라, '식민의 창'과 '이산의 창'을 덧붙여, 전체 한민족의 역사적, 문화적 성취의 차원으로 확장시켜 이해할 필요가 있다. 이는 한국사회의 성취를 한국사회에만 국한시킬 것이 아니라 남과 북 그리고 해외 코리언을 포함한 한민족 상호간의 소통과 연대를 위한 긍정적 자산의 맥락에서, 그리하여 '민족적 합력'을 창출하는 통일의 맥락에서 바라보아야 함을 의미한다.

끝으로, 평화와 통일의 분리를 명시적으로 주장하지는 않지만, 대한민국의 국가성이 강화되었기 때문에 분단국가의 정체성을 탈피하여 정상국가 대 정상국가의 관계설정이 역설적으로 분단체제의 개혁 및 전복을 가능하게 한다는 주장도 있다. 이를테면 구갑우는 남북기본합의서에서 규정된 전문의 내용("나라와 나라 사이의 관계가 아닌 통일을 지향하는 과정에서 잠정적으로 형성되는 특수 관계")을 "나라와 나라 사이의

---

34) 박순성, 「한반도 분단과 대한민국」, 『시민과 세계』 제8호, 2006, 99쪽.

관계지만 통일을 지향할 수도 있는 특수한 관계"로 바꾸는 전환적 사고를 해야 하며, 또 이 전환은 주체의 문제에 있어서도 유기체적 전체를 상정하는 민족이 아니라 자율적 시민이 주체가 되는 전복적 사고로 이어져야 한다고 주장한다.[35]

지난 20년 동안 대한민국의 국가성이 강화되어왔다는 점은 부인할 수 없는 사실이다. 그 동안 남북은 유엔에 동시가입(1992년)을 함으로써 국제 정치적으로 각자의 정치적 독자성과 개별성을 강화해왔으며, 내부적으로도 남북 구성원들 역시 자기체제 내부에서만 통용되는 공통의 정서와 지향, 가치를 공유하고 있다.[36] 그러나 대한민국 국가정체성 강화가 반드시 민족정체성 약화를 가져오지는 않는다. 2005년의 국민정체성 조사에 따르면, 국민들의 대다수는 여전히 북한을 협력대상(44.7%) 또는 지원 대상(19.3%)으로 생각하기 때문에 여전히 북한을 민족 또는 동포로 생각하는 비율이 높다. 이는 아직 한국 사회에서는 민주적 시민성의 성장이 민족정체성의 약화를 가져온다는 명제가 충분히 작동하지 않고 있음을 말해준다.[37] 시민적 정체성의 증대에도 불구하고 한국인이 북 주민이나 해외동포를 같은 민족으로 생각하는 비율이 여전히 높다는 점은 시민정체성(긍정적 의미의 대한민국 정체성)과 민족정체성이 반비례 의 관계가 아니라 서로 공존적 관계라는 것을 말해준다. 요컨대, 민족정체성은 국가주도의 반공적 국민정체성과는 대립관계에 있을지라도, 민주적 시민성의 성장에 기초한 자발적인 국민정체성과 오히려 공존 가능

---

35) 구갑우, 『비판적 평화연구와 한반도』, 후마니타스, 2007, 239쪽.

36) 박명규, 『남북경계선의 사회학』, 358~359쪽.

37) 박순성, 「한반도 통일과 민족, 국민국가, 시민사회」, 『북한연구학회보』 제14권 제2호, 2010, 93쪽. 2011년의 국민정체성 조사에 따르더라도, 한국인의 시민정체성이 강화되었음에도 불구하고 북 주민과 해외 동포를 같은 민족으로 인식하고 있는 비율이 각각 87.4%와 89.8%나 되었다.(건국대학교 통일인문학연구단, 『코리언의 민족정체성』, 선인, 2012, 71쪽)

하다. 한국인의 민주적인 시민 정체성 강화는 민족정체성의 약화라기보다, 두 정체성을 대립이 아닌 공존과 조화의 관계로 만드는 데 기여한다.

따라서 완성된 자족적인 국가냐 같은 민족이냐의 이분법이 아니라 민족성과 국가성이 함께 고려되는 균형 있는 시각이 요구된다. 만약 남북한의 갈등이 민족내부의 문제가 아닌 국가 간 관계라면 상대방의 주권을 인정하고 평화공존에 합의함으로써 평화를 모색할 수 있다[38]. 그러나 남북관계는 분단국가 간의 관계라는 점에서 비록 두 개의 국가로 존재하지만, 남북의 헌법 자체에도 통일이 최우선적 국가 과제로 명시되어 있듯이, 통일 지향적 성격을 지닐 수밖에 없다. 남북은 오랜 기간 동안 같은 언어와 문화를 공유한 역사적 국가였고, 분단은 아무런 명분 없이 외세에 의해 강요되었기 때문에, 서로를 향하는 통합의 에너지를 강하게 지니고 있다. 그렇기 때문에 민족성과 국가성은 균형과 양립의 문제이지 대체나 대립의 문제가 아니다. 분단된 두 국가의 실효적 지배 상태를 인정하면서도 민족의 통일을 만들어가는, 민족과 국가가 함께 하는 통일논의가 필요하다. 서로의 국가성을 승인하면서도 같은 한민족이라는 지점에서 출발하면서 서로 교류협력하고 소통의 태도와 역량을 증대시켜 '민족적 합력'을 창출하는 방향으로 평화와 통일을 사유할 필요가 있다.

5. 나가며: '적극적 평화' 개념과 평화체제

기존의 통일담론이 분단을 강화시켜왔기 때문에 무조건적 통일이 아

---

38) 함택영, 「한반도 평화의 정치경제」, 하영선 편, 『21세기 평화학』, 풀빛, 2002, 399쪽.

니라 적대적 분단 구조의 청산과 평화공존이 중요하다는 평화우선론의 문제의식은 한국사회의 폭력적 성격이나 통일의 강조가 불러올 수 있는 민족주의의 과잉을 견제한다는 점에 비추어 의의가 있다. 그러나 평화를 위협하면서까지 통일해야 한다는 통일지상주의도 문제지만, 분단이 구조적으로 평화를 위협하고 있는 상황에서 두 개의 국가로 평화 공존하는 조건을 만드는 것이 우선한다는 평화우선론 역시 문제이기는 마찬가지다. 따라서 보편적 가치로서의 평화를 한반도 상황과 연결하여 통일과 평화의 가치를 통합적으로 보아야 한다.

이런 점에서 전쟁의 부재뿐만 아니라, 경제적 빈곤, 정치적 탄압, 성적 인종적 차별 등 구조적, 문화적 폭력의 부재까지 평화의 개념에 포함시키는 요한 갈퉁(Johan Galtung)의 '적극적 평화' 개념은 통일과 평화의 관계에 대해 시사하는 바가 크다. 우리가 상식적으로 생각하는 평화의 개념은 전쟁이 없는 상태를 의미하는 '소극적'인 것이다. 많은 사람들에게 한반도의 평화란 전쟁이나 국지적 충돌을 예방하는 과제로 인식된다. 이러한 소극적 평화는 분단의 평화적 관리에 그칠 수 있기 때문에 통일의 과제와 분리될 가능성이 높다. 물론 전쟁의 가능성이 상존하는 한반도의 경우, 소극적 평화의 확보도 절실한 과제이다. 그러나 적극적 평화개념은 과거 남북의 교류와 협력 혹은 한반도에서의 전쟁 제거라는 것으로 제한되었던 통일이 이질적인 것의 평화로운 공존 그리고 분단으로 인한 구조적 폭력의 제거라는 보다 더 심화된 인식을 가져다주었다.[39] 따라서 한반도의 적극적 평화는 분단의 평화적 관리를 넘어, 분단

---

39) 정영철, 「한반도의 '평화'와 '통일': 이론의 긴장과 현실의 통합」, 『북한연구학회보』 제14권 2호, 2010, 202쪽. 물론 적극적 평화는 통일지향적 평화의 과제뿐만 아니라 위험사회, 환경위기, 경쟁과 갈등의 일상화, 자살 등 다양한 과제를 포함한다. 적극적 평화의 실현을 위해서는 국내적, 국제적 차원에 존재하는 정치적 억압과 경제적 착취와 같은 구조적 폭력, 그리고 이 폭력을 정당화하는 기제로서 문화적 폭력의 제거가 필요하다. 구갑우, 『비판적 평화연구

체제의 적대적 구조와 냉전적 사고를 청산하고 통일된 민족공동체를 실현하는 의미로 이해될 수 있다. 다시 말해 평화는 남북 주민의 인간다운 삶을 위협하는 구조적 폭력과 문화적 폭력을 초래하는 분단 상황을 성찰하고 비판하는 준거가 될 뿐만 아니라 통일한반도를 평화공동체로 만들어가는 미래비전의 의미를 지닌다. 적극적 평화가 남북 사이에 존재하는 모든 구조적 폭력과 문화적 장애를 극복하는 것을 의미한다면 그것은 분단 상태를 해소하는 통일지향적인 내용을 담을 수밖에 없기 때문이다. 통일은 단순히 같은 민족이기 때문에만 해야 하는 것이 아니라 분단 상황이 남북 주민의 인간다운 삶을 위협하는 구조적 폭력을 동반하기 때문에, 우리의 절실한 과제가 되는 것이다.

이런 점에서 적극적 평화가 한반도의 평화체제 구축에서 갖는 의미를 생각해 볼 수 있다. 한반도에 적극적 평화를 실현하기 위해서는 우선 '통일 지향적' 평화체제를 구축해야 한다는 것이다. 현실적으로 한반도 상황에서는 평화정착도 남북통합도 어느 순간에 갑자기 목표점에 도달하기는 어렵다. 양자는 점진적으로 그 질과 수준을 높여가는 하나의 과정으로 존재하기 때문에 무엇이 먼저 되고 나중 되는 선후관계이기보다는 서로 상승작용을 하며 함께 진행해야 할 과제이다.[40] 남북통합도 하나의 과정으로 존재하고, 평화도 역시 하나의 과정으로 존재한다는 것은 평화공존이 남북통합에 선행된다는 의미가 아니라 남북통합의 수준과 평화의 수준을 높이는 작업이 기본적으로 병행한다는 것을 의미한다.[41] 평화 과정과 통일 과정의 병행은 평화체제의 구축이 통일 지향적

와 한반도』, 후마니타스, 2007, 162쪽.

40) 홍석률, 『분단의 히스테리』, 창비, 2012, 32쪽.

41) 위의 책, 404쪽. 이는 결국 통일의 성취 과정이 평화의 성취 과정이기도 하다는 것을 의미한다. '과정으로서 통일'인 만큼 그 과정은 결국 '평화'의 성취인 것이기도 하다. 정영철, 「한반도의 '평화'와 '통일': 이론의 긴장과 현실의 통

이어야 함을 말해준다. 평화증진이 통일과정을 진전시키는 것은 틀림없지만, 평화증진으로 개선된 남북관계를 각각의 수준에 맞게 하나의 통합체를 향해 제도화하는 노력이 필요하다는 것이다. 남북 간에 쌓은 평화의 수준을 퇴행적 공세로부터 지켜내기 위해서라도 남북은 지속적으로 제도적 결합성을 높여가려는 노력을 해야 한다.[42] 다시 말해 평화와 통일을 함께 진전시키는 지혜가 요구된다. 만약 한반도 평화체제 구축을 통일과 연결 짓지 못할 경우, 그런 평화체제는 분단 고착형 평화체제가 될 수도 있다. 따라서 통일을 달성하는 과정에서 소위 '통일 지향적 평화체제' 수립을 중간목표로 상정[43]할 필요가 있다.

다음으로 우리가 평화를 전쟁 방지에 그치는 '소극적 평화'가 아닌 구조적, 문화적 폭력을 극복하는 '적극적 평화'로 사고한다면, 평화체제 수립에서 실천해야 할 핵심적 과제는 남북의 적대성을 해소하기 위한 사회문화적 장애의 극복 노력이다. 현재 남북 사이에는 상호 이해를 가로막는 가치－정서－문화적 성향과 믿음 그리고 적대적인 사회 심리가 강고하며, 이는 남북관계를 진전시키고 평화체제를 구축하는 데 커다란 실천적 장애로 작용하고 있다. 분단으로 인한 상호 적대성과 불신은 집단 무의식으로 내면화되어 있을 정도로 남북주민의 일상생활 속에 깊이 뿌리를 내리고 있다. 평화체제 구축을 위해서는 법적으로 평화협정을 체결하고, 사회경제적 교류와 협력을 증대시키며 정치군사적 신뢰를 구축하는 일이 중요할 것이다. 그러나 이러한 법적, 정치군사적인 제도화를 촉진하는 동시에 불가역적으로 만들기 위해서라도, 분단에 내재된 상호 적대와 원한의 감정을 극복하려는 노력이 반드시 수반되어야 한

합」, 『북한연구학회보』 제14권 2호, 2010, 209쪽.
42) 이종석, 『한반도 평화통일론』, 한울, 2012, 321쪽.
43) 서보혁·박홍서, 「통일과 평화의 우선순위에 대한 사례연구」, 『북한학연구』 제7권 2호, 2007, 40~41쪽.

다. 평화체제의 법적, 제도적 장치가 마련된다고 하더라도 상호 적대와 원한 감정이 압도하는 경우, 평화체제는 근본적으로 지속불가능하기 때문이다.

제6장 통일과 민주주의:

에트노스와 데모스의 변증법

최 원*

1. 통일과 민주주의

한반도 통일과 민주주의를 함께 논한다는 것은 많은 이들에게 당연한 일로 받아들여지며, 또 일견 양자의 관계는 꽤나 자명한 것으로 보인다. 왜냐하면 해방 후 70년의 역사 속에서 분단현실은 남북한 사회에서 공히 민주주의를 제약하는 근본 원인 중 하나로 작용해 왔으며, 따라서 분단현실 극복으로서의 통일은 한반도에서 민주주의를 비약적으로 발전시킬 수 있는 확실한 계기를 마련해줄 것이라고 쉽게 기대할 수 있기 때문이다. 그러나 통일과 민주주의의 관계를 좀 더 이론적으로 정치하게 규정해보고자 시도하면 할수록 우리는 문제가 그리 간단치 않다는 것을 깨달을 수 있는데, 왜냐하면 한반도의 통일이라는 것은 무엇보다도 민

---

* 건국대학교 통일인문학연구단 HK연구교수.

족(nation)의 재통합이라는 관점, 민족의 생성(또는 재생성)을 정치적 이상으로 삼는 관점과 좀처럼 분리되기 어려운 반면, 민주주의는 인민(people)의 생성 및 인민의 자기해방을 정치적 이상으로 삼는 기획이라고 볼 수 있기 때문이다. 따라서 통일과 민주주의를 종합한다는 것은 에트노스(ethnos)로서의 민족과 데모스(demos)로서의 인민의 관계를 어떻게 설정할 것인가 하는 매우 곤란한 문제를 제기한다.

우리는 에트노스와 데모스가 다소간 일치할 수 있는 것으로 여겨지던 역사적 시기가 있었다는 점을 부인하지 않는다. 근대 민족국가(nation state)의 기획은 민족이라는 요소에 기초하여 인민을 생성시키려고 했던 기획, 다시 말해서 민족의 구성원들이 서로를 동등한 시민으로 상호 인정함으로써 평등과 자유의 민주적 이상을 민족국가의 경계 내에서 실현하려고 했던 기획이었다고 볼 수 있다. 세계 자본주의의 중심을 이루는 국가들은 바로 이러한 기획을 다소간 성공적으로 실행에 옮김으로써 자국 내에서 민주주의의 괄목할만한 진전(이른바 '복지국가'로 대표되는)을 이루어낼 수 있었으며, 반대로 주변의 국가들은 식민지 시기에는 말할 것도 없지만 심지어 포스트-식민지 시기에도 그러한 중심 국가에 대한 민족적 종속에 의해 민주주의가 봉쇄되거나 왜곡되는 것을 반복적으로 경험해왔으며, 바로 이 때문에 외세로부터 자유로운 민족국가의 명실상부한 구성을 통해서 민주주의를 실현코자 하는 '저항적 민족주의'가 하나의 강력한 이념으로 그 사회 안에 또는 그 사회의 진보적 대중운동 안에 자리 잡을 수 있었다.

그러나 오늘날 온전한 민족국가의 건설이라는 것이 민주주의의 진전과 등치될 수 있거나 적어도 거기에 충분히 발본적인 기여를 할 수 있는가 하는 점에 대해 예전만큼 우리가 확신을 갖기는 어렵다. 지난 수세기의 근현대사를 통해 드러난 것처럼 민족국가는 어떤 한계 내에서 민주적 실천을 용이하게 만든 면도 있지만 동시에 배제의 반민주적 실천을 일상적으로 조직하거나 정당화해왔으며, 때로는 국가 간 총력전이나 소수집단의 절멸과 같은 극단적 폭력의 작인(agency)으로 나타나기까지 했기 때문이다. 같은 민족국가에 속하지 않는 사람들(외국인)에 대한 '외적 배제'를 전제하고, 또한 민족적 통합의 구심점을 형성하기 위해 내부의 이질적 요소들, 특히 여성을 비롯한 소수자들(소수 인종, 성적 소수자, "비정상인", 아동 등)에 대한 '내적 배제'를 구조적으로 행하는 민족국가를 건설함으로써 과연 우리가 민주주의를 진전시키는 것이 가능한가 하는 근본적인 회의가 생겨나는 것이다.

또한 주변의 국가들이 중심의 민족국가들이 걸어갔던 길을 모방함으로써 유사한 발전을 이룰 수 있으며, 언젠가는 다소간 평등한 국가 간 관계를 달성함으로써 세계적인 차원에서 민주주의를 진전시킬 수 있으리라는 발전주의의 기대도 별 근거가 없는 것으로 드러났다. 오히려 그간의 경험을 통해 어느 정도 분명해진 것은 민족국가 간 체계라는 것 자체가 세계자본주의 내의 불평등한 분업구조로 나타나는 중심과 주변의 위계질서와 분리될 수 없으며, 어떤 민족국가들의 다른 민족국가들에 대한 종속을 자신의 필연적 구조로 가지고 있는 체계라는 것이다. 세계체계론자인 임마뉴엘 월러스틴이나 조반니 아리기가 지적하듯이, 자본주의적 이윤은 반드시 '독점'을 통해서만 확보되며 그러한 독점은 상대적으로 우위에 있는 강력한 국가의 정치·군사적 보호 및 지원을 통해서만 보장되는 것이기 때문에, 세계 자본주의는 다수의 국가들로 갈라져 있을 수밖에 없을 뿐 아니라 따라서(국경 없는 세계시장과 같은 것은 없다), 동시에 그것은 헤게모니적 국가를 비롯한 중심 국가의 주변 국가에 대한 착취 또는 수탈 관계를 반드시 그 안에 포함하고 있을 수밖에 없다. 바꿔 말해서, 위계적 분업의 내용은 중심에 속하던 산업분야가 주

변으로 이전되는 등 역사적으로 이러저러하게 변한다고 할지라도 위계
그 자체가 사라지는 것은 아니며, 따라서 선진 자본주의 국가를 모방하
려는 발전주의 노선은 애초에 실패하도록 운명 지워져 있다고 볼 수 있
다.[1] 여기에, 20세기 말에 비약적으로 전개된 이른바 세계화가 좋은 의
미에서건 나쁜 의미에서건 간에 주권적 민족국가의 존재를 크게 위협하
고 있는 상황에서 민족국가의 건설을 통해 민주주의를 추구하겠다는 생
각은 시대착오에 불과하다는 비판까지 더해진다면, 민족통일을 이룩하
고자 하는 바람이 과연 오늘날 여전히 타당한 바람인가 하는 의문을 품
는 것도 무리는 아닐 것이다.

그러나 에티엔 발리바르가 지적하듯이, 자주적인 민족국가를 건설하
고자 여전히 시도하고 있는 지구적 남쪽(global South)에 속하는 다수 국
가들에 대해, 세계화 속에 임박해 있는 '민족국가의 종언'을 경고하면서
그러한 부질없는 시도를 포기하라고 종용하는 중심 또는 북쪽의 국가들
의 태도에는 어떤 위선이 자리 잡고 있다.[2] EU와 같은 초민족적 공동체
(supranational community)를 건설함으로써 자신들은 이미 민족국가를 벗
어나고 있거나 적어도 조만간 벗어날 수 있는 정치적 역량을 가지고 있
다는 그들의 호언(豪言)은 그것이 여전히 새로운 수준에서 에트노스(유
럽적 에트노스)에 기초한 정치 공동체를 구성해가고 있으며, 심지어 비
유럽 출신의 이주자들을 유럽적 시민권으로부터 체계적으로 배제하는
새로운 인종주의를 실천하고 있다는 점에 대해 눈감는다. 이러한 면에
서 유럽 시민권을 제도화한 마스트리히트 조약(Maastricht Treaty, 1993)

---

1) Immanuel Wallerstein, *The Politics of the World-Economy: The States, the Movements and the Civilizations*, Cambridge University Press, 1984 및 조반니 아리기, 백승욱 옮김, 『장기 20세기』, 그린비, 2014 참조.
2) 에티엔 발리바르, 진태원 옮김, 『우리, 유럽의 시민들?』, 후마니타스, 2010, 41~47쪽.

은 우리에게 시사하는 바가 큰데, 마스트리히트 조약은 오직 유럽 내의
민족국가 중 하나에서 이미 시민권을 가지고 있는 사람만이 유럽공동체
의 시민이 될 수 있다고 결정함으로써 유럽에 살고 있는 수많은 이주자
들을 유럽헌정으로부터 배제했다. 곧 초민족적 공동체의 출현과 함께
등장한 것은 에트노스의 몰락이 아니라, 오히려 그것의 초민족적 수준
으로의 '이동'을 통한 **제도적 인종주의**였다. 발리바르는 이를 충격적으
로 "유럽적 아파르트헤이트"라고 부른 바 있다.[3]

그러므로 문제는 민족국가의 의문스러운 종언을 서둘러 선언하는 것
이 아니라 에트노스라는 요소와 데모스라는 요소의 관계를 다시 사유함
으로써 국지적 수준에서 초민족적 수준에 이르기까지 모든 수준에서 민
주주의를 진전시킬 조건들을 밝혀내는 것이다. 한반도의 통일과 관련해
서도 민족과 국가를 일치시키는 온전한 민족국가의 건설로서의 통일이
자동적으로 민주주의의 확장을 가져다줄 것이라는 부당전제를 의문에
부치면서, 그것이 민주주의의 확장에 실제로 기여할 수 있는 길이 무엇
인가를 물어야 한다. 단적으로, 통일 한반도에 정초되어야 할 시민권은
어떤 성격의 것인가? 그것은 어떻게 근대의 민족적 시민권의 한계를 넘
어설 수 있는가 또는 넘어서기 시작할 수 있는가? 이러한 질문들을 염두
에 두고, 우리는 먼저 에트노스와 데모스의 관계에 대한 몇몇 정치철학
적 입장을 비판적으로 살펴보고, 거기에 대한 대안적 사고를 했던 또 다
른 이론가들의 작업을 살펴보면서 이를 한반도의 통일이라는 문제와 연
관시켜 논해보고자 한다.

---

3) 위의 책, 85~116쪽.

2. 붙잡을 수 없는 데모스

미국의 공동체주의 정치철학자 마이클 왈쩌는『정의와 다원적 평등』
이라는 자신의 저서에서 이렇게 말한다.

> 분배적 정의라는 관념은 분배 문제가 발생하는 제한된 세계를 가정
> 한다. 무엇보다도 우선 그 성원 모두가 사회적 가치들을 상호 배분·교
> 환·공유하는 그러한 세계를 전제한다. 바로 이러한 세계가, 내가 이미
> 주장했듯이 정치 공동체다. 정치 공동체의 성원들은 권력을 성원들 상
> 호간에는 분배한다. 그러나 그들은 성원이 아닌 이들과의 권력 공유는
> 가급적 피하고자 한다. 분배적 정의를 생각할 때, 우리는 정의롭든 그렇
> 지 않든 자신들만의 고유한 분배 및 교환 유형을 제도화할 수 있는 독립
> 된 도시 혹은 국가를 상정한다. 또한 우리는 확립된 집단과 고정된 인구
> 를 상정한다. 그 결과 우리는 분배에서 가장 일차적이며 가장 중요한 문
> 제를 놓치고 만다. 즉 이 집단이 어떻게 구성되는가?[4]

여기서 왈쩌는 민주주의 이론의 근본적인 아포리아를 건드리고 있다.
곧 민주주의 이론은 항상 개인들 또는 시민들로 이루어진 어떤 집단에
준거하지만 이 집단에 대한 정의를 스스로 제공할 수는 없다는 것 말이
다.[5] 다시 말해서 민주주의는 데모-크라티아(demo-kratia)로서 데모스
(demos)가 지배(kratos)하는 정체이지만, 거기서 주권자로서의 데모스란
누구를 가리키는 것인지, 그 경계는 어디에서 그어져야 하는지가 **민주적**

---

4) 마이클 왈쩌, 정원섭 외 옮김,『정의와 다원적 평등』, 철학과 현실사, 1999,
   73~74쪽.
5) 프레드릭 웰런 또한 이러한 문제를 민주주의의 근본 문제로 지적한 바 있다.
   Frederick G. Whelan, "Prologue: Democratic Theory and the Boundary Problem,"
   in J Roland Pennock & J. W. Chapman (eds.), *Liberal Democracy: Nomos XXV*,
   New York: NYU, 1983, pp.13~14.

방식으로는 정의될 수 없는 것이다. 만장일치든 다수결의 원칙이든 간에 선택 가능한 민주주의의 일반적 원칙들은 이미 데모스의 존재를 전제하는 것이기 때문에 데모스의 경계를 규정하는 원칙으로는 사용될 수 없다. 왈쩌는 분배정의를 사고함에 있어 가장 우선적으로 분배되어야 할 "일차적 기본재(primary good)"는 다름 아닌 "공동체의 성원권(membership)"이라고 말함으로써 이 문제를 제기하고, 이러한 난제에 공동체주의자로서 나름대로의 해결책을 제시한다.

> 이러한 질문을 하면서 내가 사용한 '우리'라는 복수 대명사는 이 질문들에 대한 관례적인 해결책을 시사한다. 즉 이러한 선택은 **이미 성원인 우리**가 한다. 그리고 그 선택은 성원권에 대해 이미 우리 공동체 안에 공유되어 있는 이해뿐만 아니라 우리의 미래 공동체의 유형에 대한 우리의 희망에 부합해야 한다. 사회적 가치로서의 성원권은 우리의 이해를 통해서 구성된다. 그 가치(value)는 우리의 일과 대화에 의해 고정된다. 그리고 이제 우리는 성원권의 분배를 책임진다. 그렇지 않다면 다른 누가 이런 책임을 맡을 수 있겠는가? 그러나 우리끼리는 성원권을 분배하지 않는다. 왜? 그것은 이미 우리의 것이니까! 우리는 이방인들에게 그것을 분배한다.[6]

하지만 여기서 왈쩌가 말하는 "우리"란 사실 데모스가 아니라 에트노스이다. 비록 그가 궁극적으로 민주주의를 지향한다는 점에서 데모스를 부인한다고 볼 수는 없지만,[7] 그는 "이미 성원인 우리"로서의 에트노스가 필연적으로 데모스라는 존재의 선행조건을 이룬다는 점을 여기서 명

---

6) 왈쩌, 『정의와 다원적 평등』, 75쪽. 강조는 왈쩌.
7) 왈쩌는 "일단 우리가 소유권, 전문가의 견해, 종교적 지식 등을 각각 제자리에 위치지우고 그것들의 자율성을 확립해놓기만 한다면, 정치 영역에서는 민주주의 이외에 다른 대안이 없다는 사실이 분명히 드러난다"고 말한다. 위의 책, 461쪽.

확히 하고 있다. 데모스는 오직 에트노스에 근거해서만 그 테두리 안에서 구성될 수 있으며 그것이 다소간 "이방인"에게 확장될 때조차 그러한 확장을 허락하는 것은 에트노스로서의 "우리"의 권리일 뿐이다.

그러나 이것이 민주주의의 아포리아에 대한 만족스러운 해결책이라고 볼 수 있을까? 이에 대한 우리의 대답은 부정적일 수밖에 없는데, 왜냐하면 단지 기존의 민족국가를 특권화하는 이러한 해결책이 현재와 같은 세계화의 시대에 민주주의의 진전을 사고하기에 더 이상 유효하지 않다는 반박에 그것이 제대로 답하기 곤란하기 때문만이 아니라, 더욱 근본적으로는 에트노스라는 것 자체가 역사 속에서 지속적으로 변화되어온 것이라는 점, 때로는 서로 다른 에트노스가 통합되기도 하고 다시 갈라지기도 하며 존재하지 않던 에트노스가 새로이 생성되거나 반대로 소멸하는 방식으로 변화되어온 것이라는 점을 그것이 무시하고 있기 때문이다. 만일 에트노스 자체가 이렇게 역사 속에서 변화하는 것이라면, 현재 "이미 성원인 우리"로서 주어져 있다고 가정되는 에트노스를 데모스의 궁극적 지평으로 삼아야 한다는 것은 일종의 부당전제일 뿐이다.

오히려 우리는 **그 반대의 예**, 곧 데모스가 기존의 에트노스를 해체하거나 그 경계를 허물어서 민주주의를 발본적으로 진전시킨 역사적 사례를 쉽게 찾아볼 수 있다. 왈쩌의 조국인 미국뿐 아니라, 좀 더 최근에 남아프리카 공화국에서 이루어진 흑인 해방은 시민권을 독점하고 있던 기존의 에트노스를 해체함으로써 민주주의를 진전시키고 시민권을 확장한 가장 대표적인 사례이다. 그리고 특히 남아프리카 공화국의 경우 이것이 단지 기득권을 쥔 기존의 에트노스가 "이방인들"에게 선별적으로 문을 열어주고 환대함으로써 이루어진 것이 아니라 반대로 시민권으로부터 배제된 "이방인들" 자신의 부단한 투쟁을 통해서 쟁취된 것이라는 점이야말로 에트노스가 데모스의 궁극적 지평일 수밖에 없다는 왈쩌의 테제를 의문에 붙이도록 만든다.

그러나 왈쩌와는 정반대로 세계시민주의(cosmopolitanism)의 입장을 취하면서 데모스를 에트노스로부터 완전히 분리하려는 위르겐 하버마스의 시도가 겪는 곤란은 이 양자 간의 관계가 우리가 생각하는 것보다 훨씬 더 복잡하다는 점을 시사하는 것 같다. 하버마스는 전정치적 (prepolitical)인 '인종문화'와 '정치문화'를 분리시킴으로써 민주주의의 아포리아를 피해가려고 한다. 데모스가 민주적인 방식으로 규정될 수 없다는 곤란에 대해, 그는 그렇다고 데모스가 항상 에트노스를 전제하는 것은 아니라고 말하면서, 인종문화와는 구분되는 정치문화라는 것이 있을 수 있으며, 이러한 정치문화에 준거함으로써 서로 구분되는 이러저러한 데모스가 역사적으로 존재하는 것이 가능하다고 주장한다. 그가 말하는 정치문화란 다음과 같다.

> 한 나라의 정치문화는 그것의 헌정을 둘러싸고 결정된다. 각각의 민족적 문화는 **헌정적 원칙들에 관한 독특한 해석**을 발전시키는데, 이러한 원칙들—예컨대 인민주권과 인권—은 다른 공화주의적 헌정들 안에도 그 나라의 고유한 민족역사의 배경에 따라 똑같이 구현되어 있는 원칙들이다.8)

이렇게 정치문화를 규정한 후, 하버마스는 근대 민족국가는 인종문화에 준거함으로써만 개별 성원들 간의 연대를 충분히 생산해낼 수 있었으며 따라서 '민족주의'를 반드시 필요로 했지만, 세계화가 눈부시게 진전된 오늘날에도 이러한 인종문화에 대한 준거가 필수적이라고 볼 수는 없다고 주장한다. 단지 정치문화에 대한 성원들의 동의를 표현하는 '헌

---

8) Jürgen Habermas, *The Inclusion of the Other*, translated by Ciaran Cronin, The MIT Press, 1998, p.118. 강조는 인용자.

정적 애국주의(constitutional patriotism)'만으로도 충분히 성원들 사이의
연대를 생산할 수 있고, 다양한 데모스들 사이에 경계를 긋는 것이 가능
하다는 것이다. 하버마스는 지금이야말로 우리가 데모스를 에트노스로
부터 완전히 분리할 수 있고 초민족적인 정치 공동체를 설립할 수 있는
역사적 기회라고 주장한다. 요컨대, 하버마스에 따르면, 비록 데모스가
역사적으로 우연적인 요소들을 통해서만 규정될 수 있다고 할지라도,
이는 데모스가 에트노스에 본래적인 방식으로 기초한다는 뜻이 아니며,
단지 정치문화에 관련된 차이들만으로도 다양한 데모스들이 서로 구분
되는 독특성을 가질 수 있다.

　그러나 이러한 하버마스의 주장은 "타자의 포함"이라는 자신의 의도
와는 정반대되는 결과를 가져올 수 있는 위험이 있다. 왜냐하면 그것은
데모스를 헌정적 원칙에 대한 하나의 단일한 해석 하에 통합된 집단으
로 **정체화**하면서 그렇게 경계를 갖게 된 데모스로부터 타자들(개인들이
나 집단들)을 정치적으로 배제하는 것이 가능할 뿐 아니라 정당하다고
까지 말하는 것이기 때문이다.9) 하지만 이러한 입장은 데모스가 헌정에
대한 다양한 해석 사이에서 끊임없이 그리고 때로는 격렬하게 갈등하는
것을 원칙적으로 금지하거나 언제나 '합의'를 최우선시 함으로써 소수자
적 해석을 억압하는 것으로 귀결될 항상적인 위험을 가지고 있다. 게다
가 어떤 해석을 우리가 내부인의 해석이라고 또는 외부인의 해석이라고
단정 지을 수 있는가? 현재 유럽 공동체가 마주하고 있는 상황은 이러한
단정이 사실상 불가능하다는 것을 우리에게 어떤 모호함도 없이 보여주

----

　9) 하버마스는 세계시민주의를 주장하지만 지구적 공동체라는 것은 사실상 존재
　　할 수 없다고 말하면서, 이는 정확히 자신을 민주적이라고 이해하고자 하는
　　모든 정치적 공동체란 정의상 **성원과 비성원 사이의 특정한 구별**을 행해야만
　　하기 때문이라고 설명한다. 그에게 있어 세계 시민을 모두 포괄하는 공동체라
　　는 것은 일종의 형용모순인 셈이다. Habermas, *The Postnational Constellation*,
　　translated by Max Pensky, The MIT Press, 2001, p.107.

고 있지 않은가? 유럽의 문명적 가치관과 유럽에 이주해온 비유럽인 집단 예컨대 무슬림의 문명적 가치관이 충돌할 경우 하버마스의 논리는 심지어 이주자들의 해석을 체계적으로 배제하는 배타적 원리로 손쉽게 악용될 수 있기조차 하다.

예컨대, 프랑스 정부가 2004년 공공 학교에서 무슬림 여학생들의 히잡 착용을 금지했을 때, 프랑스정부는 '세속성'을 프랑스 공화주의의 핵심적 가치로 내세우면서 종교적 성격을 띤 히잡 착용을 공적 영역에서 금지하는 것이야말로 이러한 공화주의적 가치에 따르는 것이라고 주장한 바 있다. 그러나 이러한 프랑스 정부의 정책은, 조운 스캇이 예리하게 지적했듯이, 무슬림 여성들을 해방시키기는커녕 오히려 그녀들을 공적 영역으로부터 배제 또는 억압하고 (재)식민화하는 제국주의적 정책에 불과했다.[10] 과연 우리가 이를 하버마스처럼 독특한 '정치문화'에 준거하여 데모스의 경계를 긋는 일이라고 정당화할 수 있을까? 오히려 이 대목에서 우리는 그것이 더 이상 데모스의 경계에 관련된 것이라기보다는 에트노스의 경계에 관련된 것이 아닌가 하고 되물을 수밖에 없다. 왜냐하면 프랑스 정부가 말하는 세속성이란 사실 (에드가 모랭이 일갈하듯이) 서양 문명을 '보편'으로 가장하는 "가톨릭적-세속성(Catholaïcité)"에 불과하기 때문이다.[11]

---

10) Joan Scott, *The Politics of the Veil (the Public Square)*, Princeton University Press, 2010 참조.

11) 그러나 발리바르는 조운 스캇의 주장의 일면성을 또한 문제로 삼으면서, 히잡 착용을 옹호하는 쪽에서도 무슬림 종교 그 자체에 구현되어 있는 팔루스 중심적 논리를 문제 삼지 않는 잘못을 범한다는 점을 지적한다. 이를테면, 갈색피부의 여성을 백인 남성(및 백인 여성)이 해방시켜준다는 논리만큼이나 제국주의로부터 갈색피부의 여성을 갈색피부의 남성이 보호해준다는 논리 또한 마찬가지로 갈색피부의 여성을 정치적으로 억압하는 방식이라는 것이다 (여기서 이러한 논의는 예상 가능하게 가야트리 스피박의 서발턴에 대한 유명한 논의로 소급된다). Étienne Balibar, *Saeculum: Culture, religion, idéologie*,

이렇게 공동체주의는 데모스를 에트노스로 환원해버리는 반면, 세계
시민주의는 데모스를 에트노스로부터 완전히 분리하여 규정하고자 시
도하면서 아이러니하게도 에트노스나 다를 바 없이 배타적인 방식으로
작동할 수 있는 기이한 '데모스'를 상정하는 것으로 귀결되고 말았다. 표
면상 완전히 대립된 두 입장이 공히 데모스를 규정하는 데에 실패하고
민주주의의 아포리아를 해결 불가능한 것으로 그대로 남겨두게 되는 것
은 왜일까? 그것은 두 입장이 모두 데모스를 에트노스와 마찬가지로 하
나의 동일성 내지 정체성(identity)의 논리에 따라 규정될 수 있는 것으로
바라보았기 때문이 아닐까? 다음 절에서 우리는 자크 랑시에르와 에티
엔 발리바르의 입장을 살펴보고자 하는데, 이들은 모두 데모스를 동일
성이 아니라 하나의 비어있는 장소로서 사고하고자 한다.

3. 에트노스와 데모스의 변증법

자크 랑시에르는 자신의 저서『불화』(1995)에서 고대 그리스의 정치
철학이 계급투쟁을 인식하면서 **동시에** 억압한 방식을 정교하게 분석함
으로써 데모스의 정치의 독특성을 발견한다. 비록 랑시에르가 자신의
텍스트에서 상세하게 논하고 있는 것은 아니지만, 그의 논의를 명료하
게 파악하기 위해서는『니코마코스 윤리학』제5권에서 전개된 아리스토
텔레스의 정의론을 우회하는 것이 좋을 것 같다.

아리스토텔레스는 정의(justice)에 대한 이론을 체계화하면서, 고유한
의미에서의 정의를 두 가지 범주로 나누는데, 그 중 하나가 민사형사상
잘못(wrong)을 바로잡는 '교정정의(rectifying justice)'의 영역이라고 한다

Éditions Galilée, 2012.

면 다른 하나는 관직, 명예, 공적 자원 등을 공동체의 성원들 사이에서
나누는 '분배정의(distributive justice)'의 영역이라고 할 수 있다. 아리스토
텔레스는 이 둘 가운데 '국가정의' 또는 '정치적 정의'의 고유한 영역은
교정정의가 아니라 오히려 **분배정의**의 영역이라고 말한다.[12]

교정정의의 영역은 잘못에 대한 교정이 문제가 되는 영역이므로 분쟁
에 관련된 당사자 중 한쪽의 이익이 반드시 다른 쪽에게 **손해**가 되는 관
계를 다루며, 따라서 그 처리방식은 부당하게 취해진 한쪽의 이익을 다
시 빼앗아 다른 쪽에 돌려주는 방식(곧 가해자 쪽에서 **빼서** 피해자 쪽에
더해주는 방식)으로 귀결된다. 이 때문에 아리스토텔레스는 교정정의의
영역은 산수 또는 가감연산(arithmetic)의 수학원칙이 관철되는 영역이라
고 말하면서, 바로 이 때문에 그것은 또한 '절대적 평등'이 관철되는 영
역이라고 말한다. 곧 귀족이 평민(데모스)에게 상해를 입혔든 평민이 귀
족에게 상해를 입혔든 간에, 그 처벌은 모두 똑같아야 한다는 것이다.

반면 분배정의의 영역은 한 쪽의 이익이 반드시 다른 쪽에게 손해가
되지 않는 관계를 다룬다. 그것은 오히려 각각의 공동체 성원이 공동체
에 기여한 바에 따라 그 공동체의 권력 및 자원을 분배하는 것이기 때문
에 어느 한 쪽이 더 많은 몫을 차지한다고 해서 반드시 다른 쪽이 손해
를 입는다고 볼 수 없는 영역이다(더 적은 몫을 받은 자 또한 혼자서는
얻을 수 없는 이익을 그 공동체를 통해 얻었다고 할 수 있다). 따라서
분배정의의 영역은 공동체에 대한 각자의 기여도에 **비례하여** 몫을 나누
기 위해 기하학 또는 비례수학(geometry)의 원칙을 적용해야 하는 영역

---

12) 아리스토텔레스의 이러한 관점은 『정치학』에서도 그대로 반복된다. "국가란
   같은 장소에서 함께 살기 위한 결사가 아니며, 교환을 순조롭게 하거나 상호
   간에 옳지 못한 짓을 막기 위해서 생겨난 결사도 **아닌 것**이 명백하다. 사실
   이들은 국가가 존재하기 이전에 있어야 하는 조건이다." Aristotle, *The Politics*,
   translated by A. Sinclair, Penguin Books, 1992, pp.197~98. 1280b29, 번역 및 강
   조는 인용자.

이며, 바로 이 때문에 그것은 '상대적 평등' 또는 '비례적 평등'이 관철되는 영역이라고 말한다.[13)

　이렇게 정의를 체계적으로 분류한 다음에 아리스토텔레스는 정치적 정의의 고유한 영역을 이루는 분배정의의 영역에서 제기되는 근본적인 곤란을 다음과 같이 정식화한다.

> 　사실 당사자들이 동등함에도 동등하지 않은 몫을 받거나, 혹은 동등하지 않은 사람들이 동등한 몫을 분배받게 되면, 바로 거기에서 싸움과 불평이 생겨난다. 또 이것은 [각자의] 기여에 따라 분배해야 한다는 생각을 중심으로 고려해보더라도 분명하다. 분배에 있어 정의로운 것이 기여한 바에 따라 이루어져야 한다는 것에 대해서는 모든 사람이 동의하지만, 그럼에도 모든 사람이 동일한 것을 기여의 기준이라고 주장하는 것은 아니다. 데모스는 자유를 기여의 기준이라고 말하고, 부자는 부나 좋은 혈통을 기여의 기준이라고 말하며, 귀족은 덕[탁월성]을 기여의 기준이라고 말한다.[14)

　다시 말해서 부자나 귀족은 부, 혈통, 덕 따위를 공동체에 대한 기여를 측정하는 유일한 기준이 되어야 한다고 말하면서 소수자 지배를 정당화하려고 한다면, 데모스는 자유, 곧 자신의 **자유로운 발언**이 공동체에 대한 정치적 기여를 측정하는 유일한 기준이 되어야 한다고 말하면

---

13) 사실 이러한 아리스토텔레스의 관점은 플라톤을 변형하면서도 계승한 것이라고 볼 수 있는데, 왜냐하면 플라톤 또한 『국가』에서 폴레마르코스와의 논쟁을 통해 정의란 '갚음'의 문제(죄 갚음, 원수 갚음, 받은 것을 돌려주기 따위)가 아니라고 명시하고, 더 나아가 트라시마코스와의 논쟁을 통해 지배자의 권력은 피지배자에게 해가 되는 것이 아니라 이익이 될 때 비로소 정의로운 것이라고 말하고 있기 때문이다. Plato, *The Republic*, translated by Allan Bloom, Basic Books, 1968, Book I 참조.

14) *Nicomachean Ethics*, translated by Martin Ostwald, Macmillan Publishing Company, 1962, pp.118~19. 1131a, pp.23~29, 번역은 인용자.

서 다수자 지배를 정당화하려고 한다.[15] 이 대목에서 아리스토텔레스는
분배의 기준을 둘러싼 이러한 싸움이야말로 당시의 계급투쟁(귀족 및
부자와 데모스 간의 투쟁)의 본질이라고 말하면서, 이 투쟁은 사실상 해
결될 수 없는 정치의 근본적인 아포리아를 이룬다고 주장한다. 왜냐하
면 비례적 평등의 원칙이라는 것은 오직 그 비례의 기준을 무엇으로 삼
을 것인가가 결정된 **후에만** 적용 가능한 것인데, 문제의 계급투쟁은 오
히려 그 비례의 기준 자체를 둘러싸고 일어나고 있기 때문이며, 더욱이
그 기준들은 서로 **통약 불가능한 것**(incommensurable), 곧 같은 잣대로
측정할 수 없는 것으로 나타나기 때문이다.

이 아포리아를 해결하기 위해, 아리스토텔레스는『정치학』에서 분배
의 상이한 기준들을 섞음으로써 일종의 '정치적 중용'을 달성하려고 하
는 '혼합정체론'을 발전시키지만(그렇게 함으로써 그는 계급투쟁을 제거
하거나 적어도 완화하려고 한다), 랑시에르는 오히려 여기에서 더 근원
적인 문제를 찾아낸다. 아리스토텔레스는 앞서 본 것처럼 '자유'가 기여
도의 기준이 되어야 한다는 데모스의 주장을 분배정의 및 비례적 평등
의 영역에 온전히 속하는 것인 양 말하면서 그것을 귀족이나 부자의 주
장과 대칭적인 차원에서 다루고 있지만, 사실 데모스의 주장은 귀족이
나 부자의 주장과는 현격하게 비대칭적인 것인데, 왜냐하면 그것은 사
실 상대적·비례적 평등이 아니라 **절대적 평등**을 추구하는 것이기 때문
이다. 그것은 또한 귀족이나 부자의 주장처럼 자신들만이 권력을 가질
수 있다고 말하는 것이 아니라 귀족과 부자를 **포함하여**(왜냐하면 귀족

15) 소수자 지배를 옹호한다는 점에서 귀족과 부자는 크게 다르지 않으며 사실상
같은 계급을 형성한다고 볼 수 있는데, 이는『정치학』에서 아리스토텔레스로
하여금 정체의 분류를 논함에 있어 귀족(귀족정)과 부자(과두정)를 모두 같은
소수자 지배가 취할 수 있는 두 형태(좋은 형태와 나쁜 형태)로 묘사하게끔
만든다.

과 부자 또한 자신의 '자유'를 통해 공동체에 기여하기 때문에) 모든 시민이 똑같이 권력을 나누어 가져야 한다고 말한다. 만일 그렇다면 데모스가 추구하는 정의는 그것이 정치적 정의임에도 불구하고 온전히 분배정의에 속하는 것이 아니라 오히려 교정정의와 분배정의의 **사이**에 위치하거나 그 경계를 **탈구축**하는 것에 가깝다. 이 때문에 랑시에르는 데모스의 정치를 **잘못**(wrong, le tort)**의 정치**라고 말한다.

> 거기에—단순히 지배가 아니라—**정치**가 있다. 왜냐하면 거기에 전체의 부분들에 대한 잘못된 셈이 있기 때문이다. 이 불가능한 등식은, 전체는 다수 속에 놓여 있다는, 헤로도투스가 페르시아의 오타네스에게 부여한 정식으로 요약될 수 있다. 데모스가 전체와 일치하는 바로 그 다수이다. 하나로서의 다수, 전체로서의 부분. 자유의 비실존적인 질적 차이는, 이익과 손해의 보상을 요구하는 산수/가감연산의 평등의 분할 속에서 이해될 수도 없고 질(quality)을 지위에 연결시키는 것으로 가정되는 기하학/비례식의 평등의 분할 속에서 이해될 수도 없는 이러한 불가능한 등식을 생산한다. 같은 이유로 인민은 항상 인민 이상이거나 인민 이하이다.[16]

데모스는 **이중의 의미에서** '잘못'의 정치를 행하는데, 먼저 그들은 평상시에는 전체의 셈속에서 셈되어지지 않는 부분으로 취급되기 때문이다. 그들은 보이지 않고, 들리지 않는 (비)존재이자 "몫이 없는 부분"에 불과하며, 따라서 전체를 계산함에 있어 더해지지 않는 부분이다(인민 이하의 인민). 그러나 그들이 (봉기적 실천을 통해) 정치적 행위에 나서게 될 때 그들은 공동체 전체를 자신의 것으로 주장하면서, 부분에 불과한 자신을 전체와 등치시킨다(인민 이상의 인민). 잘못된 셈법이다. 그

---

16) Jacques Rancière, *Disagreement: Politics and Philosophy*, translated by Julie Rose, The Univeristy of Minnesota, 1999, p.10.

런데 랑시에르는 바로 이러한 잘못이야말로 데모스의 정치에 핵심적이라고 말한다.

랑시에르는 고대 그리스어 폴리테이아(politeia)의 현대 번역어가 두가지가 있다는 점에 착안하여 치안(police)과 정치(politics)를 발본적으로구분한다. 랑시에르에 따르면, 몫의 분배, 곧 성원들 사이에서 공정한방식으로 몫을 나누는 것으로서, 정치철학이 통상적으로 "정치"라고 부르는 것은 사실은 정치가 아니라 **치안**에 불과하다. 분배란 언제나 사회의 한 '부분'으로 이미 인정받은 사람들(서로 '호혜성'이 형성된 사람들)이 자기들끼리 다소간 평등한 방식으로 공동체로부터 자신의 몫을 찾아가는 일에 불과하다. 따라서 이들 간에 때때로 분배방식 등을 둘러싼 논란이 있을 수 있지만, 분배에 참여할 수 있는 자격을 갖춘 자가 누구인가(즉 누가 그 사회의 '부분'인가)를 둘러싼 논란은 원칙적으로 있을 수없다. 만일 공동체에 어떤 기여도 한 바가 없으면서 자기 몫을 주장하는자들이 있다면, 이들이야말로 '도둑심보'를 가진 이들로 분배에서 철저히 배제되어야 한다. 결국 치안의 목표는 이러한 배제의 실현이며, 정치철학은 이를 정당화하고 이론화한다. 반면 치안과 구분되는 랑시에르적의미에서의 **정치**는 한 사회의 '부분'으로 인정받지 못한 '몫이 없는 자들'이 ('자유'라는 사실상 빈껍데기에 불과한 기여의 기준을 내세우면서) 보이지 않던 자신의 존재를 그 사회에 폭로하고 인정받음으로써 공동체를완전히 새로운 원리에 입각하여 재구성하도록 강제하는 '범법' 행위(잘못)이며, 따라서 이는 몫이 있는 자들 사이에서나 행해질 수 있는 '대화(dialogue)'가 아니라, 자신을 대화상대로 전혀 인정치 않는 공동체에 대해 자신의 존재를 '3인칭'으로 폭로하는 '독백(monologue)'의 성격을 가질 수밖에 없다.

이러한 의미에서의 데모스란 물론 고대 그리스 도시국가의 빈민에게

만 한정되어 있는 이름일 수 없다. 오히려 그것은 치안의 경계에서 그 경계를 침범하고 무대에 난입함으로써 들리지 않던 자신의 목소리를 들리게 만들고 보이지 않던 자신의 존재를 보이게 만듦으로써 공동체가 확립해 놓은 기존의 보편성을 평등주의적으로 재구성하려고 시도하는 그 모든 몫이 없는 자들의 '환유'일 뿐이다. 따라서 데모스는 그 어떤 정체성으로도 환원될 수 없는 **비어있는 정치의 장소**를 지시하는 것으로 이해되어야 하며, 이 때문에 랑시에르는 데모스의 정치가 고대 그리스의 빈민의 실천 안에서뿐만 아니라 스파르타쿠스로 대표되는 고대 로마의 노예들, 프랑스혁명의 제3신분, 근대의 프롤레타리아트들, 제국주의에 대항했던 피식민지인들, 가부장제에 맞선 여성들, 그리고 오늘날 자유주의적·공화주의적·포스트식민적 "선진사회의 새로운 인종주의"[17]에 저항하는 이주자들의 실천들 안에서도 마찬가지로 발견될 수 있다고 말한다.

그러나 랑시에르의 이러한 논점을 근본적으로 받아들이면서도, 에티엔 발리바르는 랑시에르가 치안과 정치의 대립을 지나치게 **외적인 대립**으로 사고함으로써 그 양자의 관계를 충분히 가공해내지 못한다고 비판한다. 물론 랑시에르가 치안으로서의 제도적인 것 일반에 대한 사유 자체를 거부한다고 말하기는 힘들며, 또 그가 『민주주의에 대한 증오』라는 텍스트에서 나름대로 민주적 제도에 대한 자신의 이론적 구상을 드러내고 있다는 것은 사실이지만, 그럼에도 불구하고 랑시에르가 제안하는 민주적 제도의 모델은 기껏해야 현대정치를 지배하고 있는 선거제도에 대한 대안으로서 고대 그리스 직접민주주의의 추첨제의 현대적 부활을 주문하는 정도이며, 무엇보다도 제도에 대한 그의 논의는 '형식적 민

---

17) "그리하여 선진사회의 새로운 인종주의는 공동체의 자기 자신과의 동일성의 모든 형태들의 교차점이 되어줌으로써 자신의 독특성을 갖게 된다." Jacques Rancière, *Disagreement*, p.120.

주주의'의 틀에 갇히는 양상을 보인다.[18] 이러한 문제점을 보완하기 위해 발리바르는 랑시에르의 설명 안에 **시간의 변증법**을 도입할 것을 주문한다.

> 그러나 우리는 또한 이러한 [랑시에르의] 곤란이 역사적으로 어떻게 발전하는가 질문할 수 있다. 답은 그것이 전위된다는 것이다. 랑시에르가 자극적이고 심지어 약간은 논쟁적으로 "보편적 희생자의 파토스"라 부르는 것을 향해서, 그러나 아마도 자율성이 해방의 효과적인 정치가 되는 과정을 변증법적으로 형성하는 것을 향해서 말이다. 비(非)배제는 그것을 법적 사실로 말하는 자율성의 최초의 유일한 언표행위 속에 있다기보다는, 사실상 그 언표행위가 새로운 부정을 통해 포함하게 되는 사후성(après-coup) 속에 있는 것처럼 보인다. 자율성은 사회의(따라서 인류의) 한 "부분"이—법적으로든 아니든 간에—정치에 대한 보편적 권리로부터 배제된 것이 (단순하지만 이미 모든 것을 말해주는, "능동적 시민"과 "수동적 시민", 말하자면 성인[시민]과 미성년자의 대립이라는 형식 하에서) 명백해질 때 정치가 된다.[19]

다시 말해서, 데모스의 정치가 어떤 역사적 정세 속에서 어떤 집합적 주체의 이름하에 등장한다고 할지라도 그것은 시간 속에서 지속적으로 데모스의 '정치'로 남아있을 수 없으며 어떤 형태로든 제도화됨으로써 그 자신이 하나의 '치안'으로 전화할 수밖에 없다. 그러나 이것이 데모스의 정치 그 자체의 종결을 의미하는 것은 결코 아닌데, 왜냐하면 그러한

---

18) Jacques Rancière, *Hatred of Democracy*, translated by Steve Corcoran, Verso, 2006(자크 랑시에르, 허경 옮김, 『민주주의는 왜 증오의 대상인가?』, 인간사랑, 2011) 참조. 이 텍스트에 대한 발리바르의 비판적 논의는 Balibar, "Historical Dilemmas of Democracy and Their Contemporary Relevance for Citizenship", *Rethinking Marxism*, Vol. 20, No. 4(October 2008), pp.522~38을 보라.

19) 에티엔 발리바르, 서관모·최원 옮김, 『대중들의 공포: 맑스 전과 후의 정치와 철학』, 도서출판 b, 2007, 36쪽.

정치가 천명했던 비배제의 원칙은 최초에 그 원칙을 천명했던 집합적 주체의 전유물이 아니기 때문이다. 반대로 그 원칙은 자신들의 배제에 맞서 투쟁하는 사람들이라면 누구라도 준거할 수 있는 보편적 원칙이 됨으로써, 시간과 장소를 바꿔가며, 또 다른 집합적 주체의 이름하에 심지어 애초에 그 원칙을 천명했던 자들에 반대해서 지속적으로 출현할 수 있다. 프랑스 혁명이 발발하자 그것이 천명했던 평등-자유의 원칙은 곧바로 자신들의 배제를 문제 삼으며 참정권을 요구했던 올랭프 드 구즈를 비롯한 여성들의 투쟁의 원칙이 되었고, 루이-오귀스트 블랑키를 비롯한 근대 프롤레타리아트의 투쟁의 원칙이 되었으며, 프랑스를 비롯한 서양제국주의에 대한 피식민지인들의 투쟁의 원칙, 백인 노예주들에 대항한 유색인종들의 투쟁의 원칙 등이 되었다. 그것은 프랑스 혁명에서 출현한 데모스의 중심세력을 이루었던 서양, 백인, 남성, 부르주아지의 것이 아니라 오히려 그들에 맞선 투쟁의 원칙이 되었다. 데모스의 정치가 정체성의 논리와 아무 상관이 없는 것은 바로 이 때문이다. 그것은 항상 부정적인 방식으로만, 곧 랑시에르가 치안이라고 부르는 기존의 억압 질서에 대한 하나의 변증법적인 안티-테제로서만 규정될 수 있을 뿐이다. 그리고 이러한 변증법에는 원칙적으로 끝이 있을 수 없는데, 왜냐하면 배제에 맞선 이러한 투쟁이 역사 속에서 끊임없이 일어나기 때문이다. 치안과 정치의 변증법은 따라서 어떤 종합이나 해답을 향해 나아가는 목적론적 운동이 **아니라**, 오히려 "질문 자체의 영속적인 재개의 변증법"일 수 있을 따름이다.[20]

그리고 바로 이러한 관점에서 민주주의를 하나의 정체(政體 – 데모스의 정치적 운동의 무매개적 반영으로서의 '직접민주주의'도 여기에

---

20) "[시민들의 공동체라는] 이 질문은 헌법이나 사회학 또는 논리학에 속하지 않으며 변증법에 속하는데 … , 이런 변증법은 해법의 변증법이 아니라 질문 자체의 영속적인 재개의 변증법이다." 발리바르, 『우리, 유럽의 시민들?』, 160쪽.

포함된다)로서 사고하는 것이 아니라 영속적인 과정으로서의 **민주화**
(democratization)의 문제로 사고함으로써 치안과 정치의 관계 또한 좀
더 내재적인 변증법의 역동적 관점 속에서 바라볼 수 있게 된다. 곧 민
주적 제도의 문제를 '전부 아니면 전무'의 관점(곧 '직접민주주의 아니면
과두정'이라는 관점)에서 보기보다는 치안과 정치의 변증법의 작동이
(자기)파괴적이 되지 않고 좀 더 활기차고 생산적인 방향으로 전개될 수
있게 만드는 제도적 형태들을 모색하는 관점에서 볼 수 있게 되는 것이
다(우리는 다음 절에서 이 문제로 다시 돌아올 것이다).

　그런데 우리는 앞서 왈쩌의 논의를 통해 공동체가 분배해야할 "일차
적 기본재"란 바로 공동체의 성원권, 곧 그 공동체에 능동적 시민으로서
속할 수 있는 자격이라는 점을 살펴봤다. 그리고 거기에서 우리는 왈쩌
가 이러한 성원권이란 항상 이미 주어져있는 에트노스로서의 "우리"의
것이며 따라서 그것을 이방인에게 분배할 것인지 말 것인지, 분배한다
면 어떤 이방인에게 분배할 것인지를 결정하는 권한도 에트노스로서의
"우리"에게 속해 있을 뿐이라고 주장한다는 점 또한 살펴봤다. 비록 하
버마스는 이러한 성원권 분배의 주체로서의 "우리"가 반드시 에트노스
일 필요는 없으며 역사 속에서 형성된 '정치문화'에 그 정체성의 뿌리를
둔 데모스로 대체될 수 있다고 주장하지만, 이러한 의미에서 규정된 데
모스의 정체성은 아이러니하게도 에트노스의 정체성과 마찬가지로 타
자를 시민권으로부터 배제하는 원리로 나타날 수 있다는 점을 우리는
확인했다. 랑시에르가 말하는, 몫을 받을 자격을 분배하는 주체로서의
치안의 주체란 바로 넓은 의미에서의 에트노스라고 볼 수 있으며(왜냐
하면 몫을 받을 자격의 분배란 결국 성원권의 분배이기 때문이다), 반면
랑시에르적 의미에서의 데모스의 정치라는 것은 바로 이러한 에트노스
의 경계를 탈구축하는 배제된 자들의 정치로 자리매김할 수 있다. 요컨

대, 치안과 정치의 변증법이란 무엇보다도 먼저 에트노스와 데모스의 변증법으로 나타난다. 우리는 다음 절에서 이러한 에트노스와 데모스의 변증법을 한반도의 통일이라는 문제와 연관시키면서 코리아의 시민들로서 "우리"의 실천이 움직여 나아가야할 방향을 가설적으로 소묘해보고자 한다.

4. 우리, 코리아의 시민들?

이 마지막 절에 우리가 붙인 제목은 쉽게 눈치 챌 수 있듯이 『우리, 유럽의 시민들?』이라는 발리바르의 책 제목을 모방한 것이다. 이에 대해 곧바로 제기될 수 있는 이의는 '유럽과 코리아는 전혀 다르지 않은가'하는 것이다. 이는 두 가지를 의미할 수 있는데, 우선 그것은 '유럽은 초민족적 공동체인 반면, 통일코리아는 기껏해야 민족적 공동체에 불과하다'는 것을 의미할 수 있다. 그러나 도입부에서 이미 우리가 살펴본 것처럼, 유럽이 초민족적 공동체라고 하여 에트노스적 공동체가 아니라고 말할 수는 없으며 또한 통일 한반도에 설립되어야 할 정치공동체가 반드시 에트노스적**이기만 한** 공동체가 되어야 한다고 말할 근거는 어디에도 없다. 두 번째로 그것이 의미할 수 있는 것은 '코리아는 유럽과 달리 아직 냉전이 종식되지 않은 곳이며, 오히려 (아메리카와 중국이 세계자본주의의 헤게모니를 놓고 경쟁을 벌이기 시작함에 따라) 신냉전이 시작되고 있는 지역적 특수성을 가지고 있다'는 것이다. 그러나 바로 그렇기 때문에 냉전의 모순이 지속적으로 축적되고 있는 코리아의 통일은 한반도뿐만 아니라 동북아시아가 민족국가적 체계의 한계를 넘어서 좀더 민주화된 정치적 공동체를 상상하고 사유하며 실현해 나가기 위해 필수불가결한 고리를 이룬다고 말할 수 있다.

우리는 통일한반도에 정초될 정치공동체가 에트노스적 요소(민족)를 극복한 어떤 것이 될 수 없으리라는 점을 분명하게 인정할 수 있지만, 동시에 그러한 에트노스적 요소를 탈구축하는 데모스적 요소를 (자크 데리다적 의미에서의) **대체보충**(supplement)으로 포함시킴으로써 그것을 민족적이기만 한 공동체로 놓아두지 않을 수 있다고 주장하고자 한다.21) 주지하다시피, 데리다의 '대체보충'이라는 개념은 어떤 것을 구성하는 데에 요구되는 **필수적** 보충물이지만 정작 그것을 포함시키게 되면 원래 구성하려던 것의 성격을 변질시킴으로써 점점 자신이 원래의 것을 대체해 나가는 **위험한** 보충물이라는 의미를 가지고 있다.22) 다시 말해서, 에트노스적 성격을 가지고 있는 통일코리아를 구성하는 데에 반드시 필요하지만 정작 그것을 포함시키면 스스로 에트노스를 점점 대체하는 위험한 보충물로서 데모스적 요소를 사고하자는 것이다. 어떤 의미에서 데모스적 요소가 에트노스적 성격을 가지고 있는 공동체로서의 통일코리아의 구성에 필수적인가? 또 데모스적 요소를 거기에 포함시킨다

---

21) 최형익은 통일 한반도가 "민주주의에 의해 재구성된 '민족주의' 개념에 우위"를 두는 국가여야 한다고 말하면서 통일된 민족국가를 건설하되 그것을 민주주의적으로 또는 사회민주주의적으로 만들어나가야 한다고 주장한다(최형익, 「한국 민족주의와 통일의 조건」, 『민주주의와 인권』 6권, 2호, 2006 참조). 그러나 이것은 우리의 주장과는 전혀 다른 것인데, 왜냐하면 최형익의 주장은 민족국가의 경계 내에서 민주주의를 실현하려고 했던 유럽의 '민족사회국가(national-social state)'(이른바 '복지국가')를 한반도에서도 실현하겠다는, 본질적으로 민족주의적 기획인 반면, 우리의 주장은 오히려 민족주의("민주주의에 의해 재구성된 민족주의"를 포함하여)를 탈구축하기 위한 기획이라고 볼 수 있기 때문이다. 우리는 '좋은 민족주의'와 '나쁜 민족주의'가 정도의 차이를 가질지언정, 모두 본질적으로 배타적 성격을 가지고 있다고 본다.

22) Jacques Derrida, *Of Grammatology*, translated by Gayatri Chakravorty Spivak, The Johns Hopkins University Press, 1976(자크 데리다, 김성도 옮김, 『그라마톨로지』, 민음사, 1996년)의 제2부, 2장("…저 위험한 대체보충…")을 참조하라.

는 것은 구체적으로 어떤 방식으로 가능하며 어떤 결과들을 가져올 것
인가? 마지막으로 데모스적 요소를 포함시키자는 이러한 제안은 어떻게
기존의 통일 논의를 변화시킬 수 있는가?

먼저 에트노스적 성격을 가지고 있는 공동체로서의 통일코리아의 구
성이 데모스적 요소를 필수적인 보충물로 요구하는 이유는 통일의 동력
및 통일의 현실적 조건과 관련되어 있다. 물론 분단을 극복한 온전한 민
족국가(민족=국가)를 건설하고자 하는 열망으로서의 민족주의가 통일
의 가장 중요한 동력 가운데 하나라는 점에는 이론의 여지가 있을 수 없
다. 그러나 통일이 민족주의라는 동력만으로 한반도 인민들의 충분한
지지를 이끌어낼 수 있을 것이라고 믿기는 힘들다.[23] 만일 통일코리아
가 현재 분단된 한반도에서 인민들이 누리고 있는 권리들을 넘어서는
민주적 시민권의 전진을 보장하지 못하거나 도리어 그것을 후퇴시킨다
면, 한반도의 인민들(특히 남쪽의 인민들)이 단지 '하나의 민족은 하나
의 국가가 되어야 한다'는 민족주의적 당위 때문에 그러한 통일을 전폭
적으로 지지할 수 있으리라고 생각하기는 어려우며, 특히 통일의 과정
에서 생겨날 수 있는 여러 장해물들 앞에서 자신들의 지지를 철회하지
않을 것이라고 기대하기는 더욱 어렵다.[24]

게다가 통일코리아는 단지 한반도 인민들만의 문제가 아니다. 그것은
동시에 일차적으로는 한반도 주변국들에 흩어져 살아가고 있는 코리언

---

23) 물론 이러한 한반도의 인민들 안에는 남북한의 국적을 가지고 있는 사람들뿐
만 아니라 한반도에 거주하고 있는 큰 규모의 다양한 이주자들까지 포함된다
는 사실을 잊어서는 안 된다.

24) 이는 유럽의 통합과 관련해서 발리바르가 특별히 강조하는 논점이다. 발리바르
는 "초민족적인 유럽적 공동체는 그것이 현존하는 민족적 구성에 비해, 다수를
위한 민주적 잉여를 의미하는 한에서만 존재할 수 있을 것"이라고 말한다.
Balibar, "Outlines of a Topography of Cruelty: Citizenship and Civility in the Era
of Global Violence," *Constellations*, Vol. 8, No. 1, Oxford, Blackwell Publishers
Ltd., 2001, p.19.

디아스포라(재중조선족, 재일조선인, 재러고려인 등)의 문제이기도 하며, 더 나아가 동북아 인민들 전체의 문제이기도 하다. 따라서 통일코리아가 한반도 외부에 거주하는 이들에게 '한반도 중심주의'나 '한/조선민족 중심주의'를 강화함으로써 배타적 성격을 강화하거나 심지어 이들에게 위협의 요소로 다가가게 된다면, 이들로부터 통일코리아 건설에 대한 강력한 지지를 이끌어내기란 어려울 것이며, 이는 곧 한반도의 외부로부터 부과되는, 통일에 대한 거대한 반대세력, 거대한 장해물이 생겨나게 됨을 의미한다. 오직 통일코리아의 건설이 동북아 인민들의 권리의 확장 및 삶의 질의 향상에 크게 기여한다는 것이 분명해질 때에만 이들의 지지를 이끌어낼 수 있을 것이라고 기대할 수 있는 것이다. 바로 이것이 통일코리아가 에트노스적이기만 한 공동체를 구성할 수는 없으며, 오히려 자신이 가지고 있는 에트노스적 요소를 내부로부터 뿐만 아니라 외부로부터 동시에 탈구축할 수 있는 데모스적 요소를 하나의 필수적 보충물로서 반드시 포함해야만 하는 이유이다.

그렇다면 통일코리아에 데모스적 요소를 포함시킬 수 있는 구체적인 방안은 무엇인가? 우리는 앞서 발리바르가 민주주의를 하나의 정체라기보다는 민주화 과정으로 사고함으로써 치안과 정치, 에트노스와 데모스의 변증법이 (자기)파괴적이 되는 것이 아니라 좀 더 활기차고 생산적이 될 수 있는 민주적 제도의 문제를 고민한다고 말한 바 있다. 이러한 고민의 결과로서 발리바르가 제안하는 것이 바로 "시테에 대한 권리(droit de cité)"인데, 그것은 기본적으로 외국인들이 어떤 국가(cité)에 들어와 "권리들을 가지고 머물 수 있는 권리"를 의미하는 것이다. 시테에 대한 권리는 그 공동체의 시민들이 누리는 것과 같은 완전한 시민권(full citizenship)을 의미하는 것은 아니며, 따라서 그것은 민족국가의 경계를 단순히 제거하려고 하는 것은 아니지만, 이주자들에게 사회권, 문화권,

그리고 (부분적인) 정치권을 부여함으로써 민족국가의 경계를 민주화하는 것을 목표로 삼는다.[25)]

이렇게 통일코리아는 자신의 헌정 속에 시테에 대한 권리를 제도화함으로써 무엇보다도 코리언 디아스포라를 비롯하여 동북아 인민들의 통일코리아에 대한 강력한 지지를 이끌어낼 수 있을 것이다. 이들은 반드시 자신의 현재 국적을 포기하지 않으면서도 통일코리아에 진입하고 권리들을 가지고 머물 수 있는 권리를 보장받음으로써 자신들의 다양한 욕망을 실현하면서도 동시에 통일코리아에 정치적, 사회적, 문화적으로 충분히 긍정적으로 기여할 수 있는 길을 찾아낼 수 있을 것이기 때문이다. 특히 (무국적자의 성격을 갖고 있는 재일 조선인의 경우는 다소 예외적이지만) 재중 조선족을 비롯한 대부분의 코리언 디아스포라의 경우엔 자신의 현재 국적을 고수하려는 경향이 강한데, 이 경우 통일코리아

---

25) 시테에 대한 권리는 이주자들의 사회권과 문화권은 비교적 온전히 인정하되 정치권의 인정은 우선은 제한적으로 인정한다는 것을 의미한다. 좀 더 정확히 말하자면, 정치권의 인정은 문제가 되는 정치적 사안이 이주자들 자신에게 관련되는 경우 그 문제를 논의하기 위한 자신들의 정치적 대표를 선출하고 그 대표를 통해 내국인들과 협상할 수 있는 권리로서 인정한다는 의미를 갖는다. 물론 이러한 시테에 대한 권리는 점점 더 확장될 수 있는 성격을 갖는데, 예컨대 장기간 머문 이주자들의 경우 일반적인 선거권은 물론 피선거권까지도 점점 더 허용해 나가기 시작할 수 있다. 다른 한편, 사회권과 문화권은 물론 정치권까지도 완전히 그리고 즉시 허용해야 하지 않는가 하는 문제제기가 있을 수 있는데, 이는 결국 민족국가의 경계의 단순한 제거를 의미하는 것으로 그것은 긍정적 효과를 가져오기보다는 오히려 부정적 효과를 야기할 가능성이 더욱 크다. 발리바르는 이렇게 말한다. "그러나 나로서는 필연적으로 국제주의적인, 더 정확히 말해서 관민족적인 이 같은 급진적 민주주의를 법적-정치적 의미의 "경계 없는 세계"의 추구와 동일시하는 것이 망설여진다. 그 같은 "세계"는 자본과 교통, 그리고 아마도 무기…를 독점하는 사적인 권력들의 야만적 지배의 활동 무대에 불과할 위험이 있을 것이다. 오히려 제기되는 질문은 경계들의 통제자들, 즉 국가들이나 초민족적 제도들 자체에 대해 행사할 수 있는 민주적 통제라는 질문이다." 발리바르, 『대중들의 공포』, 457쪽.

가 시테에 대한 권리를 보장하지 않는다면, 이들은 소외감을 느끼며 한반도의 통일을 결국 남의 일로나 여기게 될 공산이 크다. 통일코리아가 배타적이고 국수주의적인 방향으로 에트노스적 성격을 강화시켜나가는 것이 아니라 반대로 시테에 대한 권리의 제도화를 통해 에트노스적 성격을 약화시켜나가는 것이야말로 한반도 주변국들이 좀 더 평화롭고 우호적인 태도를 가질 수 있도록 만들어줄 것이며, 사실 이것이야말로 동북아 냉전의 종식을 앞당기는 데 견인차의 역할을 할 것이다. 코리아의 통일과 그것의 성공적인 지속을 위해서는 주변국들의 지지가 절대적으로 필요하다는 것을 잊어서는 안 된다.

게다가 시테에 대한 권리는 단지 외국인들의 권리에만 관련되는 것이 아니라는 점을 기억해야 한다. 그러한 권리를 보장함으로써 통일코리아의 내국인들 또한 자신들의 시민권이 더욱 더 확장되는 것을 경험할 수 있을 것인데, 왜냐하면 이주자들의 권리를 보장하기 위한 실천에 함께 동참함으로써 내국인들은 국가 및 자본 특히 초민족적 자본을 통제할 수 있는 좀 더 강력한 민족국가의 경계를 넘어선 데모스를 형성할 수 있고, 결국 이를 통해 통일코리아의 사회 전반에서 시민권의 비약적인 확장을 가져올 수 있을 것이기 때문이다. 이러한 권리의 선순환은 현재 남한에서 나타나고 있는 차별의 악순환, 곧 이주자들에 대한 차별이 내국인들의 시민권의 후퇴로 연결되고 그것이 다시 이주자들에 대한 확대된 차별로 이어지는 악순환과는 정반대의 인과적 연쇄를 통일 한반도에서 시작할 수 있도록 만들어 줄 것이다.

마지막으로 우리는 통일코리아의 구성 안에 데모스적 요소를 포함시키자는 이러한 제안이 어떻게 기존의 통일 논의를 변화시킬 수 있는가에 대해 생각해봄으로써 이 글을 마무리 짓고자 한다. 남북 간 통일 논의에서 가장 쟁점이 되며 그 실질적 진전을 가로막고 있는 것은 바로 통일코리아가 어떤 체제가 되어야 하는가 하는 문제이다. 이 쟁점과 관련하여 이제까지 가장 큰 진전을 이루었다고 볼 수 있는 것은 백낙청의 통일론이라고 볼 수 있는데, 백낙청은 6·15 남북 공동선언을 높이 평가하면서, 특히 그것이 제2항에서 "남과 북은 나라의 통일을 위한 남측의 연합제안과 북측의 낮은 단계의 연방제안이 서로 공통성이 있다고 인정하고 앞으로 이 방향에서 통일을 지향시켜 나가기로 하였다"고 말하면서 통일코리아가 궁극적으로 자유민주주의체제 또는 자본주의체제가 되어야 할 것인지 아니면 사회주의체제가 되어야 할 것인지 하는 문제를 하나의 열린 질문으로 놔둔 것을 칭찬한다. 6·15 공동선언이 체제 문제를 남북의 시민참여의 양과 질에 따라 얼마든지 달라질 수 있는 문제로서 남겨둔 것이야말로 그 선언이 **민주적 성격**을 갖는다는 점을 증명한다는 것이다.[26]

물론 이러한 백낙청의 관점은, 체제 문제를 결정할 주권적 주체가 남북한의 정부라기보다는 남북한의 인민들이라는 점을 강조하고 있다는 점에서 통일논의를 민주적 방향으로 한 걸음 크게 진전시켰음을 충분히 인정할 수 있다. 그러나 우리는 그의 민주적 관점을 좀 더 발본화시킬 필요가 있다고 보는데, 이를 위해서는 논의의 초점 자체를 전환할 필요가 있다. 우리는 우리의 중심질문이 '통일코리아가 어떤 체제가 되어야 하는가'가 아니라 '통일코리아에서 인민들이 누려야할 권리들은 어떠한 것인가'가 되어야 한다고 주장한다. 곧 **'체제'가 아닌 '권리'의 관점에서** 통일을 사유하고 풀어나가자는 것이다. 그리고 통일코리아에서 인민들이 누려야할 권리가 무엇인지에 대해 인민들 스스로가 논의하고 결정해 나간다면, 정작 체제 문제 자체는 부차화될 수 있다. 사실 어떤 자본주의국가도 순수한 자본주의를 고수할 수는 없었으며, 어떤 사회주의국가

---

26) 백낙청, 『어디가 중도이며 어째서 변혁인가』, 창비, 2009, 104쪽.

도 순수한 사회주의를 고수할 수는 없었다. 따라서 역사적으로 존재했던 체제는 모두 **수정된 체제**(수정 자본주의, 수정 사회주의)였을 따름이다. 그리고 더욱 중요한 것은 이러한 수정을 가장 훌륭하게 급진적으로 수행한 국가들이야말로 오히려 민주주의의 비약적인 발전을 이룰 수 있었다는 점이다. 이른바 '복지국가'라고 불리는 사례가 바로 그것인데, 그것은 시장경제를 유지하면서도 시민들에게 자본을 통제할 수 있는 통제권 및 사회적 권리를 충분히 보장함으로써 시장 그 자체를 민주화할 수 있었다.[27]

물론 이른바 '복지국가'(좀 더 정확히 말해서 "민족사회 국가")는 앞서 지적한 바 있듯이 민족국가의 경계 내에서 민주주의를 확장하려고 했던 시도이며 그 자체 식민주의 또는 중심-주변의 위계적 분업구조를 전제한 것이었다. 이러한 한계를 돌파하기 위해서 우리는 '시테에 대한 권리'를 반드시 인민들의 권리 안에 포함해야 한다고 주장한다. 통일코리아의 헌법제정권력의 주체로서의 인민들은 따라서 단순하게 남북한의 기존 인민들만이 아니라 코리언 디아스포라, 더 나아가서 동북아의 인민들을 부분적으로, 어떤 일정한 수준에서 포함하는 것으로 이해되어야 할 것이다. 자신들이 누릴 권리들을 쟁점으로 한, 이러한 복합적인 차원에서의 인민들의 자발적인 논의와 발의(initiatives)를 통해 통일코리아의 건설이 이루어질 때, '우리, 코리아의 시민들'은 더 이상 에트노스에 사

---

27) 한승완은 국민정체성에 대한 "민주적 반추"를 통해 "두꺼운 에트노스"로부터 "얇은 에트노스"로 이행할 필요성을 주장하는 등 나름대로 진일보한 민주적인 통일론을 펼치면서도, '체제' 문제에 사로잡힘으로써 대한민국중심주의적 통일론으로 귀결되고 마는데(그는 강제적 흡수통일론은 기각하지만 부드러운 흡수통일론을 주장한다), 우리는 체제 문제로부터 권리의 문제로 프레임을 전환함으로써 이러한 곤란을 해결할 수 있을 것이다. 한승완, 「한국 국민 정체성의 '민주적 반추'와 통일 문제」, 『사회와 철학』 제22집 (2011년 10월)을 보라.

로잡혀 있지 않고 스스로를 민주화시켜나가는 데모스의 힘을 가지고 있
는 정치공동체를 한반도에 건설할 수 있을 것이다.

제7장 통일의 변증법과 민족적 연대의 원칙

1. 들어가며: 통일 사유에서 연대의 필요성

〈7·4남북공동성명〉과 〈남북기본합의서〉의 결정적 차이는 '통일(unification)'을 '하나'라는 '민족적 동일성(national identity)'의 관점에서 사유하고 있는가 아니면 '둘'이라는 '민족적 차이(national difference)'의 관점에서 사유하고 있는가이다. 〈7·4남북공동성명〉은 '외세의 배격'이라는 '자주의 원칙'과 '체제-이념의 초월'이라는 '민족대단결의 원칙' 속에서 통일을 사유한다. 여기서 통일은 당위적으로 주어진 전제이다. 왜냐 하면 우리는 '하나'의 민족이기 때문이다. 하지만 그렇기 때문에 〈7·4남북공동성명〉에서 '민족의 동일성'은 통일의 전제조건이자 정언 명법의 명령이 되며

---

* 건국대학교 통일인문학연구단 HK교수.

이에 반해 남과 북이라는 두 국가의 체제-이념적 대립 및 두 주민들 사이의 다름은 오직 민족의 동일성을 실현하기 위해 배제 또는 극복되어야 할 대상으로만 간주될 뿐이다.

반면 〈남북기본합의서〉에서 통일은 당위적 전제가 아니다. 그것은 한반도의 남쪽과 북쪽을 각각 실효적으로 지배하고 있는 분단현실, 즉 남과 북이라는 두 국가의 대립에도 불구하고 이를 새롭게 재정립하는 데에서 출발하고 있다. 여기서 남과 북이라는 두 국가의 체제-이념적 차이는 통일을 위해 배제 또는 극복되어야 할 대상이 아니라 오히려 통일을 만들어가는 데 현실적으로 주어진 조건이 된다. 따라서 〈남북기본합의서〉는 두 국가의 관계를 "나라와 나라 사이의 관계가 아닌 통일을 지향하는 과정에서 잠정적으로 형성되는 특수 관계"로 재규정하고 있다. 여기서 남과 북이라는 두 국가의 대립 또는 차이는 배제 또는 부정되어야 할 것이 아니라 오히려 "평화 통일을 성취하기 위한 공동의 노력을 경주"하는, 두 주체로 재정립되는 조건이 된다.

바로 이런 점에서 통일을 사유하는 존재론적 물음의 핵심은 〈7·4남북공동성명〉이 보여주는 '하나'와 〈남북기본합의서〉가 보여주는 '둘'의 대립을 변증법적으로 사유하는 데 있으며 동일성이 아니라 '차이'에 기초하여 '하나됨'의 운동을 만들어가는 데 있다.[1] 일반적으로 사람들은 통일을 '동일성'의 관점에서, '하나'로 사유하는 경향이 있다. 이것은 우리가 일상 언어에서 사용되는 통일(unification)이라는 단어가 'uni(하나)+fi(만들다)+cation(명사형 어미)', '하나로 만드는 것'이라는 뜻을 담고 있기 때문이다. 물론 통일은 두 국가로 분단되어 있는 현존 상태를 극복하고 하나의 국가를 만들어가는 것이기 때문에 '둘' 또는 '차이'를 극복하고

---

1) 이에 대한 논의는 박영균, 「남북의 통일원칙과 통일과정의 기본가치: 민족과 평화」, 『시대와 철학』 25-2, 한국철학사상연구회, 2014 참조.

'하나' 또는 '동일성'을 회복하고자 한다.

하지만 그렇기 때문에 통일은 둘이 가지고 있는 차이를 배제하고 부정하는 '동일성의 폭력'을 수반할 수밖에 없다. 왜냐하면 '하나'가 될 수 있는 가장 빠른 길은 어느 하나가 다른 하나에 맞춰 자신의 차이를 포기하고 다른 하나에 자신을 동화 또는 복속되는 것이기 때문이다. 남과 북이라는 둘이 통일을 주창하면서도 그것이 오히려 상대에 대한 적대성, 즉 상대의 차이를 배제하거나 억압할 뿐만 아니라 더 나아가 상대를 내 아래 복속시키고자 하는 폭력으로 전화하는 것은 바로 이 때문이다. 따라서 서로 다른 '둘'의 결합을 만들고자 하는 통일이 서로에게 파국적인 것이 되지 않기 위해서는 '하나가 되고자 하면서도 오히려 하나가 아닌 둘의 차이'로부터 출발해야 한다.

통일에 대한 사유에서 '연대의 가치와 원칙'이 제기되는 것은 바로 이 지점이다. 연대의 기원과 개념을 둘러싼 여러 가지 논쟁들이 있어왔다. 하지만 그런 논쟁에도 불구하고 현대적인 의미에서 '연대(solidarity)의 원칙'은 둘의 차이, 각 개체가 가지고 있는 고유한 독특성을 유지하면서도 둘을 둘로 놓아두는 것이 아니라 함께 결합시키는 것이라고 할 수 있다. 따라서 오늘날 통일을 제대로 만들어가기 위해서는 '우리가 하나의 민족'이라는 '민족대단결의 원칙'만을 내세울 것이 아니라 오히려 당장은 이를 정면으로 위배하는 것처럼 보이지만 통일을 만들어간다는 관점 속에서 '차이의 연대'를 사유할 필요가 있다.

하지만 아직까지 우리 사회에서 통일을 '연대의 원칙' 속에서 다루고 있는 연구는 거의 없으며 연대의 개념 또한 일상 언어적인 용법들의 모호함을 넘어서고 있지 못하다. 그럼에도 불구하고 굳이 연대를 중심으로 통일문제를 다루고 있는 논문들을 찾는다면 정영철의 「분단 극복의 유일한 길: 연대와 협력」[2], 나종석의 「민주주의, 민족주의 그리고 한반도에서의 국민국가의 미래」3) 정도라고 할 수 있겠다. 하지만 정영철의 논문은 통일과 관련하여 연대의 원칙을 다루고 있는 것이 아니라 한국 내 진보/보수 갈등을 중심으로 다루고 있으며 나종석의 논문은 '시민적 민족주의'를 비판하면서 '종족적 민족주의'가 가지고 있는 유의미성을 논증하는 방식으로만 연대의 원칙을 다루고 있을 뿐이다.

이에 반해 연대의 원칙을 통일과 관련하여 직접적으로 다루고 있는 논의가 있는 데, 그것은 송두율의 논의라고 할 수 있다. 그는 1991년 "민족 또는 계급이라는 메타이론으로 수렴되는 통일에 관한 이미 알려진 기존의 논의와는 달리 … 통일이론의 메타-이론의 범주들"로, "평화의 철학", "대화의 철학", "과정의 철학", "희망의 철학", "책임의 철학"과 더불어 "연대의 철학"을 제안하고 있다. 그가 제안하고 있는, 이 6개의 테제들은 기본적으로 통일을 만들어가는 '남과 북이라는 복수로서의 우리'가 지속적으로 견지해야 할 사유의 원칙이자 실천의 원칙이라고 할 수 있다. 또한, 그에게 연대는 "우리의 관점이 그들의 관점과 반드시 동일하지는 않지만 우리와 그들의 관점은 곧 수렴될 수 있고 또 쉽게 서로 배울 수 있다"는 것을 의미한다.4)

하지만 그 또한, 연대의 철학을 구체적으로 다루고 있지는 못하다. 그의 통일철학은 '경계인의 철학'이며 '차이를 사유하는 철학'이기 때문에 연대를 사유한다. 하지만 그가 말하는 '연대의 철학'조차 '동일성'의 환상을 완전히 벗어난 것은 아니다.5) 그는 남과 북이라는 '둘'의 차이에도 불

---

2) 정영철, 「분단 극복의 유일한 길: 연대와 협력」, 『시민과 세계』 17, 참여연대 참여사회연구소, 2010.

3) 나종석, 「민주주의, 민족주의 그리고 한반도에서의 국민국가의 미래」, 『사회와 철학』 22, 사회와 철학 연구회, 2011.

4) 송두율, 『전환기의 세계와 민족지성』, 한길사, 1991, 38~46쪽.

5) 경계인의 철학으로서 송두율의 통일철학에 대한 소개 및 평가는 박영균, 「분단을 사유하는 경계인의 철학: 송두율의 통일담론에 대한 비판적 검토」, 『철

구하고 남과 북의 분단 역사가 짧기 때문에 '우리'가 될 수밖에 없다고 말하면서 "집합적 단수로서 우리"라는 원리만을 재확인하는 수준에서 논의를 멈추고 통일에서 연대 그 자체가 가지고 있는 원칙과 가치, 위상들을 구체적으로 다루고 있지는 않다. 그러므로 통일에서 연대의 원칙이 무엇인가를 밝히기 위해서는 연대에 대한 일상 언어적인 용법의 모호함을 넘어서 연대가 담고 있는 가치와 의미의 독특성을 규명하는 데에서 시작하여 '민족적 연대'의 작동원리 및 그것이 다른 가치들과의 관계 속에서 어떤 위상을 가지고 있는지를 규명해 갈 필요가 있다.

2. 연대 개념의 모호함과 연대 개념의 고유성

남북통일을 다루는 연구에서 연대에 대한 논의가 빈곤한 것은 한국에서의 통일론 자체가 정치경제적인 체제 통합 논의 중심으로 이루어 왔기 때문이기도 하지만 연대라는 개념 그 자체가 매우 다의적이고 애매하게 사용되면서 심지어 서로 적대적이기까지 한 사상/운동들에서도 무차별적으로 차용되어 왔기 때문이기도 하다. 이에 서유석은 연대라는 가치-개념이 "엄밀한 학적 대상이" 되지 못하고 있다고 진단하면서 그 이유를 다음과 같은 두 가지로 제시하고 있다. 그 하나는 연대라는 "개념의 다의성/애매성"이며 다른 하나는 각 사상/운동들에서 사용되는 "연대가 서로 다르고 심지어는 상반된 사상/운동의 키워드"로 여전히 사용되기 때문이다.[6]

학연구』 114, 대한철학회, 2010 참조.

6) 서유석, 「연대」(solidarity) 개념에 대한 철학적 성찰」, 『철학논총』 72-2, 새한철학회, 2013, 386쪽.

그에 따르면 연대는 '사회적 결속/안정'(social cohesion/stability), '사회적 협동'(social cooperation), '인간 상호 간의 애착'(mutual attachment), '공동체 정신'(community spirit), '자선'(charity), '형제애'(brotherly love), '인류애'(love of mankind) 등과 같은 의미들을 포괄하는 개념으로 매우 광범위하게 사용될 뿐만 아니라 부정의에 맞서는 투쟁의 덕목으로도, 사회가 도달해야 할 사회적 이상으로도 사용되어 왔다. 따라서 연대라는 개념은, 그것을 사용하는 사람들이나 운동들에 따라 다른 의미를 가지고 있으며 심지어 그들 사이에 사용되는 연대라는 말은 같지만 그 의미들은 서로 정면으로 충돌하는 경우조차 발생하는 것이다.

예를 들어 기독교 운동에서 연대는 인류애적인 '박애'의 의미로 사용되기 때문에 특정 대상을 척결해야 하는 특정한 대상을 '적'으로 삼는 연대 개념에 대해 비판적일 수밖에 없다. 반면 사회주의 운동에서 연대는 사회적 부정의에 맞서는 투쟁의 덕목으로 사용되기 때문에 특정한 현실이나 집단에 대한 '저항'을 포함하고 있다. 게다가 파시스트들은 민족적-인종적 결속의 의미로 '연대'라는 개념을 사용하기 때문에 같은 민족이나 인종이 아닌 모든 타자들을 절멸의 대상으로 삼는 '배제와 적대, 폭력'의 언어가 되어버린다. 따라서 이런 점을 감안한다면 '연대'라는 개념이 가지고 있는 모호함은 의미의 다의성/애매성을 넘어서 있으며 가치론적으로도 매우 모순적인 개념으로 전락한 것처럼 보인다.

그렇다면 왜 이렇게 된 것일까? 그것은 바로 '연대'에 대한 일상 언어의 용법들을 그대로 가져와 사용하기 때문이다. 예를 들어 우리가 일상에서 사용하는 연대라는 개념은 일반적으로 서로 다른 개인들이 특정한 가치나 목적, 이해를 위해 자신만의 이해관계를 넘어서 결합하거나 단결하는 것을 의미한다. 하지만 그렇게 '연대' 개념을 사용하면, 문제는 연대의 개념이 너무 광범위해져서 '집단'이나 '사회'라는 개념과 별 차이가 없게 된다는 점이다. 여기서 연대는 '사회적 결속'이며 이런 범위에 들어가는 것은 '사회의 최소한'이라고 말하는 가족에서부터 시작하여 다 종다양한 결속들, 예를 들어 이익 단체와 친목 단체들, 심지어 한 국가 내에서 이루어지는 국민적 결속과 지구적 차원에서의 결속들 전체라고 할 수 있다.

그런데 이런 일상 언어의 용법을 특정한 사회 집단들이 그대로 가져 오기 때문에 연대 개념의 의미와 가치는 근본적으로 모호하며 심지어 적대적인 것이 되어버린 것이다. 왜냐 하면 특정한 사회 집단들이 처한 사회적 현실이나 문제들이 다르며 이에 따라 그들이 추구하는 가치와 목표가 다름에도 불구하고 그것들 모두를 '연대'라는 개념으로 일반화해 버리기 때문이다. 또한 다양한 사상/운동들에서 사용되는 '연대' 개념의 다의성/애매성은 이런 일상어법 상의 모호성에 근거하고 있다고 할 수 있다. 따라서 연대 개념을 정립하기 위해서는 일차적으로 사회적 결속 이라는 일반적인 의미에서 연대라는 개념이 아니라 사회적 결속이라는 일반화된 의미를 초과하는 '연대 그 자체의 고유한 의미', '연대라는 개 념의 독특성'이 무엇인가에 주목할 필요가 있다.

일반적으로 우리가 사용하는 '사회적(social)'이라는 말의 어원이 되었 던 라틴어 '소시에타스(socieatas)'는 "특별한 목적을 위해 사람들이 동맹" 을 맺는 '결사체'라는 의미로 사용되었으며 "나중에 인류 사회라는 개념 이 통용되면서 사회적이라는 용어는 근본적인 인간 조건이라는 일반적 의미를 얻기 시작"했다.[7] 따라서 '인간은 사회적 동물'이라는 말처럼 '사 회적'이라는 말은 '인간의 근본적인 존재 방식' 그 자체를 의미한다. 그 렇다면 물어야 할 질문은 '인간은 사회적 존재이기 때문에 사회적 결속 을 만들고 집단을 형성함에도 불구하고 왜 그런 결속에 또 다른 원칙인

---

7) 한나 아렌트, 이진우·태정호 옮김, 『인간의 조건』, 한길사, 1997, 75쪽.

연대라는 가치를 필요로 하는 것인가?'이다.

라이너 촐(Rainer Zoll)은 『오늘날 연대란 무엇인가』라는 책에서 "연대는 심각한 위기에 처해 있다"는 현대적 상황으로부터 연대에 대한 사유를 시작하고 있다.[8] 하지만 그것이 왜 우리에게 문제가 되는가? 만일 사람들이 연대하지 않고서도 잘 살아갈 수 있다면 그것은 하등 문제될 것이 없다. 따라서 연대의 위기를 문제 삼는다는 것은 곧 연대의 위기가 인간의 근본적인 존재 방식인 '사회적 존재로서의 삶'을 위협하기 때문이다. 바로 이런 점에서 라이너 촐이 제기하는 연대의 위기에 대한 질문은 곧 연대가 사회적 존재로서의 인간의 삶을 유지하는 데 반드시 필요한 가치이자 원칙이라는 점을 드러내는 것이며 사회적 결속이라는 일반적 의미를 '초과'하는 연대만이 가지고 있는 고유한 가치가 있다는 점이다.

라이너 촐은 이런 연대의 고유한 가치와 독특한 의미를 연대 개념의 역사적 기원과 발전에 대한 탐색을 통해서 찾고자 한다. 그는, 오늘날 통용되는 연대 개념의 기원은 1830-1840년대이지만 그것의 역사적 기원은 일반적으로 사람들이 생각하는 것보다 훨씬 더 오래되었으며 지속적으로 변화되어 왔다는 점을 받아들인다. 그럼에도 불구하고 그는, "연대 개념은 원래 '연대보증'을 의미하는 것으로 프랑스 법에서 유래"되었으며 "'공동체의 책임(공통의 의무, 보증)'은 로마법의 전문 용어로서 프랑스 법에서 '연대'로 바뀌었지만 원래의 법적인 의미를 유지했다."고 말하고 있다.[9] 따라서 연대 개념의 핵심은 '공동체의 책임'에 있다고 할 수 있다.

사실, 연대를 뜻하는 'solidarit'의 어원이 된 'solidium'은 로마법에서 사용된 법적 용어로서, '전체로부터 부분을 떼어낼 수 없다'는 의미에서

---

8) 라이너 촐, 최성환 옮김, 『오늘날 연대란 무엇인가: 연대의 역사적 기원, 변천, 그리고 전망』, 한울, 2008, 21쪽.
9) 위의 책, 31쪽.

'공동의 빚', '연대 채무', '공동의 책임', '전체를 위한 의무'와 같은 의미를
담고 있었다. 사람은 홀로 살아가지 않는다. 사람들은 태어나면서부터
그 사회의 과실을 따먹고 살아갈 수밖에 없다. '공동의 빚'은 바로 이와
같은 우리가 사회적 존재로서 살아가면서 지게 되는 빚을 의미한다. 따
라서 16세기부터 프랑스의 변호사들 중에는 이런 역사적 기원을 근거로
하여 집단의 구성원 중 어느 한 사람이 부채를 갚지 못할 때, 그 부채에
대한 공동의 책임을 거론하였으며 이를 표현하는 단어로 'solidarit'라는
용어를 사용했으며 이런 용법은 1804년 나폴레옹의 '민법(the Code Civil)'
에서도 동일하게 나타나고 있다.

　바로 이런 점에서 오늘날 우리가 사용하는 '연대(solidarity)'라는 말의
뜻 속에는 단순한 개인들 간의 사회적 결속을 '초과'하는 의미들을 가지
고 있다. 그것은 첫째, 사회적 결속이기는 하지만 이익 단체와 같이 개
인적인 이해관계에 따른 자발적으로 이루어지는 결속이 아니며 오히려
'빚(채무)'에 의해 발생하는 '책임'이자 '의무'로서 강제되는 결속이라는
의미를 가지고 있다. 대부분의 사회적 결속은 '책임'이나 '의무'가 아니라
자신의 이해관계를 따라 자발적으로 이루어진다. 하지만 그렇게 되었을
때, 사람들은 자신에게 이익이 되는 한에서만 사회적 결속을 유지할 것
이며 불이익이 되면 이를 탈퇴할 것이다. 따라서 사회는 언제가 와해의
위험에 처해질 수밖에 없다.

　그런데 근대 산업사회는 각기 자신의 이익을 위해 협력하는, 페르디
난트 퇴니스가 규정한 바 있는 '이익사회'이다. 근대 사회계약론자들은
이와 같은 자족적이면서 이기적인 개인들의 전면화가 공동체 전체의 보
존과 안녕을 위협한다는 점에 주목했다. 이들은 공동체의 안전과 보존
을 위해 개인들의 사적 이해관계를 넘어서는 '사회계약에 따른 시민-정
치사회의 구축으로 나아갔다. 하지만 이들이 제시하는 사회계약의 기본

적 출발점은 '개인의 이익'이었다. 홉스에게 그것은 '만인에 대한 만인의 투쟁 상태'라는 '생명의 위협'[10]이었으며 로크에게 그것은 사적 이익들을 조정하는 '공정한 재판관의 필요성'[11]이었다.

하지만 뒤르케임은 이런 시민사회나 정치사회의 문제로 충분하지 않다고 생각했으며 집단의식의 변화가 필요하다고 생각했다. 그리고 바로 이런 점에서 현대 사회에 부합하는 '연대'의 가능성을 만들어갈 수 있는 개인의 도덕의식과 집단의식의 형성 속에서 이 문제를 해결하고자 했다. 따라서 그는 현대사회에서 연대와 관련하여 제기되는 근본적인 문제는 "어떻게 개인이 더 개인적이면서 동시에 서로 더 많은 연대감을 가질 수 있는가?"라고 물으면서 "이 두 움직임은 겉으로는 모순적인 것처럼 보이지만 평행선을 그으며 서로를 추구한다. 이 명백한 이율배반을 해결한 것은 항상 더 증가하는 분업에서 비롯된 사회적 연대의 변화"라고 말하고 있다.[12]

둘째, '연대'가 상정하는 '빚(채무)'은 개인들 사이에서 발생하는 채무가 아니며 자신이 속한 집단 전체에 대해 지고 있는 빚이다. 우리는 혼자 살아갈 수 없다. 우리는 기존 세대가 물려준 정신적이고 물질적인 유산들을 활용하여 현재를 살아가며 다른 사람들과의 상호 협력과 부조를 통해서 현재의 삶을 살아간다. 또한, 이 땅은 다음 세대가 살아가야 할 곳으로, 우리는 그 세대들이 써야 할 자원을 사용하고 있다. 따라서 우리는 현재 세대만이 아니라 과거 세대, 그리고 미래 세대를 포괄하여 그들 모두에 대해 빚을 지고 있으며 그 범위 또한 인간을 포함하여 지구환경 전체에 대해 지고 있다.

---

10) 토마스 홉스, 진석용 옮김, 『리바이어던』, 나남, 2008, 66쪽.

11) 존 로크, 강정인·문지영 옮김, 『통치론』, 까치, 1996, 11쪽.

12) 에밀 뒤르케임, 민문홍 옮김, 『사회분업론』, 아카넷, 2012, 69쪽.

하지만 그렇기 때문에 연대의 의미는 '명료한 것(clear)'이 아니다. 연대의 종류는 그가 속한 사회적 결속의 형태에 따라 매우 다양할 뿐만 아니라 그것의 형태에 따른 부채의 종류가 다르기 때문에 각각의 사회적 결속에 부여되는 책임과 의무의 내용도 다를 수밖에 없다. 예를 들어 공간적으로 지구적 차원에서 제기되는 연대의 내용과 일국적 차원에서 제기되는 연대의 내용은 다르며 심지어 상충되는 경우도 있다. 하지만 그렇다고 연대의 의미가 모호해지는 것은 아니다. 그것은 범위나 내용에서 애매하지만 원칙에 있어서는 '뚜렷하다(distinct)'고 할 수 있다. 왜냐하면 그것은 전체로서 사회에 대한 빚이라는 점에서 개인과 전체로서의 사회 간의 결속, 사회적 통합에 있기 때문이다.

뒤르케임은 "만약 우리가 사회연대의 사회적 형식을 제거한다면 거기에 무엇이 남을 수 있겠는가?"라고 물으면서 "사회연대의 특징은 집단의 통일성을 보장하는 것"이고 말한다.[13] 따라서 '연대'라는 개념 속에서 근대사회의 분업과 사회적 통합의 문제를 초점화해서 다루었던 에밀 뒤르케임(Emile Durkheim)은 '소극적 연대'와 '적극적 연대' 개념을 구분하고 '적극적 연대'만이 연대 개념에 부합한 것으로 다루고 있다. 그는 "개인과 개인 사이의 소극적 연대", 예를 들어 물건을 행사하는 사람들 사이의 관계에서 성립하는 연대는 "범죄 행위와 범죄 행위에서 생겨나는 의무"로서, "손상된 관계를 회복시키거나 권리의 침해를 예방"하는 것으로서 연대라고 할 수 없다고 말하면서[14] 다음의 두 종류만을 '적극적 연대'의 개념으로 규정하고 '연대'라는 개념에 부합하는 것으로 구분하고 있다.

하나는 "어떠한 중개기구 없이 개인을 사회와 직접 연관"시키는 "집합적 유형"이며 다른 하나는 "개인이 사회를 구성하는 부분들에 의존하기

---

13) 위의 책, 109~110쪽.
14) 위의 책, 178~179쪽.

때문에" 자신들이 가지고 있는 "전문적인 기능체계들을 명확한 사회관계들의 형태로 결합시킨 것"이다.[15] 하지만 이런 결합의 형태들은 매우 다양하다. 따라서 연대의 형태는 "사회유형에 따라 변화"하며 "가족 유대는 정치사회의 유대와 다르다." 또한, "이 같은 차이는 사회적 원인과 관련되어 있기 때문에" "연대의 사회적 결과가 제시하는 차이를 통해서만 이해"해야 한다고 하면서 "우리 주변에서 실제로 존재하고 유지되는 것은 연대의 특수한 형식일 뿐"이며 "일반화는 우리가 관심을 갖는 현상에 대해 아주 불완전한 설명을 할 수밖에 없다."[16] 그렇다면 주목해야 할 것은 현대사회의 변동과 그에 따른 연대의 사회문화적인 맥락이다.

3. 연대의 현대적 조건과 형태들, 그리고 민족적 연대의 독특성

현대적인 삶의 형성에 기초를 제공했던 근대 산업사회에서 '연대'를 사유했던 콩트, 스펜서, 뒤르케임이 제시한 '연대의 현대적 조건'은 '분업'이었다. 근대 이전의 사회에서 분업은 주로 가족 내의 분업으로, 그들의 사회적 삶은 장원공동체와 같은 특정 공동체 단위로 분절되어 있었다. 그러나 근대 산업이 발달하면서 집 밖으로 나와 고객을 찾기 시작하였으며 이와 더불어 "경쟁자들과 관계를 맺고 투쟁하기 위해서는 가족 밖의 집단들과 연대할 필요"도 증가하게 되었다.[17] 따라서 콩트, 스펜서, 뒤르케임 등은 '분업'이 '사회적 계약'을 발생시키며 그런 사회적 계약이 근대사회에서 사회적 협력을 만들어내는 기본적인 조건이자 경

---

15) 위의 책, 191쪽.

16) 위의 책, 109~110쪽.

17) 위의 책, 40쪽.

향이라는 점을 인정하고 있다.

하지만 뒤르케임은 이런 현대사회의 변화와 조건들을 인정하면서 콩트나 스펜서를 넘어서 '현대사회에서 연대가 가지고 있는 특징'에 주목하고 있다. 콩트는 사회분업이 현대적 삶의 기본적인 조건이며 스펜서는 이런 사회분업이 사회적 조화를 만들어낸다고 보았다. 하지만 뒤르케임은 이런 콩트나 스펜서의 논의가 "현대 산업사회에서 사회적 연대를 낳는 주된 원인이 무엇인가를 우리에게 정확하게 알려"주지만 "개인이 자신의 고유한 이해관계를 추구하면서 사회 안에서 협력적 관계를 자동으로 만들어내는 것"으로 본다는 점에서 문제가 있다고 비판하고 있다.[18] 뒤르케임은 이런 식으로 자신의 이해관계를 중심으로 맺게 되는 사회적 연대를 '계약적 연대(contractual solidarity)'라고 규정한다.

그러나 이런 계약적 연대로 사회적 연대를 만들어가는 데 충분하지 않다. 왜냐 하면 "이해관계만이 지배하는 곳에서는 그 어느 것도 사회의 이기주의를 억제할 수 없기 때문이다."[19] "분업이 서로 다른 이해관계를 결속시키는 것은 사실이지만 … 분업은 이 두 이해관계를 서로 구분하고 이 관계들이 경쟁적 상태"에 처하도록 만들며 "최소한의 의무를 제공하면서 가능한 한 최대한의 권리를 얻으려" 하기 때문에 "아주 불안정한 인간관계만을 도출"할 뿐이다.[20] 따라서 현대사회의 분업은 사회적 협력 및 조화는 자동적으로 보장하지 않는다. 게다가 "계약은 그 차체만으로는 충분하지 않으며 사회적 기원을 지닌 계약에 대한 비계약적 규제 덕분에 성립된다."[21] 바로 이런 점에서 뒤르케임이 주목한 것은 "계약의 비계약적 관계"이며 이런 관계 또한 "동시에 발전한다는 사실"이다.[22]

---

18) 위의 책, 297~298쪽.

19) 위의 책, 303쪽.

20) 위의 책, 317~318쪽.

21) 위의 책, 320쪽.

그렇다면 그가 말하는 '계약의 비계약적 관계'는 무엇을 두고 하는 말인가? 뒤르케임은 이 문제를 본격적으로 다루고 있지는 않다. 하지만 전체적인 맥락에서 보았을 때, 그것은 하나의 공동체를 구성하고 살아가는 사람들 사이에 존재하는 자신의 이익을 초과하는 '사랑', 그들이 살고 있는 공동체 자체에 대한 '애착'과 같은 특별한 감정을 의미한다. "사실상 인간이 서로 인정하고 서로의 권리를 보장하기 위해서는 우선 서로를 사랑해야 한다. 그리고 어떠한 이유에서건 그들이 공동체를 구성하고 있는 사회에 대해 애착을 가져야만 한다." 따라서 그는, "정의는 자선으로 가득 차 있으며" "소극적 연대는 적극적 연대에서 나온다"고 주장하고 있다.[23]

그러므로 뒤르케임은 '분업'이 불러온 '계약적 연대'가 사회적 연대를 자동적으로 보장하지 않지만 그렇다고 그것이 '연대 그 자체'의 위기를 불러온다고 보지 않는다. 그가 보기에 '사랑'과 '애착' 같은 감정은 인류에게서 사라지는 것이 아니다. 그것은 여전히 남아서 '계약적 연대'조차 '보충물'로 작동한다. 따라서 분업화가 일으킨 개인화, 개별화는 새로운 연대의 형태를 생산할 뿐, 연대 그 자체를 해체시키는 것이 아니다. 해체되는 것은 '동질성에 의한 연대'로서 '기계적 연대(mechanical solidarity)'이다. 왜냐 하면 "역사를 거슬러 올라갈수록 직업집단의 동질성은" 더 커지고 "현대 문명사회로 다가갈수록 분업은 더 발전"하기 때문이다.[24] 따라서 문제는 이런 기계적 연대를 새롭게 형성되는 사회적 삶에 부합하는 연대의 형태로 바꾸어가는 것이다.

뒤르케임은 이런 연대의 형태를 '유기적 연대(organic solidarity)'라는 개

---

22) 위의 책, 307쪽.
23) 위의 책, 183쪽.
24) 위의 책, 204쪽.

념으로 규정하고 있다. 기계적 연대는 사회와 개인을 일치시키며 비유기체의 분자들처럼 일체가 되어 움직이는 연대이다. 따라서 "동질성에 의한 연대는 집합의식이 우리의 전체의식을 지배하고 모든 점에서 우리의 의식과 일치할 때 최고점에 도달"하지만 "우리의 개성은 사라진다."[25] 하지만 유기적 연대는 "고등동물에서 볼 수 있는 연대"로서, "개인의 인격이 집단에 흡수"되는 기계적 연대와 달리 "각 기관은 자신만의 고유한 모습과 자율성을 지닌다." 따라서 유기적 연대는 "개인이 고유한 행동영역을 가지고 있고, 개성을 가지고 있는 경우에만 가능"하며 "유기체의 통일성은 각 부분의 개체화가 더 현저하게 진행될수록 더 강화된다."

그런데 현대 산업사회의 분업은 각 개인의 독립성을 강화시킨다. 따라서 그는 현대적인 의미에서 연대 개념을 "분업에 기인하는 연대를 유기적 연대"라고 규정하고[26] "사회발전의 단계를 더 올라갈수록, 분절적 조직 유형의 사회는 유기적 연대 사회의 등장으로 점점 더 사라지고 앞에서 언급한 불평등도 완벽한 평등을 향해 가는 경향이" 있다고 주장하고 있다.[27] 하지만 그럼에도 불구하고 그는 이런 유기적 연대가 형성되는 조건을 고려하지 않고 있다. 그는 "현대사회의 평등은 시민들 사이에서 점점 더 크게 실현되고 있으며 평등이 그렇게 커다란 중요성을 갖는 것이 정당"하다고 하면서 "외적 불평등이 유기적 연대의식을 위험에 빠뜨린다."고 말할 뿐이다.[28]

바로 이런 점에서 뒤르케임의 연대 개념을 넘어서 주목해야 할 것은 라이너 촐이 말하는 '동등함(Gleichheit)'이다. 분업은 개인의 자립화와 사회적 협력 범위의 확대만을 가져오는 것이 아니다. 그것은 또한 사회

---

25) 위의 책, 192쪽.
26) 위의 책, 194쪽.
27) 위의 책, 561쪽.
28) 위의 책, 562~563쪽.

적 부정의, 불평등에 대한 저항을 불러온다. 근대 산업사회는 이전의 신분제적 사회와 달리 서로 평등한 인격을 소유한 개인들로, 분업에 따른 유사한 생활 조건을 공유한 개인들로 만들어 놓는다. 따라서 근대 산업사회에서 불러온 "기계적 연대의 기초는 사회적 상태의 동등함 혹은 유사함, 어떤 공동체에 소속되어 있다는 동등함, (상황에 따라 형성된) 이해관계와 목표의 동등함"29)이다.

동등함은 각 개인의 정치-경제-사회적 권리와 의무에 대한 동등성을 요구한다. 따라서 사회적 부정의에 대항하는 사회적 저항이 조직되었으며 과거에 종교적 결사단체나 길드에서 사용되었던 '형제애'라는 개념을 불러내어 근대인들은 과거의 신분제에 대항하는 이념으로 이를 형상화했다.30) 오늘날 사람들이 연대의 기원이라고 생각하는 '형제애'는 프랑스 혁명의 3대 이념 중에 하나였으며 독일 최초의 포괄적인 노동조합의 명칭 또한 '독일노동자형제단'이었다. 따라서 근대적인 연대 개념은 사회적 정의의 실현이라는 권리투쟁, 또는 노동자들과 같은 사회적 약자들의 투쟁을 묶어주는 이념이었다.

하지만 그럼에도 불구하고 근대사회가 발전시킨 연대의 이념은 자본주의 발전과 궤적을 같이 하면서도 그들 사이의 사랑과 유대, '하나됨'의 감정에 기초하여 '정치-경제-문화'적인 사회적 결속을 만들고자 했기 때문에 한계를 가지고 있었다. 첫째, 근대사회가 만들어 온 연대 개념은 근대적인 국민국가 내부에서 연대일 뿐이라는 점이다. '형제애'라는 말 자체가 보여주듯이 그것은 여성을 배제한 '남성들의 연대'였을 뿐만 아

---

29) 위의 책, 47쪽.

30) 이런 점에서 라이너 촐은 '형제애'를 "연대의 선행개념"(라이너 촐, 최성환 옮김, 『오늘날 연대란 무엇인가: 연대의 역사적 기원, 변천, 그리고 전망』, 한울, 2008, 49쪽)으로 규정하면서 연대 개념의 역사를 "형제애의 시기", "1840년대 프랑스에서 시작된 기계적 연대의 시기", "유기적 연대의 시기"라는 3시기로 구분하고 있다(같은 책, 52쪽).

니라 "시민사회의 내적인 분열을 치유할 수 있는 더 구체적인 장치"로 '조합(Korporation)'을 제시하면서 "공동체적인 연대"에 기초한 '인륜성'의 실현을 모색한 헤겔[31]에게서도 그 실현 주체는 '인류 보편'이 아니라 '근 대적인 국민국가'였다.

둘째, 바로 그렇기 때문에 근대적 연대 개념은 '인류의 박애사상'에 기 초하고 있으면서도 그 핵심이 '국가'적 통합에 있었기 때문에 인류의 보 편적 가치 실현의 차원이 아니라 시민사회의 내적 분열, 부정의-불평등 을 은폐하고 상호 분열을 봉합하는 효과를 낳는 경향을 가지고 있었다. 뒤르케임조차 "인류의 박애사상"이 "인간이 오랫동안 간직해온 꿈"이라 고 말하면서도 "우리는 세계 공동체의 이상을 전체적으로 곧 실현하는 것은 어렵다는 사실을 인정해야만 한다"고 하면서 "지적-도덕적 다양성" 을 그 이유로 들고 있다.[32] 하지만 문제는 근대 산업화와 자본주의가 국 민국가 내부에서의 동등함만이 아니라 자본 지배로 인한 사회적 불평등 과 배제된 자들을 생산한다는 점이다.

이 당시에 이미 맑스는 '형제애'라는 개념이 "계급 대립의 평온한 추상 화, 서로 모순적인 계급이해의 감상적인 화해"라는 환상을 낳는다고 비 판한 바 있다.[33] 그가 보기에 근대자본주의의 발전은 자본과 노동의 적 대, 분열을 생산할 뿐만 아니라 절대적이고 상대적인 빈곤층과 사회적 약자들을 생산한다. 따라서 그는 '민족국가' 단위를 벗어나 오히려 세계 주의적 관점에서 노동자 연대를 모색하는 노동자 국제주의를 주창하면 서 '연대'라는 말보다는 '각인의 발전이 곧 사회의 발전'이 되는 '어소시 에이션(association)'이라는 개념을 사용하고자 했다. 게다가 더 나아가

---

31) 나종석, 「헤겔 시민사회론의 현대적 의의에 대한 고찰」, 『사회와 철학』 2, 사 회와 철학연구회, 2001, 31~232쪽.

32) 에밀 뒤르케임, 민문홍 옮김, 『사회분업론』, 아카넷, 2012, 600~601쪽.

33) K. Marx, MEW 7, S. 21.

그는 '민족국가' 내부에서 연대가 아니라 제국주의 본국의 노동자와 식민지의 민족해방투쟁 사이의 국제적 연대를 주장했다.[34]

그러나 오늘날 연대는 이런 차원을 벗어나 있다. 오늘날 자본의 지구화는 네그리가 말하는 '가난한 자들', 랑시에르가 말하는 '몫이 없는 자들', 그리고 아감벤이 말하는 '호모 사케르'들을 생산하고 있다. 이들에게는 국적이 없다. 따라서 이들의 연대는 모두 다 '탈민족적 연대'라는 점에서 '민족적 연대'와 다르며 심지어 민족적 연대의 가치와 충돌하기도 한다. 게다가 과거 식민지 해방투쟁과 결합된 '민족적 연대'는 '민족'의 일체성을 주장하면서 '개인의 개성'을 제거하고 억압하는 위험들을 가지고 있었다. 바로 이런 점에서 어떤 사람들은 '민족적 연대'를 부정하고 '시민적 민족주의'나 '민주적 연대'만을 주장하기도 한다.[35] 대표적으로 하버마스를 따르는 '시민적 민족주의'가 그러하다.

그러나 이런 "시민적 민족주의는 한편으로는 민족주의 위험성에 대한 인식에 지나치게 집착한다. 다른 한편으로 그것은 과도하게 인권이나 정의의 원칙과 같은 보편주의적 도덕관념에 경도되어 있다."[36] 게다가

---

34) 식민지해방투쟁과 노동자국제주의 사이에는 일정한 간극이 있다. 1867년 이전까지 맑스는 식민지해방투쟁을 인정하지 않았다. 하지만 이후 그는 영국에 의한 식민통치가 아일랜드의 봉건제를 온존시킨다는 점을 간파하고 식민지의 민족해방투쟁이 가지고 있는 가치를 인정했다.

35) 한국사회에서 시민운동의 성장과 더불어 이런 민주적 연대나 시민적 연대를 주장하는 논자들이 많아지고 있는데 이는 '시민적 민족주의'를 내세우는 최장집의 입장 변화에서도 드러나고 있다(대표적으로 최장집,『한국 민주주의의 조건과 전망』, 나남, 1996과 최장집,『민주주의의 민주화』, 후마니타스, 2006를 비교해 볼 것). 또한, 장은주,「존엄한 시민들의 공화국-민주적 연대성의 이념과 공공성」,『철학연구』102, 대한철학회, 2007도 이와 같은 관점을 보여주고 있다. 이에 반해 이들의 입장을 비판하면서 민족주의의 유효성을 중심으로 '민족적 연대'의 가치를 논하고 있는 글로는 나종석,「민주주의, 민족주의 그리고 한반도에서의 국민국가의 미래」,『사회와 철학』22, 사회와 철학연구회, 2011이 있다.

36) 같은 글, 22쪽.

오늘날 자본의 지구화가 '탈국가, 탈민족'화한다고 주장하고 있지만 오늘날 지구화(globalization)가 만들어놓은 세계상은 '탈국가', '탈민족'만을 생산하고 있는 것은 아니다. 자본의 지구화는 기존의 국민국가가 제국주의적 자본으로부터 보호하기 위해 설정해 놓았던 국민국가라는 경계를 파괴하면서 '내재성의 평면(plan de consistance)'을 생산하는 유일한 공리체계이다. 따라서 오늘날 지구화는 그 반대 경향, 즉 탈국가, 탈민족과 함께 '국가주의'와 '민족주의'도 생산하고 있다.

송두율은 바로 이런 지평 위에서 '민족적 연대'를 사유하고 있다. 그는 다음과 같이 말하고 있다. "한반도는 세계화를 지향하는 동시성의 세계와 주체를 강조하는 비동시성의 세계가 동시에 공존하는 곳이기 때문에, 우리는 이중의 과제를 안고 있다. 다시 말해서 통일된 민족국가 형성이라는 (근)현대적(modern)인 과제와 국제화 또는 지구화라는 탈현대적인 과제를 동시에 안고 있다."37) 따라서 그는 오늘날 지구화를 초강대국 미국에 의해서 하나가 되어가는 '일체화'로 규정하는 북쪽과 다양한 인종과 문화들이 뒤섞이면서 지구적인 공동체가 만들어지는 '세계화'로 보는 남쪽 모두를 비판하고 '주체적 지구화'를 주장하고 있다.

'주체적 지구화'는 "지구화 또는 세계화를 바로 지역성과 함께 또는 이 지역성 안에 이미 들어 있는 것"으로 보면서38) 지구화가 낳는 문제를 '지구적 차원'에서 진단하거나 해결하는 것이 아니라 오히려 역의 관점에서, 즉 한반도라는 '지역적 차원'에서 진단하거나 해결해 가는 것을 의미한다. 예를 들어 북핵문제를 두고 6자회담과 같은 '국제공조'를 주장하는 남쪽과 '민족공조'를 주장하는 북쪽이 대립하고 있다. 여기서 '반핵 또는 탈핵'이라는 지구 보편적 가치와 민족적인 특수가치가 대립한다.

---

37) 송두율, 『통일의 논리를 찾아서』, 한겨레신문사, 1995, 220쪽.
38) 송두율, 『21세기와의 대화』, 한겨레신문사, 1998, 51쪽.

하지만 '북핵'은 '분단체제 그 자체의 적대성'이 낳은 것이기도 하기 때문에 보편가치를 실현하는 길은 '분단 그 자체'를 극복하는 데에서 주어져야 한다. 오늘날 세계적 차원에서의 연대 이외에 남북 간의 '민족적 연대'가 필요한 이유는 바로 이것이다.

사회적 결집은 특정 집단이 공통으로 처한 상황 및 위험들로부터 이루어지지만 연대가 이루어지는 사회적 조건과 그것을 위해 활용가능한 자원은 각기 다르다. 나종석이 말했듯이 사회 통합은 "정치 원칙들의 공유보다 훨씬 깊게 들어가는 공동체에 대한 감각을 필요로 한다."[39] 예를 들어 북핵문제는 남과 북의 문제만이 아니라 동아시아평화를 넘어서 세계평화에 관련된 문제이다. 인권문제 또한 그것이 추구하는 가치의 공유에도 불구하고 연대를 만들어내는 사회문화적 자원은 각기 다르다. 따라서 '연대'의 형식은 '평화', '인권', '생태'와 같이 어떤 가치를 추구하는가에 따라 다르며, 동일한 가치라고 하더라도 그것이 어떤 범위에서 어떤 집단이 만들어가는 연대인가에 따라 달라질 수밖에 없다. 바로 이런 점에서 주목해야 할 것은 '민족적 연대'의 독특성이다.

송두율은 그 독특성을 '휴전선'이라는 상징이 보여주는 상호의존성에서 찾고 있다. '휴전선'은 남과 북이 서로 분리될 수 없으며 상호 의존적이라는 점을 상징적으로 보여주는 데, 이런 상호의존성이 긴장과 대결, 적대로 작동하는 것은 남이냐 북이냐로 양자택일적 관점 때문이다.[40] 따라서 그는 이런 남북의 적대적 상호의존성을 평화적 상호의존성, 더 나아가 상생적 상호의존성으로 바꾸어 놓고자 시도하고 있다. 즉, '남 또는 북'이 아니라 '남과 북'이라는 인식의 전환을 통해 "남북한 다 살리

---

39) 나종석, 「민족주의와 세계시민주의-자유주의적 민족주의를 중심으로」, 『헤겔연구』 26, 2009, 181쪽.
40) 송두율, 『민족은 사라지지 않는다』, 한겨레신문사, 2000, 128쪽.

기"[41]로 바꾸어 놓는 것이다. 여기서 남과 북은 하나의 운명공동체처럼 보인다.

과거 많은 민족주의자들은 통일의 당위성을 역사적이고 문화적으로 주어진 운명공동체적 민족 개념으로부터 찾아내고자 했다. 김낙중은 다음과 같이 말하고 있다. "민족 통일을 원하는 사람이면 누구나 먼저 민족 구성원들이 운명공동체적 인간관계의 형성을 통해서 구성원들이 '우리는 같은 민족, 같은 동포형제'라는 민족의식을 가질 수 있도록 하는 일을 선행하도록 힘써야 된다고 생각한다."[42] 하지만 이와 같은 인식에 기초한 연대는 뒤르케임이 말하는 기계적 연대로 퇴행하는 것일 뿐이다. 그러나 송두율은 이와 다르다. 남북 간의 민족적 연대가 가능하기 위해서는 무엇보다도 먼저 "남북을 하나의 민족국가로 볼 수 있는 '상호 인정의 정치(Politik der Anerkennung)"가 선결되어야 한다고 주장하고 있기 때문이다.[43]

그렇다고 그가 민족적 연대가 가지고 있는 독특성을 부정하는 것은 아니다. 그 또한, 민족적 연대가 궁극적으로 통일을 지향하고 있다는 점을 부정하지 않는다. 그는 남북 간의 연대가 "민족 간 내부거래"를 통해서 건설되는 '한국적 복지사회'의 길 또한 열어갈 것이라고 본다. 왜냐

---

41) 송두율,『통일의 논리를 찾아서』, 한겨레신문사, 1995, 235쪽.

42) 김낙중,『민족의 형성, 분열, 통일』, 평화연대 평화연구소. 2008, 433쪽. 운명 공동체라는 인식에 기초한 연대는 오늘날 공동체주의자들이 주장하고 있는 연대에서도 나타나고 있다. 자유주의에 대항하여 공동체주의를 주장하는 테일러는 다음과 같이 말하고 있다. "살아있는 공화국에서 내 동포와 맺는 연대의 결속은 공통된 운명에 대한 생각에 기초한다. 여기서는 운명의 공유 자체가 가치 있는 것이다. 바로 이것 때문에 그 결합이 특별한 중요성을 갖고 이 사람들과의 결속과 공동의 과제를 위한 공동의 헌신이 특별한 구속력을 갖는다. 바로 그것이 나의 '덕' 즉 '애국심'을 작동시킨다."(Ch. Taylor, Cross-purposes: the liberal-communitarian debate, in N.L. Rosenbaum(ed.), *Liberalism and the Moral Life*, Harvard Univ. Press, Cambridge and London, p.170).

43) 송두율,『21세기와의 대화』, 한겨레신문사, 1998, 69쪽.

하면 그것은 "하나의 민족경제권을 건설한다는 전망 밑에서 남북을 아우르는 구조조정"[44]을 수반하기 때문이다. 따라서 송두율이 제안하는 '민족적 연대의 독특성'은 "다름의 공존"과 "과정으로서의 변화"라는 '통일철학'에 기초하고 있다.[45] 여기서 남과 북은 여전히 서로 다른 '둘'로 존재한다. 하지만 "우리의 관점이 그들의 관점과 반드시 동일하지는 않지만 우리와 그들의 관점은 곧 수렴될 수 있고 또 쉽게 서로 배울 수 있다는 연대성 속에서" "집합적 단수로서의 우리"를 확인해가는 것이다.[46]

그러므로 송두율이 말하는 남북관계에서 작동하는 연대의 이념은 '우리는 하나다'와 같은 '기계적 연대'의 논리 위에서 작동하는 민족적 연대가 아니라 남과 북의 '다름'이라는 '차이에 기초한 연대'로서 '유기적 연대'의 논리가 작동하는 민족적 연대라고 할 수 있다. 하지만 그럼에도 불구하고 송두율이 말하는 민족적 연대는 남과 북이 서로 공유하고 있는 '공통분모'에 근거하고 있고 있다는 점에서 한계를 가지고 있다. 왜냐하면 이렇게 되었을 때 민족적 연대는 남과 북이 분단되기 이전부터 공유해 왔던 전통적인 가치들에 근거한 연대만 가능해지고 그 이외의 아직 남북이 공유하고 있지 못하지만 보편적 가치들을 담고 있는 연대는 불가능해질 수밖에 없기 때문이다.

4. 나가며: 미래기획적 창조행위로서 민족적 연대의 방향

통일은 남과 북의 상호의존성이 '역사적 국가'로서 한반도의 역사적

---

44) 위의 책, 90쪽.
45) 송두율, 『미완의 귀향과 그 이후』, 후마니타스, 2007, 279쪽.
46) 송두율, 『전환기의 세계와 민족지성』, 한길사, 1991, 42~43쪽.

공동체라는 유산을 함께 공유하고 있다는 점에서 출발한다. 하지만 이와 같은 역사적 공동체로서 남과 북이 공유하고 있는 자산들은 동일한 것이 아니다. 그것은 이미 분단 70여 년 동안 변용되어 온 '차이들'로 존재한다. 게다가 남과 북은 서로 매우 대립적인 정치·경제적 체제를 가지고 있다. 따라서 남과 북이 모두다 '통일을 지향하는 목표를 공유하고 있다고 하더라도 통일국가를 건설하기 전까지 '남과 북'은 '둘'로 존재할 수밖에 없다. 이것은 모순적이다. 하지만 이런 모순이 바로 통일을 만들어가는 '둘'의 변증법을 생산하며 '민족적 연대'를 필요로 하는 이유이다. 남과 북이라는 '둘'은 통일국가를 건설하기 전까지 '하나'가 아니다. 하지만 그 '둘'은 '하나됨'을 지향하며 통일이라는 목표를 통일을 지향하는 과정으로 바꾸어 놓는다.

그렇다면 '과정으로서 통일'이 '목표로서 통일'을 생성하기 위해서는 무엇이 필요한가? 그것은 과거 한반도의 역사공동체가 남긴 유산들에 기초해 있으면서도 그것을 '보편적 가치'를 담고 있는 것으로 변형하는 미래 기획적 생성을 만들어내는 연대이다. 이것은 기본적으로 남과 북에 살고 있는 사람들에게 내재화되어 있는 '민족애'라는 '정서적 유대'에 근거한 공감 속에서 둘 간의 연대를 만들어간다. '하나', '하나됨'이라는 상상적 동일화의 욕망은 남과 북의 통일을 만들어내는 사회적 동력이자 수행적 힘을 제공하는 토양이다. 이것은 '민족적 연대'가 가지고 있는, 다른 연대들과 다른, 통일지향성을 가지고 있는 연대라는 독특성이다. 그러나 그렇기 때문에 그것은 오늘날처럼 지구화되는 시대에 적합하지 않을 뿐만 아니라 심지어 '위험스럽기'까지 한 것이다.

민족적 동일화에 근거한 연대는 민족의 이익만을 내세우면서 '인권', '평화', '생태'적 가치들과 같은 보편적 가치를 부차화할 뿐만 아니라 '통일이나 민족'이라는 가치만을 내세우면서 심지어 각 개인들의 고유한 가치들을 억압할 수 있는 것이기도 한다. 따라서 '통일의 변증법' 속에서 작동하는 민족적 연대는 '인류라는 보편적 가치'와 '민족이라는 특수한 가치' 사이의 균열과 충돌을 가지고 있다는 점에 주목할 필요가 있으며 '민족적 연대'를 '보편적 가치'를 실현하는 미래 기획적 창조행위로 만들어갈 필요가 있다. 여기서 부정되는 것은 민족적 연대나 인류 보편적 연대가 아니다. 그것은 오히려 통일국가라는 미래의 국가 건설이라는 차원에서 '민족적 연대'를 '인류 보편적 가치'를 구현하는 연대로 바꾸어 놓고 이를 통해서 미래의 국가를 건설하는 것이다.

게다가 한반도 통일의 문제는 남과 북만의 문제가 아니라 제국주의 지배라는 역사적 상처와 동서냉전 체제가 남긴 대립을 극복하는 문제이기도 하다. 20세기 제국주의는 코리언들에게 '이산'과 '분단'의 상처를 남겼다. 중국, 구소비에트 지역, 일본 등지에 살고 있는 코리언들은 '민족적 유대'의 끈을 가지고 있으며 '민족적 동일화'의 욕망을 가지고 있다. 하지만 이들은 한반도에 살고 있는 사람들도, 남과 북의 국민도 아니면서도 '민족적 연대'의 일원이자 통일을 만들어가는 국제적인 핵심 주체들이다. 따라서 통일 지향의 민족적 연대는 남과 북만이 아니라 코리언 디아스포라를 포함하는 국제적 연대이어야 하며 동아시아의 비극적 역사를 극복하고 치유하는 연대이어야 한다.

일본에 태어나서 '재일 조선인'의 학자로 활동하고 있는 서경식은 '조선인'이라는 자신의 정체성을 그대로 유지하면서도 '민족적 연대'를 모색하고 있다. 그는 "같은 동포라는 일체감을 공유하고 싶은 바람을 누르고 존재하는 차이를 서로 인정하고 그 바탕 위에서 어떤 연대의 길이 가능한지 찾아보고 싶었다."고 말하면서 "한국 국민들과 재일 조선인이 서로의 '타자성'을 인정하면서 지난한 대화를 통해 식민지 지배와 분단이라는 역사를 공유하는 '새로운 우리', '미래의 우리'를 이루어갈 수 있는 가능성을 모색"하고 있다.[47] 따라서 여기서 등장하는 민족은 과거에 존재했던 '한반도'라는 전통적 공동체에 근거하고 있는, '하나'이거나 미래 국가의 구성원으로 존재하고 있는 것이 아니다. 그렇다면 통일의 변증법 속에서 작동해야 하는 민족적 연대는 그가 말하고 있듯이 새로운 민족공동체 개념에 근거하고 있는 연대이어야 한다.

"'민족'은 '혈통'이나 '문화'나 '민족혼'처럼 소위 '민족성'이라는 실체를 독점적으로 공유하는 집단이 아니다. 내가 말하는 '민족'은 고통과 고뇌를 공유하면서 그 고통에서 해방되기를 지향함으로써 서로 연대하는 집단을 가리킨다."[48] 여기서 연대는 '혈통에 근거하고 있는 연대'가 아니다. 그것은 "타인의 고통에 대한 공감과 잔인성에 대한 가책을 통한 연대성은 민족과 국가를 넘어서 진정한 인류 공동체를 실현하는 하나의 방법론"으로서 연대가 되어야 한다.[49] 그리고 그렇게 되었을 때, '통일 지향의 민족적 연대'는 '차이들의 접속과 공감을 통한 민족공통성'을 만들어내는 '유기적 연대'가 될 것이며 '민족의 역사적 공동체'가 남긴 유산들, 전통들은 보편적 가치를 담고 있는 미래 기획적인 자산들로 변용되면서 '민족공통성'을 생성하는 원천 자료들로 전환될 수 있을 것이다.[50]

---

47) 서경식, 『고통과 기억의 연대는 가능한가?』, 철수와 영희, 2009, 5~6쪽.
48) 서경식, 임성모·이규수 옮김, 『난민과 국민 사이』, 돌베개, 2006, 10~11쪽.
49) 임경순, 「중국조선족 소설의 분단현실인식과 방향연구: 고통을 넘어 연대성 모색하기」, 『한중인문학연구』 37, 한중인문학회, 2012, 152쪽.
50) 이런 대표적인 사례들에 대한 논의로 박승희, 「민족과 세계의 연대 방식-황석영의 〈바리데기〉를 중심으로」, 『한민족어문학』 57, 한민족어문학회, 2010을 들 수 있다. 이 논문은 황석영의 〈바리데기〉가 '바리데기'라는 민족 신화의 원형을 신자유주의, 탈북, 이주, 인종적·성적 차별, 테러 등과 같은 문제들 속에서 세계적 연대로 변형시킨 사례라고 주장하고 있다. "'바리'는 서구적 근대 자본, 세계도시 영국이 배제하거나 타자화한 이주자들과의 소통과 연대를 모색함으로써 자신의 영적인 내면을 보여" 주며 "'바리'의 영적 세계는 세계 이주자와의 소통과 연대를 실현하는 내적 동력이 된다."(같은 글, 527쪽).

III부

통일의 인문적 비전

제8장 '인권의 정치'에서 본
분단과 통일

최　원*

1. 서론

　유엔은 2003년에서 2004년까지 유엔인권이사회를 통해, 그리고 2005년 이후에는 유엔총회를 통해 '북한 인권을 위한 개선안'을 채택하고 북한에 다양한 압력을 가해 왔으며, 2014년에는 북한인권조사위원회(COI)의 보고서를 통해 북한의 최고 지도자 김정은을 국제형사재판소(ICC)에 제소하는 것을 포함한 강력한 권고안을 제출하는 데까지 이르렀다.[1] 그런데 이러한 유엔의 제재에 대하여 한쪽에서는 북한의 인권 상황을 개선하기 위한 국제사회의 노력으로 환영할만한 것이라고 말하기도 하지

---

　* 건국대학교 통일인문학연구단 HK연구교수.
　1) 윤여상, 「유엔 북한 인권결의안과 남북한 사회통합」, 『북한』 517호, 2015, 64쪽.

만, 다른 한쪽에서는 강대국들(특히 미국)이 동북아지역에서의 헤게모
니를 확보하기 위해 인권을 제국주의적인 수단으로 동원한 것에 불과하
며 이는 인권에 대한 순수한 우려와는 거리가 멀다는 비판도 제기되고
있다. 이러한 의견의 갈라짐은 우리로 하여금 '인권의 정치의 관점에서
분단과 통일을 사유하는 것은 가능한가?'라는 질문을 던지게 만든다. 사
실 꼭 북한이 아니더라도 제국주의 국가들이 자신에게 적대적인 국가의
인권상황을 문제로 삼아 제재를 가할 뿐만 아니라 심지어 무력을 동원
하여 침공하는 사태는 역사적으로 종종 있어왔던 일이다(가장 분명한
최근의 사례로는 미국에 의한 아프카니스탄 침공이나 이라크 침공을 들
수 있을 것이다). 이른바 인도주의적 개입(humanitarian intervention)은
그리하여 '인권의 정치'가 변질된 결과로 등장하곤 하는데, 왜 이러한 상
황이 반복되는가 하는 질문을 던질 때 우리 안에 생겨나는 또 다른 의문
은 '이러한 인권의 정치의 변질은 그것이 반복적으로 일어나는 만큼 어
떤 외적 요인에 의한 오염 때문이라기보다는 인권의 정치 그 자체의 태
생적인 한계나 문제점으로 인해 생겨나는 현상은 아닐까?' 하는 것이다.

따라서 우리는 인권의 정치의 관점에서 분단과 통일의 문제를 사유하
기에 앞서, 인권의 정치 그 자체의 성격 및 그것의 곤란을 살펴보는 것
이 적절할 것이다. 우리는 우선『전체주의의 기원』에서 한나 아렌트가
전개한 인권에 대한 비판적 분석의 내용을 살펴볼 것이다. 아렌트는 20
세기 초 전간기의 무국적자들이 시민권을 상실했음에도 불구하고 인권
이 자신들을 보호해줄 것이라고 믿었던 것이 왜 환상인지를 규명하면서
기본인권(basic human rights)이라는 관념을 비판하고, '권리들을 가질 권
리'라는 메타권리의 개념을 정식화한다. 그러나 현대의 이론가인 아감
벤과 랑시에르는, 비록 서로 반대되는 방향에서이긴 하지만, 아렌트의
정치 개념에 대해 각자 의문을 표명하면서 각각 난민의 정치와 인권의

정치를 아렌트적 정치에 대한 대안으로 제시한다. 여기에 대해 발리바르는 아감벤과 랑시에르가 프랑스 혁명의 『인간과 시민의 권리 선언』의 의미를 일정하게 놓치고 있다고 비판하면서, 다시 아렌트적 관점과 '인권의 정치'를 화해시키려고 시도하는데, 그 핵심은 인권의 정치란 그 필수적인 조건으로 봉기권, 저항권, 시민불복종권과 같은 봉기적 시민권을 전제하며, 이것이야말로 아렌트가 말하는 '권리들을 가질 권리'의 핵심이라는 것이다. 본 논문은 발리바르가 어떻게 이러한 '권리들을 가질 권리'를 비약적인 세계화라는 새로운 정세 속에서 변형함으로써 자신의 '시테에 대한 권리'라는 개념을 가공해내는지를 밝히고, 그것이 우리의 분단과 통일에 대한 사유를 어떻게 도울 수 있는지를 밝히고자 한다. 이러한 관점에 따르면, 북한인권에 대한 접근은 오직 아래로부터의 인권의 정치의 관점에서 행해질 수 있을 따름인데, 이를 실현하기 위한 구체적인 방도로서 본 논문은 남북 주민의 상호 교류의 확장의 필요성을 제기하고자 한다.

2. 아렌트의 인권 비판과 '권리들을 가질 권리'의 정식화

『전체주의의 기원』의 제2부의 마지막 장인 「민족국가의 쇠퇴와 인권의 종말(Decline of Nation-States and the End of Rights of Man)」에서 한나 아렌트는 나치가 대규모의 유대인들과 또 다른 몇몇 민족에 속하는 사람들을 수용소에서 집단학살한 사건이 왜 근대 정치의 단순하고 일시적인 일탈로 여겨질 수 없으며, 오히려 근대 정치의 이데올로기적 토대 그 자체에 기입되어 있는 끔찍한 가능성들 가운데 하나가 현실화된 것으로 여겨져야 하는지에 대해 뛰어난 분석을 제공한 바 있다. 아렌트에 따르면, 근대 정치는, 그것을 정초한 미국의『독립선언』에 따르든 아니면 프랑스의『인간과 시민의 권리 선언』에 따르든 간에, 공히 다음과 같은 점을 가정한다. 곧 인간의 권리들 또는 단적으로 인권이란 자연이 부여해준 권리로서의 자연권(natural rights)이거나 또는 신이 부여해준 권리로서의 신성권(divine rights)을 의미하며, 그러한 한에서 인권은 그것으로부터 다른 모든 실정적 권리들(또는 실정적 권리들의 집합으로서의 시민권)이 다소간 논리적인 방식으로 도출될 수 있는, 흔들릴 수 없는 **제1원칙**의 자리를 차지한다는 것.

그리하여 미국의『선언』은 첫머리에서 "우리는 모든 인간이 평등하게 창조되었으며, 그들의 창조재곧 신에 의해 몇몇 양도 불가능한 권리들을 부여받았다는 진리를 자명한 것으로 파악한다"고 써놓았으며, 또 유사한 방식으로 프랑스『선언』의 제1조도 "인간은 권리에 있어 자유롭고 평등하게 태어나 그렇게 남는다"고 선포하고 있다. 이러한 정식들은 신에 의해 부여되거나 자연(탄생)에 의해 부여된 인권의 진리성을 당연한 것으로 받아들이고 있다. 그러나 아렌트에 따르면, 이와 같은 자명한 진리의 가정이야말로 정확히 근대 정치의 최대 약점을 이루는 것이다. 근대 정치는 인간의 권리가 흔들릴 수 없는 자신의 토대를 구성한다고 무비판적으로 가정하기 때문에 그러한 인간의 권리 자체를 실효적으로 만들어주는 것이 무엇인지를 사유하는 데에 실패한다. 무엇이 또는 누가 인권을 보증하고자 하며 보증할 수 있는 능력을 가지고 있는가 하는 질문과 마주할 때 인권에 입각한 근대 정치는 무기력한 것으로 변하고 마는 것이다.

근대 정치의 이와 같은 약점은 20세기 초 전간기(interwar period) 동안 무국적자들이 무권리의 상태를 경험하였을 때 매우 극적인 방식으로 드러난 바 있다. 1차 대전 이후 맺어진 평화 협정(Peace Treaties)에 의해 발생한 소수민족들과 러시아인, 아르메니아인, 헝가리인 등 일련의 사회주의 혁명으로 인해 생겨난 난민들이 급속하게 유럽에 등장했다. 당시 각국의 정부들은 자신들이 원치 않는 이 인구들을 어떻게 처리해야 할지 알지 못했다. 지구상의 어떤 나라들도 그들을 원하지 않았기 때문에, 그들은 강제추방이나 본국송환을 통해 제거될 수도 없었고, 또한 그들이 현재 머물고 있는 국가의 국민으로 동화될 수도 없었다. 상황은 점점 더 악화되어 갔고, 결국 수용소에 그들을 가두는 것이 무국적자 문제에 대한 각국 정부의 표준적인 해결책이 되었다.

이렇게 해서 무국적자들은 무권리자가 되었는데, 이는 그들이 더 이상 인간으로 간주되지 않았기 때문이 아니라 정확히 그들이 **인간이기만** 했기 때문이었다. 곧 그들은 자신을 보호할 나라도 제도도 가지고 있지 않은, 순수한 의미에서의 인간 존재로 환원되었던 것이다. 그리고 이와 같은 과정을 통해 폭로된 것은 바로 인권이란 국가나 모종의 정치공동체의 효과적인 보호를 동반하지 않는다면, 그 자체로서는 아무런 의미도 없다는 것이었다. 아렌트는 다음과 같이 말한다. "결국 인권이란 모든 정부로부터 독립적이라고 가정되었기 때문에 '양도할 수 없는 것'으로 정의되었으나, 정작 인간이 자신의 정부를 잃고 자신의 최소한의 권리에 의존해야 하는 순간이 오자 인권을 보호할 수 있는 어떤 권력(authority)도 남아 있지 않았고 어떤 제도도 인권을 보장하려고 들지 않았다."[2]

따라서 아렌트는 인권이 다른 모든 권리가 거기에서 도출되어 나올 수 있는 제1원칙이 아니라고 말한다. 인권은 그 자체가 어떤 다른 것을 전제한다. 바로 아렌트가 '권리들을 가질 권리'라고 부르는 것이 그것이다. 이러한 '권리들을 가질 권리'가 보장되어 있지 않다면, 인권은 무기력한 공문구에 불과한 것으로 전락하고 만다는 것이다. 이러한 의미에

---

2) Hannah Arendt, *The Origin of Totalitarianism*, New York: Harvest Book, 1976, pp. 291~292.

서 '권리들을 가질 권리'란 그것이 인권에 선행하고 인권을 조건 짓는 한
에서 일종의 메타권리(meta-right)라고 볼 수 있다. 그러나 다음과 같은
사실이 곧바로 환기될 필요가 있는데, 그것은 바로 이러한 '권리들을 가
질 권리'가 메타권리인 것이 사실이라고 할지라도 그것이 어떤 추상적
인 권리라고 볼 수는 없다는 것이다. 왜냐하면 그것은 매우 종별적이고
구체적인 내용을 가지고 있기 때문이다. 그것이 무엇인가? 그것은 바로
"모종의 조직된 공동체에 속할 권리"[3]라는 내용이다. 메타권리로서 '권
리들을 가질 권리'에 대한 이와 같은 아렌트의 개념화는 따라서 일차적
으로는 '도덕적'이거나 심지어 '법적'인 성격을 갖는 것이 아니라, 명확하
게 '정치적'인 성격을 갖는다. 권리들을 가질 권리는 시민의 권리이지 인
간의 권리가 아닌 것이다. 그것은 폴리스(polis)에 대한 권리이며, 따라
서 정의상 정치 공동체의 구성원으로서의 시민이 갖는 권리이다. 프랑
스의 『인간과 시민의 권리 선언』의 정식화 안에 숨겨져 있는 모호함을
문제로 삼으면서, 아렌트는 어떤 식으로도 역전될 수 없는 근본적인 테
제를 내세우는데, 그것은 바로 인권이 시민권을 낳는 것이 아니라, 정반
대로 **시민권이 인권을 낳는다**는 것이다.

어떤 의미에서 볼 때, 이와 같은 아렌트의 입장은 보수적이거나 심지
어 반동적인 것으로까지 비칠 수 있다. 왜냐하면 아렌트는 개인들의 종
별적인 권리들을 확립하는 과제보다 적절한 정치공동체를 구축하는 과
제에 더욱 많은 중요성을 부여한 정치의 고전적인 관념으로 복귀하는
것이 더 낫다고 주장하는 것처럼 보이기 때문이다. 사실 아렌트는 자신
의 텍스트에서 프랑스 혁명에 대한 에드문트 버크의 비판을 참조할 뿐
만 아니라 그 비판에 동조하는 듯 보이는 발언을 한다. 아렌트의 다음과
같은 구절 또한 우리의 의심을 자극한다.

---

3) Arendt, *The Origin of Totalitarianism*, pp. 296~297.

인권에 대한 노예제도의 근본적 공격은 그것이 자유를 앗아간다는 데
에 있는 것이 아니라 … 그것이 어떤 범주의 사람들을 자유를 위해 싸울
가능성으로부터 배제한다는 데에 있다 … 노예제의 인간성에 반한 범죄
는 한 민족이 자신의 적들을 패배시키고 노예로 삼았을 때 시작되었던 것
이 아니라 … 노예제가 그 속에서 어떤 인간은 자유롭게 "태어나"고 다른
인간은 노예로 태어나는 하나의 제도가 되었을 때, 자신의 동료 인간으로
부터 자유를 박탈한 것이 인간이라는 것이 망각되었을 때, 그리고 범죄에
대한 승인이 자연에 귀속되었을 때 시작되었다. 그러나 최근 사건들에 비
추어 보았을 때, 심지어 노예들조차 모종의 인간 공동체에 속했다고 말하
는 것이 가능하다. 그들의 노동이 필요했고 활용되었으며 착취되었다는
것, 이것이 그들을 인간성의 울타리 안에 보존했다. 노예가 된다는 것은
결국 구별되는 인격, 사회 안에서 어떤 장소를 갖는다는 것이며, 이는 인
간일 뿐 인간 이외엔 어떤 것도 아니라는 추상적 벌거벗음 이상의 것이
다. **어떤 특정한 권리들의 상실이 아니라 공동체의 상실이야말로 … 지속
적으로 증가하는 많은 수의 사람들에게 닥쳐온 재앙이 되었다 … 오직 정
치체(polity) 그 자체의 상실만이 그를 인간성으로부터 쫓아낼 수 있다.**[4]

그러나 이러한 아렌트의 입장이 보수적이거나 반동적인 것이라고 보
기는 어려운데, 왜냐하면 아렌트는 확실히 고대의 불평등과 노예제로
돌아가고 싶어 하는 것이 아니기 때문이다. 던져야 할 질문은 다음과 같
다. 우리가 반드시 불평등이나 위계의 관념을 채택하지 않고도 고전적
인 정치의 개념으로 돌아가는 것이 가능한가? 바로 이 대목에서 아렌트
는 어떤 의미에서 정치의 고전적 개념과 근대적 개념 양자를 모두 뛰어
넘는 놀라운 정식화를 들고 나온다. 아렌트에 따르면, 사적 영역은 "보
편적 차이의 법칙(law of universal difference)"에 의해 필연적으로 지배된
다. 그리하여 사적 영역은 시민들 사이의 평등이 확립되어야 하는 공적

---

4) Arendt, *The Origin of Totalitarianism*, p.297, 강조는 인용자.

영역에 대한 영속적인 위협이 될 수밖에 없다. 이러한 이유 때문에 평등은 결코 우리에게 주어지는 것이 아니라, 반대로 우리의 정치적 행동과 조직화의 결과로서 쟁취되어야 하는 것이다. 우리는 프랑스의 『선언』이 말하듯이 평등하게 태어나는 것이 아니라 정치공동체를 조직하는 공적 활동에 항상적으로 참여함으로써 평등하게 **되는** 것이다.5) 이것은 매우 급진적인 결론인데, 왜냐하면 그것은 인권이 자연적으로 주어진 것이라는 관념만 거부할 뿐 아니라, 또한 **공동체 그 자체가 자연적으로 주어진다는 관념도 마찬가지로 거부하기 때문**이다. 아렌트에게 '권리들을 가질 권리'가 공동체에 속할 권리 이외에 그 어떤 것도 아니라는 것은 여전히 사실이다. 그러나 우리는 이제 이 테제 자체가 특정한 방식으로 변형되는 것을 볼 수 있는데, 왜냐하면 공동체에 속할 권리라는 것은 '평등한 자들의 공동체'를 조직할 권리, 그러한 공동체를 조직하기 위해 **투쟁할** 권리를 의미하기 때문이다. 아렌트는 다음과 같이 말한다. "우리의 정치적 삶은 우리가 조직화를 통해 평등을 생산할 수 있다는 가정에 의존한다. 왜냐하면 인간은 자신과 평등한 자들과 함께, 그리고 오직 평등한 자들과만 공통의 세계 안에서 행동하고 그 세계를 변화시키고 건설할 수 있기 때문이다."6)

3. 인권에 대한 현대적 논쟁: 아감벤 대 랑시에르

조르조 아감벤의 생명정치(biopolitics)에 대한 사유가 (미셸 푸코의 생명권력에 대한 사유와 함께) 이러한 아렌트의 사유를 계승하고 있다는

---

5) Arendt, *The Origin of Totalitarianism*, p.301.

6) 위의 책.

것은 잘 알려져 있다. 아렌트는 실제로 정치공동체로부터 쫓겨난 사람
들을 "인간이라는 것의 추상적 벌거벗음(the abstract nakedness of being
human)"에 의해 특징짓는데 이는 아감벤이 말하는 "벌거벗은 생명(bare
life)"과 정확히 동일한 것을 지시한다. 따라서 아감벤이 '인권'에 대해 비
판적으로 접근하는 것은 꽤나 자연스러운 일이다. 『목적 없는 수단』
(1996)의 제2장인 "인권을 넘어서"에서 아감벤은 아렌트에 명시적으로
준거하여, 1789년 『인간과 시민의 권리 선언』의 제목에 나와 있는 인간
과 시민이라는 두 용어가 "두 개의 구분되는 실재를 지칭하는 것인지,
반대로 사실상 전자가 후자에 이미 항상 포함되는 중언법을 이루는지
명확하지 않다"고 비판한다.[7] 아감벤에 따르면, 구체제(ancien régime)에
서는 출생의 원리와 주권의 원리가 분리되어 있었지만, 이른바 '인민주
권'을 정초한 프랑스 혁명 이후의 국민국가 안에서는 그 두 원리가 돌이
킬 수 없이 결합되어 있다. 그리고 이 결합은 인간이 "태어나는 즉시 **국
민**이 된다"는 것과 함께, "권리는 인간이 즉각적으로 사라지는 **시민**의
전제(사실상 그 자체로는 드러나면 안 되는 전제)인 한에서만 **인간**에게
부여되는 것"이라는 점을 함축한다.[8] 이렇게 인권이란 오직 국민으로서
만 누릴 수 있는 권리에 불과하기 때문에, 국민국가에서 배제되는 비
(非)시민으로서의 '난민'(여기에는 무국적자뿐만 아니라 오늘날 도처에
광범위하게 존재하는 이주자들을 비롯하여 시민권에서 배제된 모든 자
들이 포함된다)의 경우 이들이 가지고 있다고 가정되는 인권에 호소함
으로써 이들이 '벌거벗은 생명'의 무기력함에서 벗어날 수는 없다. 그리
하여 아감벤은 "난민 개념을 인권 개념으로부터 과감하게 해방시켜야
하며, 피보호권 … 을 난민 현상을 새겨 넣을 수 있는 개념적 범주로 더

---

7) 조르조 아감벤, 『목적 없는 수단』, 김상운·양창렬 옮김, 난장, 2009, 29쪽.
8) 위의 책, 31쪽.

이상 간주해서는 안 된다"고 말한다.9)

여기까지의 아감벤의 논의는 사실 아렌트의 논의와 크게 다르지 않다. 그러나 인권을 넘어서기 위한 대안을 모색함에 있어서까지 그가 아렌트를 쫓아가는 것은 아니다. 아니, 오히려 정반대다. 아렌트는 앞서 살펴본 것처럼 인권이 민족국가에로의 소속을 통해서만 보장될 수 있다고 말하면서 그러한 소속을 '권리들을 가질 권리'의 핵심 내용으로 만들었다면, 반대로 아감벤은 그렇게 해서는 항상 '예외'로서의 벌거벗은 생명을 창출해냄으로써만 자기 자신을 정립시키는 주권권력으로부터 우리가 단 한발자국도 벗어날 수 없으며, 따라서 지속적으로 난민이 생산되는 현실도 멈출 수 없다고 주장하면서, 오히려 그는 난민의 벌거벗은 생명 자체 안에서 기존의 주권적 정치와는 완전히 다른 새로운 정치의 출현 가능성을 발견하려고 시도한다.

> 유럽에서 몰살수용소가 다시 문을 열기 전에(이미 이런 움직임이 시작되고 있긴 하지만), 국민국가는 출생의 등록이라는 원리 자체, 그리고 이 원리에 기반을 두고 있는 국가-국민-영토라는 삼위일체를 의문시할 수 있는 용기를 가져야만 한다. 이 모든 것이 구체적으로 어떤 방식을 거쳐 일어날지를 지금 당장 보여주는 것은 쉽지 않다. 지금으로서는 하나의 가능한 방향을 제시하는 것으로 충분하다. 주지하다시피, 예루살렘 문제를 해결하기 위해 고려된 선택사항 중 하나는 예루살렘을 어떤 영토적 분할도 없이 동시에 다른 두 국가조직의 수도로 삼는 것이었다. 이 방법에 내포된 상호간의 바깥영토(혹은 오히려 비영토성)라는 역설적 조건은 새로운 국제관계 모델로 일반화될 수 있을지도 모른다. 두 국민국가가 불확실하고 위협적인 경계선으로 분리되는 대신 두 정치공동체가 똑같은 지역에서, 일련의 상호간의 바깥영토를 통해 절합되어 상대 공동체로 서로 엑소더스하는 것도 상상해볼 수 있다. 이런 상호간의 바깥영토에서 주도적 개

---

9) 위의 책, 33쪽.

넘은 더 이상 시민의 **법/권리**가 아니라 오히려 개인의 **피난처**가 될 것이다.[10]

아감벤은 이렇게 예루살렘을 이스라엘과 팔레스타인 양쪽 모두의 "바깥영토"로 만들 수 있는 가능성을 확장하여, 유럽 전체를 엑소더스나 피난의 상태에 있는 거주민들이 머무는 공간이자 어떤 국민국가의 주권에도 속하지 않는 하나의 "바깥영토"로 만들 수 있다고 말한다. 그렇게 되면, "유럽이라는 공간은 탄생과 국민 사이의 좁힐 수 없는 간극을 표시하게 될 것"이며, "이 간극에서 과거의 인민 개념(잘 알려져 있다시피 인민은 항상 소수자이다)은 (지금까지 인민 개념을 부당하게 침해했던) 국민 개념에 결정적으로 맞서면서 그 정치적 의미를 발견하게 될지도 모른다"는 것이다.[11] 결국 아감벤은 아렌트와는 정반대로 난민이야말로 "오늘날 생각할 수 있는 인민의 유일한 형상"이라고 주장하면서 "지금까지 정치적인 것의 주체를 대표해온 근본 개념들(인간, 권리를 가진 시민들, 또한 주권자로서의 인민, 노동자 등)을 지체 없이 포기하고, 난민이라는 이 둘도 없는 형상에서 우리의 정치철학을 재구축"하자고 제안한다.[12] 곧 그는 법과 주권에 필연적으로 연결되어 있는 '권리'라는 범주 그 자체로부터 벗어나서 정치를 사유하고자 시도하는 것이다.[13]

---

10) 위의 책, 35쪽.

11) 위의 책, 36쪽.

12) 위의 책, 25~26쪽.

13) 김상운은 "유일하게 존재하는 권리는 아무런 권리도 없는 것이다"라는 『극빈』에서의 아감벤의 구절을 인용하면서, "우리는 여기서 아렌트의 인권 규정인 '권리들을 가질 권리'가 역전되어 있음을 볼 수 있다"고 말한다. 다시 말해서, 아감벤에게 남는 유일한 권리는 말하자면, '권리들을 가지지 않을 권리'인데, 이는 그가 모든 주권적 법/권리의 바깥을 지향하기 때문이라고 볼 수 있다. 김상운, 「랑시에르와의 '교전'을 통해 본 아감벤의 '한국적' 유효성 모색」, 『진보평론』 59호, 2014년, 103~104쪽을 보라.

그러나 자크 랑시에르는 난민을 인민의 유일하게 가능한 형상으로 사고하고자 하는 이러한 아감벤의 시도가 궁극적으로 우리에게 가져다주는 것은 인민의 '탈정치화'일 뿐이며, 이는 '순수정치'를 지향했던 아렌트의 시도의 전도된 결과에 지나지 않는다고 비판하면서, 오히려 우리가 '인권의 정치'로 돌아가야 한다고 주장한다. 랑시에르는 아렌트가 인권을 비판한 방식을 반박하기 위해, 그녀가 인권을 가두기 위해 조립했던 논리적 자물쇠의 구조를 다음과 같이 묘사한다.

> [아렌트는] 인간과 시민의 권리들을 하나의 진퇴양란으로 만드는데, 그것은 다음과 같이 서술될 수 있다. 시민권은 인권이거나—그러나 [이 경우] 인권은 비정치화된 개인의 권리이며 그것은 권리들을 가지지 않은 사람들의 권리이기에, 그것은 아무것도 아닌 것(nothing)으로 귀결된다—또는 인권은 시민권, 이러저러한 헌정 국가의 시민이라는 사실에 부착된 권리이다. 이는 그것이 권리들을 가진 사람들의 권리라는 것을 의미하며, 그것은 결국 동어반복으로 귀결된다. 권리들을 갖지 않은 사람들의 권리이거나 권리들을 가진 사람들의 권리인 것이다. 텅빈 것이거나 동어반복이며, 두 경우 모두 하나의 기만적 속임수라는 것인데, 이와 같은 것이 바로 아렌트가 만들어낸 자물쇠이다.14)

다시 말해서, 시민권의 기초가 인권에 있다면 이러한 인권은 앞서 우리가 살펴봤듯이 아렌트에게 있어서는 아무런 권리도 갖지 못한 인간의 권리를 의미할 뿐이므로 아무 것도 아닌 것으로 **무효화**되며, 반대로 인권의 기초가 시민권에 있다면 시민권이란 이미 권리들을 가지고 있는 사람들의 권리를 의미할 뿐이기 때문에 인권은 거기에 덧붙여지는 하나의 **동어반복**에 불과한 것으로 전락하고 만다는 것이다. 인권은 이렇게

---

14) Jacques Rancière, "Who is the Subject of the Rights of Man?", *South Atlantic Quaterly 103*, 2004, p.302.

해서 아무 것도 아닌 것으로 무효화되거나 쓸데없는 동어반복이 된다. 그러나 랑시에르는 이러한 아렌트의 자물쇠가 제대로 작동하는 것은 사실 이 진퇴양란을 벗어날 수 있는 제3의 대안적 정식화가 있다는 것을 그녀가 애써 무시할 때에나 가능한 것이라고 말한다. 이 제3의 정식화란 무엇인가? 랑시에르는 그것을 다음과 같이 정식화한다.

> 인권은 그들이 가지고 있는 권리를 가지지 않았으며, 그들이 가지지 않은 권리를 가진 자들의 권리이다.[15]

따라서 인권은 두 가지 실존 형태를 가지고 있다. **첫째**, 인권은 '그들이 가지고 있는 권리를 가지지 않은 자들의 권리'이다. 곧 인권은 그것을 실제로 누리지 못하는 배제된 사람들이 있다고 할지라도, 그것이 자유롭고 평등한 공동체에 기입되어 있는 성문화된 권리들이라는 점에는 변함이 없다. 이러한 성문화된 권리는 단순히 거짓말이기만 한 것은 아닌데, 왜냐하면 이는 인권을 누리지 못하는 배제된 사람들("몫이 없는 자들")에게, 그들이 겪고 있는 불평등의 상황과 함께 "평등의 가시성"(visibility)이 동시에 주어져 있다는 것을 의미하기 때문이다. **둘째**, 인권은 그들이 가지지 않은 권리를 가진 자들의 권리이다. 다시 말해서 배제된 자들은 그러한 권리의 기입(성문화된 권리)이 갖는 힘을 실제로 증명하기 위해서, 그 권리를 자기의 것으로 주장함으로써 계쟁의 사례들을 만들어낼 수 있고, 그렇게 함으로써 그러한 권리를 실제로 쟁취하고 누릴 수 있게 되기 때문이다. 그리고 이는 배제된 자라면 누구라도 항상 다시 그렇게 할 수 있기 때문에, 그 권리(평등과 자유)는 어떤 특정한 집단이나 또는 특정한 주체의 정체성에 귀속되어 있는 것일 수 없다.[16]

---

15) 위의 글, p.302

결국 랑시에르가 말하고 싶어 하는 것은, 인권이란 이미 시민으로 온
전히 인정받은 사람들의 권리(시민권)의 단순한 반복도 아니요, 시민으
로 인정받지 못한 사람들이 그 상태에서 누리게 되는 권리(사실상의 무
권리)를 의미하는 것도 아니라는 것이다. 오히려 인권은 선언된 권리들
에 준거하여 배제된 자들, 몫이 없는 자들이 그 선언된 권리들을 쟁취하
기 위해 투쟁하는 **계쟁의 과정** 그 자체, 곧 위에서 정식화된 인권의 첫
번째 측면에서 두 번째 측면으로의 이행의 과정을 의미할 수 있을 뿐이
다. 다시 말해서, 인간이 시민으로 **되는** 과정이야말로 ('치안'과 대립되
어 규정되는) '정치'의 핵심이며, 그러한 한에서 우리는 '시민권의 정치'
가 아닌 '인권의 정치'야말로 진정한 정치라고 말할 수 있다는 것이다.
그리하여 랑시에르는 "**인간과 시민의 바로 그 차이**는 권리들이 텅 빈 것
이거나 동어반복이라는 것을 증명하는 괴리의 기호가 아니다. 그것은
정치적 주체화를 위한 간격의 열림이다."라고 말한다.[17] 이를 아감벤의
용어법을 통해 다시 말하자면 이렇게 말할 수 있을 것이다. 시민으로서
의 삶/생명과 인간으로서의 삶/생명(벌거벗은 생명) 사이에 그어져 있는
분리의 경계선을 문제로 삼으면서 벌거벗은 생명이 그 경계를 넘어서서
시민이 되기 위한 투쟁에 벌거벗은 목숨 그 자체를 걸고 나설 때 벌거벗
은 생명은 '정치화'된다고 할 수 있다.[18] 따라서 랑시에르의 입장에서 봤
을 때는 벌거벗은 생명의 존재론 안에 고스란히 머물려고 하는 아감벤
의 '난민의 정치'는 사실은 '탈정치'에 불과하다고 볼 수 있다.[19]

---

16) 인권에 대한 랑시에르의 정식화에 대해 진태원은 첫 번째 부분을 성문화된
   권리를 누리지 못하는 사람들이 그것을 누리기 위해 투쟁하는 것으로, 두 번
   째 부분을 새로운 권리들을 발명하는 것으로 해석한다. 그러나 이는 내가 보
   기에 오해이다. Cf. 진태원, 「권리들을 가질 권리」, 『사람과 글 人·文』 26호,
   2013년, http://highjune2.blogspot.kr/2014/09/12.html (2014년 2월 1일 접근).

17) Rancière, "Who is the Subject of the Rights of Man?", p.304, 강조는 인용자.

18) 위의 글, p.303.

4. 발리바르의 관점에서 바라본 '인권의 정치'

이러한 아감벤과 랑시에르의 논쟁에 대해 에티엔 발리바르가 직접적인 개입을 했다고 볼 수는 없지만, 프랑스 혁명의 『인간과 시민의 권리 선언』 및 아렌트에 대한 논의[20]를 통해 간접적으로 개입했다고는 볼 수 있는데, 그의 입장은 꽤 복잡한 것이다. 그는 '권리들을 가질 권리'에 대한 아렌트의 정리(theorem)를 받아들이지만, 그녀의 『인간과 시민의 권리 선언』에 대한 비판은 받아들이지 않는다. 발리바르의 입장에서 봤을 때, 『선언』의 핵심은 '인간과 시민의 동일성' 및 '자유와 평등의 동일성'이라는 두 가지 종류의 대립물의 통일(coincidentia oppositorum)을 명제화한 데에 있다. 이 가운데 우리의 논의에서 쟁점이 되고 있는 인간과 시민의 동일성을 살펴볼 것 같으면, 『선언』이 인간과 시민을 제목에 등장시킨 것은 (아감벤이 생각하는 것과는 달리) 어떠한 모호함도 없이 인간이 곧 시민이고 시민이 곧 인간이라는 것을 선언하기 위함이다. 그것은 인간을 어떤 방식으로도 규정하려고 들지 않으며, 곧바로 모든 인간은 자유롭고 평등하게 태어나 그렇게 남으며, 따라서 모든 인간은 시민**이라고** 매우 단도직입적이고 단순한 방식으로 단언하고 있을 뿐이다. 이는 『선언』이 멀게는 아리스토텔레스로부터 시작해서 가깝게는 근대의 자연권 사상 안에서 오랫동안 이어져온 권리에 대한 논의 방식, 곧

---

19) 이러한 랑시에르의 비판에 대해서 아감벤의 입장에서는 데모스의 정치가 치안(주권권력)으로 전도되는 현상(또는 구성하는 권력이 구성되는 권력으로 전도되는 현상)에서 그것이 벗어날 수 없다고 반박하면서, '정립적 권력'이 아니라 '탈정립적 권력'을 사유해야 한다고 주장할 수 있을 것이다. 여기에 관해서는 김상운, 「랑시에르와의 '교전'을 통해 본 아감벤의 '한국적' 유효성 모색」을 참조하라. 우리는 다시 이 문제로 돌아올 것이다.

20) Balibar, "(De)Constructing the Human as Human Institution: A Reflection on the Coherence of Hannah Arendt's Practical Philosophy", *Social Research 74(3)*, 2007, pp.727~738.

인간의 자연본성(nature)을 먼저 규정하고 그 규정에 입각하여 적절한
권리들을 도출해내려고 시도하는 논의 방식과 완전히 단절하고 있다는
것을 의미한다. 따라서 『선언』이 말하고 있는 것은 오히려 아렌트의 정
리에 완전히 부합하는 것인데, 왜냐하면 그것은 '권리들을 가질 권리'로
서의 시민권이 박탈되어 있는 자가 있다면 그는 "추상적 벌거벗음"으로
서의 인간으로 남게 되는 것이 **아니라**, 오히려 비-인간(또는 과소인간)
으로 남게 된다고 말하는 것이기 때문이다(시민이 아닌 인간은 아예 존
재할 수 없다, 인간일 수 없다).

이러한 발리바르의 해석에 입각해서 보면, 우리는 아감벤과 랑시에르
의 논의가 모두 『선언』의 의미를 일정 부분 놓치고 있다는 것을 알 수
있다. 우선 아감벤이 『선언』을 비판하는 이유는 그것이 인간이나 시민
을 권리의 주체로서 간주하고자 할 때 항상 "포함적 배제"의 작업을 수
행할 수밖에 없다고 생각하기 때문이다.[21] 곧 어떤 범주를 규정하기 위
해서는 그 범주에서 배제되는 것들(곧 "예외")에 대한 규정을 자신의 규
정 안에 반드시 포함할 수밖에 없으며, 이러한 포함적 배제를 통해서만
그 범주에 대한 규정이 가능하다는 것이다. 인간을 규정하기 위해서는
인간의 범주에서 비인간(동물, 식물 따위)을 배제해야만 하고, 따라서
인간이라는 범주는 역설적인 의미에서 그러한 배제되는 것에 대한 규정
을 자신의 규정 안에 포함하도록 강제된다. 그러나 사실 이는 위에서 본
것과 같이 『선언』이 거부하는 자연권 사상의 논리일 뿐이며, 정작 『선언』
은 인간에 대한 그 어떤 규정도 주려고 하지 않는다. 또 『선언』이 시민
의 범주를 논할 때에도 사정은 마찬가지인데, 『선언』은 시민에 대해서
도 누가 시민이라고 규정하려고 들지 않는다. 예컨대 그것은 시민의 자

---

21) 아감벤, 『호모 사케르: 주권권력과 벌거벗은 생명』, 박진우 옮김, 새물결,
    2008, 254쪽 참조.

격으로 부르주아, 성인, 백인, 남성 따위의 자격조건을 들고 있지 않으며, 그저 단순히 시민은 인간이라고, 인간으로 태어나는 것으로 충분하다고 말할 뿐이다. 비록 주지하다시피 이러한 시민(또는 좀 더 정확하게 말해서, 능동적 시민)의 자격규정이 프랑스 혁명의 전개과정에서 곧바로 다시 등장하게 되었다고 할지라도, 그러한 자격규정이 『선언』의 **언표 자체에 기입되어 있지 않다는 것**은 매우 중요하다. 왜냐하면 바로 이러한 무규정성이야말로 (랑시에르가 지적하듯이) 그 이후 모든 배제된 자들의 투쟁들이 『선언』에 준거할 수 있었던 이유, 다시 말해서 『선언』에 기입되어 있으며 그렇게 이미 자신의 것으로 선포된 권리들을 실제로 쟁취하고 향유하기 위한 투쟁으로 전개될 수 있었던 이유였기 때문이다.[22]

다른 한편, 랑시에르는 비록 프랑스 혁명의 『선언』을 옹호하지만, 그는 인간과 시민의 **차이**야말로 정치를 가능하게 만드는 간격의 열림이라

---

[22] 발리바르에 따르면, 프랑스 혁명의 『선언』이 이와 같이 인간과 시민에 대한 무규정성을 통해서 자신의 언표를 조직할 수밖에 없었던 까닭은 혁명 당시 구체제를 방어하려고 했던 귀족 계급에 대한 투쟁에서 부르주아지가 자신의 힘만으로는 결정적으로 승리를 거둘 수 없었으며, 프롤레타리아트를 비롯한 빈민 대중들을 반드시 자신의 편으로 끌어들여야 했기 때문이다. 이러한 "프랑스 혁명의 실제적인 사회적 복잡성"이 그것을 더 이상 "부르주아적인 혁명"이 아니게 만들었다(Balibar, *La Proposition de l'égaliberté*, Paris: PUF, 2010, p.64). 여기에 관해서는 맑스가 이미 『공산주의자 선언』에서 지적한 바 있다. "일반적으로 낡은 사회 안의 충돌은 많은 점에서 프롤레타리아트의 발전 과정을 촉진한다. 부르주아지는 끊임없이 투쟁을 해 왔다. **처음에는 귀족과 투쟁했고** 나중에는 공업 발전에 대립하는 이해관계를 가진 부르주아지 자신의 일부분과 투쟁했으며, 그리고 언제나 외국의 부르주아지 전체와 투쟁했다. **이 모든 투쟁에서 부르주아지는 프롤레타리아트에게 호소하고 그 도움을 받지 않을 수 없으며, 그들을 정치 운동에 끌어들이지 않을 수 없다.** 그 결과, 부르주아지는 자신들만이 누려오던 정치·일반적 교양의 요소를, 즉 부르주아지 자신에 대항할 무기를 프롤레타리아트에게 제공한다." (Marx, "Communist Manifesto", in Lawrence H. Simon(ed.), *Selected Writings*, Cambridge: Hackett, 1994, pp.165~167, 강조는 인용자).

고 보면서, 아직 시민이 아닌 인간의 권리를 위한 투쟁으로서의 인권의 정치만이 진정한 의미에서의 정치라고 파악한다. 그리고 바로 이 때문에 그는 아렌트처럼 인간과 시민, 또는 인권과 시민권을 등치시키는 것은 인권을 진퇴양란의 자물쇠 안에 가두어 두려는 시도라고 비판하는 것이다. 물론 랑시에르가 인권을 '자신이 가진 권리를 가지지 못하고 자신이 가지지 못한 권리를 가진 자들의 권리'라고 규정할 때, 이는 정치적 삶/생명의 영역(시민권의 영역)과 벌거벗은 생명(사적 영역)의 영역 사이의 경계(border)를 문제 삼고 그 경계에서 계쟁을 제기하는 것이야말로 '정치'라고 말하고자 하는 것이다. 그러나 아렌트에게 있어서는 (프랑스 혁명의 『선언』에 있어서와 마찬가지로) 정확히 그 경계에서 정식화되는 것이 (인권이 아니라) '권리들을 가질 권리'로서의 **시민권**이다. 이는 인권이란 단지 시민권의 동어반복일 수 있거나 또는 텅 빈 개념에 불과하다고 말하는 것이 아니라 **정반대로** 인권은 '권리들을 가질 권리'를 통해서만 **유효한 것이 된다**고 말하는 것이다. 따라서 '권리들을 가질 권리'의 박탈은 '인권'의 박탈을 가져올 뿐만 아니라 '인간성' 그 자체의 박탈로 이어진다. 곧 비인간, 과소인간, 동물, 벌거벗은 생명 등이 되는 것이다(시민이 아닌 인간은 존재할 수 없다, 왜냐하면 인간은 그들의 권리 자체이기 때문이다).

그런데 이러한 '권리들을 가질 권리'란 무엇인가? 앞서 본 바와 같이, 아렌트에게 있어서 그것은 '정치에 대한 보편적 권리(the universal right to politics)', 다시 말해서 '정치를 할 권리'를 지시하는 것으로, 이러저러한 정치적 권리들(실정적 권리들)과는 확연히 구분되는 것이자 그것들에 앞서고 그것들을 조건 짓는 메타적인 권리이며, 그 가장 기본적이고 구체적인 인간학적 형태는 단적으로 '발언권', '공적 공간에서 발언할 권리'라고 볼 수 있다[23](여기서 우리는, 랑시에르에게 있어서도 정치는 결

국 발언의 문제라는 점, 그리고 그것은 사적인 공간에서 발언할 권리를
의미하는 것이 아니라 정확히 공적 공간에서 자신의 발언을 정치적 발
언으로 인정받을 권리를 의미한다는 점을 기억할 필요가 있다).

따라서 아렌트가 시민권과 인권 사이의 관계를 논하면서 의도했던 것
은 인권을 무효화하려고 했던 것이 아니라 인권의 기초가 '정치를 할 권
리'로서의 **봉기적 시민권**(봉기권, 저항권, 시민불복종권)에 있음을 명확
히 하려는 것이었다고 볼 수 있다.[24] 그리고 이를 통해, 전간기에 난민
들 또는 무국적자가 '시민권'이 박탈된다고 할지라도 '인권'이 자신들을
보호해줄 것이라고 생각했던 믿음을 환상으로 비판하면서, 진정한 싸움
의 지점이 시민권의 쟁취에 있다는 것, 시민권의 쟁취를 통해서만 인권
이 유효한 것이 된다는 점을 주장하기 위함이었다고 볼 수 있다(사실 시
민권의 쟁취를 위해 나서는 그들의 정치적 행위 자체가 이미 그들을 **능
동적 시민**으로 만든다).

이렇게 놓고 봤을 때, 거꾸로 랑시에르의 주장 안에서 우리가 주목해
야 할 점은 이런 것이다. 랑시에르는 시민권과 인권의 관계에 대해 아렌
트가 논의한 것이 결국 인권의 정치를 진퇴양란의 자물쇠 안에 가둔 방
식이라고 비판하면서 인권을 완전히 독자적으로 새롭게 사고할 수 있는

23) Balibar, "(De)Constructing the Human as Human Institution", p.734.
24) 발리바르는 이렇게 말한다. "그리고 아렌트가—『인간의 조건』이라기보다는
『전체주의의 기원』에서—소묘한 관점이 많은 방식으로 우리에게 결정적이고
불가피한 것으로 보이는 것은 정확히 이 때문이다. 그것은 인간과 시민 사이
의 역사적이고 이론적인 관계의 **역전**에 기초한 **권리들의 탈제한**이라는 관점,
곧 **인간이 시민성**[시민권]**에 의해 만들어지는 것**이지 시민성이 인간에 의해
만들어지는 것이 아니라는 것을 설명함으로써 기초라는 관념을 분해하는 관
점, 곧 평등한 자유(또는 누구든 역사에 의해 "던져진" 그 **어떤 곳에서라도** 갖
는 "정치에 대한 보편적 권리")라는 문제설정을 배제된 자들의 포함, 또는 배
제의 배제와 내적으로 결합하는 관점이다." (Balibar, "Is a Philosophy of
Human Civic Right Possible? New Reflections on Equaliberty", *South Atlantic
Quaterly 103*, 2004, pp.320~321)

(위에서 언급한) 제3의 정식화를 대안으로 제시하지만, 바로 그 정식화 안에서 사라지는 것이 바로 '시민권'이라는 용어라는 사실 말이다. 이는 몇 가지를 의미할 수 있는데, 첫째, 랑시에르에게 시민권이라는 것은 단지 '치안'적인 의미만을 갖는 용어라는 것이고(곧 그에게 있어 시민권이란 봉기권 또는 저항권을 포함하지 않는 이러저러한 실정적인 정치적 권리들의 집합에 불과하다), 둘째, 인권만이 ('치안과의 대립 속에서 규정되는) '정치'의 의미를 갖는다는 것, 그리고 마지막으로 셋째, 따라서 인권과 시민권은 그렇게 '외적인 대립'의 관계 외에는 사실 그 어떤 내적·본래적(intrinsic) 관계도 갖지 않는 것처럼 보인다는 것이다. 그러나 만일 그렇다면 다음과 같은 일련의 질문이 불가피하게 제기되지 않는가? 인권의 정치는 어떻게 '과정'이 될 수 있는가? 인권의 정치는 왜 (전쟁 등을 통한) 시민권의 '파괴'나 시민권으로부터의 '도주'(들뢰즈적 의미에서)가 아니라 **내적이고 필연적인 방식으로** 시민권의 '쟁취'를 목표로 삼게 되는가? 좀 더 충격적으로 정식화해 보자면, 시민이란 단지 치안의 질서 속에서 자신의 몫을 누리고 있는 특권자에 불과하다고 한다면, 몫이 없는 자들은 왜 애초에 시민 따위가 되길 원하는가? 왜 (랑시에르가 주목하는 사례인) 올랭프 드 구즈는 정치를 할 권리로서의 참정권(곧 권리들을 가질 권리!)을 요구하고 시민이 되길 갈망하면서 단두대의 이슬로 사라져 갔는가?

또한 바로 이 때문에 반대편에서의 역의 비판도 가능해진다. 법과 권리의 문제설정과 완전히 결별하는 "바깥의 정치"(진태원)를 지향하는 아감벤은 랑시에르가 말하는 "민주주의적 계쟁[또는 잘못]이 스타시스(stasis) 혹은 내전의 가능성으로 이해된다면" 유효할 수도 있지만, 랑시에르 스스로가 말하는 것과 같이 "인민이 그 암호인 잘못이 (맑스에게서는 여전히 그러했듯이) '절대적이지' 않고 정의상 **과정상의 것**일 수 있

다면 … 민주주의와 그 합의주의적 혹은 포스트민주주의적 위조품 사이
의 연결은 해체되는 경향이 있다"고 비판한 바 있다.[25] 이는 바꿔 말해
서 랑시에르의 정치(구성하는 권력)는 반드시 치안(구성되는 권력)으로
전락할 운명에 처해있으며 랑시에르 자신은 그러한 변증법적 악순환으
로부터 어떻게 벗어나야 할지를 알지 못하거나 그것을 중요한 문제로
파악하지도 못한다는 비판이다. 이렇게 봤을 때, 우리는 랑시에르의 인
권의 정치가 바깥으로 나가지도 못하고 그렇다고 안으로 들어오지도 못
하는 "진퇴양란"에 빠져있는 것은 아닌가 물어볼 수 있다. 다시 말해서
랑시에르의 '인권의 정치'는 아렌트 쪽에서 보자면 시민권과의 관련성이
오리무중으로 남게 되고, 아감벤의 관점에서 보자면 시민권과 궁극적으
로는 다를 바도 없는 것으로 귀착하고 마는 것이 아닌가 하는 의문을 던
져볼 수 있다는 것이다. 이러한 곤란을 넘어서기 위해서 우리는 인간과
시민, 인권과 시민권을 단순하고 무매개적인 방식으로 등치시키는 프랑
스 혁명의 『선언』의 관점을 따라, 정치에 대한 보편적 권리로서의 시민
권이란 이러저러한 정치적 권리들로 환원될 수 없는 '봉기권'(물론 이것
이 표현되는 방식과 경로는 고전적인 혁명의 형상에만 한정되지 않는
무한한 다양성을 가질 수 있을 것이다)을 가리키는 것이며, 이 권리의
행사를 통해서만 우리는 인간이 되거나 다시 된다고, (전통이 규정하는
바의) 인간의 자연본성을 해체하고 인간 그 자체를 정치적으로 재규정
하거나 재발명할 수 있게 된다고 말해야 하지 않을까?[26]

---

25) Agamben, *The Time That Remains: A Commentary on the Letter to the Romans*,
Stanford University Press, 2005, p.58(김상운, 「랑시에르와의 '교전'을 통해 본
아감벤의 '한국적' 유효성 모색」, 96쪽에서 재인용, 강조는 인용자).

26) 여기서 아감벤의 입장과 발리바르의 입장의 비교는 지면 관계상 생략할 수밖
에 없는데, 다만 아감벤의 입장은 특유의 비관주의를 통해 이론적 아나키즘
으로 나아가는 반면, 발리바르는 비관주의와 낙관주의 양자를 모두 기각하는
'비극적 관점'을 통해 정치의 비극성에 대한 인식으로 나아간다고 볼 수 있는

5. 통일 코리아의 인권공동체 건설을 위한 쟁점: '권리들을 가질 권리'로부터 '시테에 대한 권리'로

물론 아렌트의 '권리들을 가질 권리'는 앞서 살펴 본 바와 같이 단순히 전통적으로 주어져 있는 정치 공동체에 단순히 소속될 권리를 의미하는 것이 아니라 개인들이 자신의 정치적 행위를 통해 서로서로에게 호혜적인 방식으로 권리를 부여함으로써 평등한 정치 공동체를 창립하거나 (위계적이거나 수직적인) 기존의 공동체를 그렇게 변화시킨다는 의미를 가지고 있다. 그러나 이러한 '권리들을 가질 권리'는 몇 가지 점에서 여전히 한계를 가지고 있다. 곧바로 인정해야 하는 것은 이러한 권리가 정치적인 것과 사회적인 것의 이원론과 양자 사이의 위계를 당연한 것으로 받아들임으로써 정치의 영역 그 자체를 협소하게 만든다는 것이다. 곧 사회적 시민권의 문제를 그것은 비정치적인 것, 생명의 보존에나 필요한 어떤 것으로 시민권에서 배제하려고 든다. 이는 아마도 아렌트가 근대적 공화주의의 전통에서 자라나왔기 때문일 것인데, 이에 대한 랑시에르의 비판은 정확하다고 인정할 수 있다.[27] 그러나 또 다른 문제점이 있는데, 이는 아렌트가 정치적 공동체를 민족국가적인 지평에

것 같다. 양자의 차이는 결국 기독교적 공산주의(프란체스코파의 공산주의)와 시민적 공산주의(프랑스 혁명의 공산주의)의 이단점으로 귀결된다.

[27] 랑시에르는 이렇게 말한다. "나는 벌거벗은 생명의 예외에서 정치의 급격한 중지가 아렌트의 아르케-정치적 입장의 궁극적 귀결이라고, 정치적인 것을 사적·사회적·비정치적 삶의 오염으로부터 보존하려는 그녀의 시도의 궁극적 귀결이라고 가정한다. 이런 시도는 그 항상-애매한 행위자들을 싹 쓸어버림으로써 정치적 무대의 인구를 줄인다." Rancière, "Who is the Subject of the Rights of Man?", p.301. 사실 이는 아렌트의 제자인 헤르만 판 휜스테른의 경우도 마찬가지로 가지고 있는 문제인데, 여기에 대해서 발리바르는 자신의 이의를 명확하게 표명한 바 있다. 에티엔 발리바르, 진태원 옮김, 「미완의 시민권을 향하여」, 『우리 유럽의 시민들?』, 후마니타스, 2010의 결론 부분을 참조하라.

서만 사고하는 경향을 보이는 것과 관련이 있다(물론 그녀는 코스모폴리탄적인 공동체를 하나의 이상적 정치공동체로 제시하지만 정작 그러한 공동체가 실현될 수 있는가에 대해서는 회의를 표명한다). 이 때문에, 정확히 자신이 거주하고 있는 그 곳에 설립되어 있는 정치공동체에 정확히 온전한 구성원으로 속하지 않는 사람들(예컨대 '이주자', 또는 아감벤 식으로 말하자면 '난민')의 문제를 정면으로 다루기 위해서는 아렌트가 말하는 '권리들을 가질 권리'를 비판적으로 재구성할 필요가 있는데, 발리바르는 이를 위해 '시테에 대한 권리(droit de cité)'라는 개념을 가공해낸다. 시테에 대한 권리란 (정치체이자 영토를 동시에 의미하는) 시테에 진입하고 거기에서 **권리들을 가지고 머물 수 있는 권리**를 의미한다.

이것이 특히 우리가 다시 돌아가야 할 분단과 통일의 문제와 관련해서 중요한 까닭은 우리가 건설해야 하는 통일 코리아가 진정으로 인권공동체가 되기 위해서는 그것이 단순히 근대의 민족국가의 건설로만 귀결되어서는 안 되며 민족국가를 탈구축하는 정치를 동시에 그 안에서 작동시켜야 하기 때문이다. 이 점과 관련하여 우리가 참조할 수 있는 논의는 발리바르의 민족국가에 대한 분석이다.

원래 발리바르의 스승인 알튀세르는 저 유명한 「이데올로기와 이데올로기적 국가장치들」이라는 논문에서 근대 자본주의 사회에서 지배적인 이데올로기적 국가장치(dominant ISA)로 작동하고 있는 것은 흔히 생각해온 것과 달리 의회와 같은 정치적 ISA가 아니라 교육 ISA와 가족 ISA, 곧 학교-가족 쌍이라고 말한 바 있다.[28] 이는 그가 이데올로기적 국가장치에 대한 논의를 노동력의 재생산 및 더 나아가서 생산력·생산관

---

28) 알튀세르, 「이데올로기와 이데올로기적 국가장치들」, 『아미엥에서의 주장』, 김동수 옮김, 솔, 1995, 102쪽.

계의 재생산의 관점에서 가공해냈기 때문인데, 그렇게 되면 노동자들을
이데올로기적으로 종속시키거나 '호명'하기 위한 가장 핵심적인 장치는
의회가 아니라 학교와 가족과 같은 국가장치일 수밖에 없게 된다. 발리
바르는 「민족형태: 그 역사와 이데올로기」라는 글에서 이러한 알튀세르의
논의를 받아들이면서도 그 방향을 역전시키면서 다음과 같이 말한다.

> 알튀세르가 "이데올로기적 국가장치들"의 정의를 소묘하면서 부르주아
> 사회의 지배적 이데올로기의 핵심이 가족-교회 쌍에서 가족-학교 쌍으로
> 옮겨갔다고 시사했을 때 그는 옳았다. 그렇지만 나는 이 정식에 **두 가지
> 교정**을 가하고 싶어진다. 우선 나는 이 제도들 중의 이러저러한 제도가
> 그 자체로서 하나의 "이데올로기적 국가장치"를 구성한다고 말하지 않고
> 자 한다. '이데올로기적 국가장치'라는 표현이 적절히 가리키는 것은 오히
> 려 **몇몇** 지배적인 제도들의 결합된 기능수행이다. 이어서 나는, 학교교육
> (scolarisation)의, 그리고 가족이라는 세포의 현대적 중요성은 **오로지 그
> 것들이 노동력 재생산에서 차지하는 기능적 지위에서만 유래하는 것이
> 아니라, 또한 그것들이 이 재생산을 의제적 종족체의 구성에 종속시킨다**
> 는 점에서, 다시 말해 인구정책들 … 에 암암리에 함축되어 있는, **언어적
> 공동체와 인종 공동체의 절합에 복속시킨다**는 점에서 유래한다고 생각하
> 기를 제안하고자 한다. 학교와 가족에는 아마 다른 측면들이 있을 것이
> 다. … 그것들의 역사는 민족형태가 출현하기 훨씬 전부터 시작되며 민족
> 형태를 넘어서 지속될 수 있을 것이다. … 이러한 의미에서 부르주아 사
> 회구성체에는 오직 하나의 지배적인 '이데올로기적 국가장치'가 있을 뿐
> 이다. 이 장치는 학교제도와 가족제도를, 그리고 부수적으로 학교와 가족
> 에 결합되어 있는 다른 제도들을, 자신의 목적들을 위해 이용한다. 민족
> 주의의 헤게모니의 근저에 이 장치가 현존한다.[29]

---

29) 발리바르, 서관모 옮김, 「민족형태: 그 역사와 이데올로기」, 『이론』 6호 (1993
   년 가을), 130~31쪽. 강조는 인용자, 번역은 일부 수정.

이러한 분석을 통해 봤을 때, 우리는 근대 민족국가의 핵심적인 이데
올로기적 국가장치인 학교 제도와 가족 제도의 변혁이, 통일 코리아를
근대 민족국가를 넘어가는 진정한 인권 공동체로 만들어내기 위해서 절
대적인 중요성을 갖게 된다고 생각할 수 있다. 왜냐하면 학교제도는 국
민어 교육을 통해서 언어적 공동체로서의 민족국가를 재생산하며, 가족
제도는 (혈통과 관련된) 인종적 공동체로서의 민족국가를 재생산하기
때문이다. 지면 관계상 여기서 길게 논할 수는 없지만 우리는 첫째, 가
족제도와 관련해서는 『세계 인권 선언』이 선언한 인권 가운데 하나인
'이동권'(the right to freedom of movement)이 처해 있는 곤란을 극복하기
위해서 그것을 '**디아스포라적 시민권**'으로 변형·확장함으로써 가족에
대한 민족국가적 인구정책을 상대화할 필요가 있다고 보며, 둘째, 학교
제도와 관련해서는 국민어 교육을 (폐지하는 것은 아니지만) 다언어 교
육을 통해 보충하거나 또는 오히려 국민어 교육이 아닌 '**번역**'의 교육이
학교제도의 중심적 실천이 되도록 만들 필요가 있다고 본다(이는 사실
언어교육뿐만 아니라 역사와 문화교육 등으로까지 확장될 수 있는 문제다).
　먼저, 이동권과 관련해서 발리바르가 지적하는 것은 (『세계 인권 선
언』에 정식화된 바) 이동권은 두 가지 반정립적인 테제를 결합시키고
있다는 점이다. "1. 모든 사람은 각각의 국가 안에서 이동하고 머무를
권리를 갖는다. 2. 모든 사람은 자기 자신의 나라를 포함하여 어떤 나
라도 떠날 수 있고 자신의 나라로 돌아올 수 있는 권리를 갖는다." 이러
한 내용의 이동권은 따라서 국가 또는 나라의 '안쪽'(민족국가 내부)에서
의 이동과 바깥쪽(민족국가 외부)에서의 이동의 **접합**으로 제시되고 있
다. 따라서 이는 국경을 폐지하는 것이 아니라 오히려 국경에 민주적인
정당성을 부여하고, 개인의 의지에 반하는 강제적인 탈국민화 정책들을
중대한 인권침해로 간주하기 위한 것이고 볼 수 있을 것이다. 그러나 이

러한 의미에서의 근대적 이동권은 비약적으로 진전된 세계화로 인해 오늘날 필연적으로 위기에 빠지게 되는데, 왜냐하면 현재 우리가 목도하는 것은 더 이상 자신이 속한 민족국가의 국경 안쪽에 있거나 바깥쪽에 있지 않고, 오히려 안팎을 늘 오가거나 심지어 모든 곳에 유비쿼터스적인 방식으로 존재하고 있는 거대한 규모의 인구이기 때문이다. 결국 이는 국경이 점점 흐릿해진다는 것을 의미하는데, 그렇기 때문에 국경이라는 제도에 기초하여 반정립적 테제를 결합시킴으로써 구축된 이동권은 이와 같이 끊임없이 이동하는 인구들의 문제를 제대로 다루기 힘들다.[30]

사실 남한과 북한이 통일을 이루고 통일 코리아를 정초한다는 것은 한반도 안에 매우 다양한 이질적인 인구들이 들어와 거주하게 됨을 뜻한다. 남한과 북한의 국민들뿐만 아니라 재러 고려인, 재중 조선족, 재일 조선인을 비롯한 수많은 코리언 디아스포라들, 그리고 더 나아가서 한반도에 점점 더 대규모로 유입되고 있는 동아시아 및 그 외 지역의 외국인 인구들이 한반도에 함께 거주하게 되는 것이다. 그런데 이들을 만일 국내인과 국외인으로 단순하게 구분하면서 국내인을 시민으로 국외인을 비시민으로 간주하게 될 경우, 그것은 곧 한반도에 수많은 난민(아감벤적 의미에서)이 출현하게 된다는 것을 의미할 수밖에 없다. 이는 결국 통일 코리아가 인권공동체는커녕 무권리의 난민공동체로 변하게 된다는 것을 의미할 것이다. 따라서 우리는 이동권의 근대적 개념틀을 넘어서서, 코리언 민족에 속하든 그렇지 않든 간에, 한반도에 머무는 사람들이라면 누구나 누려야할 시민권을 제도화할 필요가 있는데, 이를 우리는 '디아스포라적 시민권'이라고 부를 수 있을 것이다. 이러한 디아스포라적 시민권은 그러나 (국경 그 자체의 폐지와 동일한) 노마드적 시민

---

30) Balibar, *La Proposition de l'égaliberté*, pp.319~322.

권을 의미하는 것은 아니며, 오히려 이주자들이 항상 이동할 것을 소망한다기보다는 또한 머물 것을 소망한다는 점에 착안하여, 그들이 머물면서 누릴 수 있는 권리들을 (국내인들이 이주자들과 함께) 논의하고 결정함으로써 시민권을 확장하고 국경을 민주화한다는 것을 의미한다.

둘째, 학교 교육을 국민어 교육 중심에서 다언어주의적 번역의 교육 중심으로 변화시켜야 한다는 것 또한 마찬가지의 맥락에서 통일 코리아를 사유하고 상상함에 있어 우리가 반드시 고려해야 하는 지점이다. 현재 남한에서 지배적인 다문화주의는 사실 다문화주의적이라기보다는 기껏해야 외국인을 한국인으로 동화하기 위한 정책에 불과한 것이다. 이주자들을 모아놓고 한국어를 가르치고 한국의 문화와 풍습을 가르치는 것은 결코 우리 사회를 다문화적 사회로 만들어가려는 것이라고 볼 수 없기 때문이다. 오히려 그것은 민족국가의 공적 영역은 한국의 언어와 문화로 온전히 채우면서 오직 사적 영역에서나 이주자들이 자신들의 문화를 다소간 보존하도록 허용하기 위한 것이라고 볼 수 있을 것이다. 따라서 이러한 실천은 다시 한 번 사적 영역에서 한국인이 되지 못한 2등 시민으로서의 난민 또는 벌거벗은 생명을 생산하는 것으로 귀결될 수밖에 없다. 이러한 현재의 흐름을 변화시키기 위해서는 공적인 학교 교육 안에서 한국어 교육뿐만 아니라 다양한 언어들(여기에는 외국어뿐 아니라 북한어 및 코리언 디아스포라의 언어들을 비롯한 코리언 언어의 다양한 내적 흐름들까지 포함된다)의 교육을 실천하고, 그 언어들 사이의 상호 번역을 실천하게 만들며, 더 나아가서 상대방의 문화를 이해하고 서로 부딪히면서도 섞여 나갈 수 있는 시민공존(civility)의 공간을 만들어 나가는 것이 중요하다. 통일 코리아의 교육 제도는 따라서 서로가 흩어져서 만나지 못한 채 오랜 동안 상이한 삶을 살아오면서 생겨난 이질성을 서로 인정하고 동시에 서로로부터 상대방의 언어와 역사·문화적 유산을 배울 수 있는 공간을 만드는 데에서 자신의 새로운 목표를 찾아야만 할 것이다.

6. 결론: 북한인권문제에 어떻게 접근할 것인가?

우리는 이 글을 시작하면서 '인권의 정치가 인도주의적 개입(심지어 무력침공을 동반하기까지 하는)으로 반복적으로 변질되는 현상의 원인은 무엇인가' 하는 질문을 던진 바 있다. 인권의 정치를 둘러싼 아렌트로부터 시작해서 아감벤, 랑시에르, 발리바르로 이어지는 논쟁을 통해 우리가 도달한 결론을 요약하자면, 인권의 정치는 봉기권, 저항권, 시민불복종권 등으로 이해되는 '권리들을 가질 권리', 요컨대 '봉기적 시민권'을 그 필수적인 조건으로 갖는 것이며, 따라서 인권의 정치가 인도주의적 실천으로 변질되는 것은 바로 이러한 조건을 결여하거나 또는 그것으로부터 분리될 때에 일어나게 되는 일이라는 것이다. 이는 우리로 하여금 인권의 정치는 (몫이 없는 자들, 벌거벗은 생명 등) 배제된 자들 자신의 해방은 배제된 자들 자신의 과업일 수 있을 뿐이라는 관점, 인권의 정치는 따라서 아래로부터만 가능하다는 관점을 가질 것을 요구한다. 인권은 그것을 가진 자가 그것을 가지지 못한 자에게 선사해주거나 보호해줄 수 있는 것이 아니다. 이러한 시혜주의적 관점은 본래적인 의미에서의 '인권의 정치'와는 아무 상관도 없는 것이다.

이렇게 봤을 때 우리는, 북한의 인권 문제에 접근하는 것은 오직 아래로부터의 인권의 정치라는 관점을 견지했을 때에만 가능하다는 결론에 도달할 수 있다. 그러나 이는 북한의 인권 문제는 단지 북한 인민 자신의 문제일 뿐이며 북한 외부로부터의 그 어떠한 개입도 인권을 빌미로 한

인도주의적 내정간섭에 불과하다는 것을 의미하는 것은 결코 **아니다**. 왜냐하면 인권의 정치의 주체는 어떤 특정한 국가적 경계에 한정되어 있는 국민으로 제한될 수 없는 것이기 때문이다. 그것은 오히려 경계를 넘어서 형성되는 다양한 배제된 인민들의 연합으로서 사고되어야 한다.

그리고 바로 이 때문에 더욱 더 중요해지는 것이 바로 '시테에 대한 권리'라고 볼 수 있다. 남과 북의 주민이(그리고 또한 다양한 코리언 디아스포라 집단이) 서로 접촉하고 교류하고 생각을 나누고 자신들의 권리를 쟁취하기 위한 공동의 실천을 조직할 수 있기 위해선 적어도 '이동권'을 현재보다 훨씬 더 확장된 수준에서 보장하는 것이 중요하다. 물론 현재와 같이 남과 북이 적대적으로 대치하고 있는 상황에서 그 어떠한 통제도 없이 남과 북의 주민이 서로 교류할 수 있다는 것은 현실적이지도 않고 바람직하지도 않을 것이다. 그러나 그러한 상호 교류의 기회를 확장시키기 위해 남과 북 사이의 국경의 민주화를 이루어내는 것은 더 이상 미룰 수 없는 과제임에 분명하다. 이러한 국경의 민주화의 노력을 통해, 우리는 단지 북한 인민의 인권을 확장시킬 수 있을 뿐 아니라 또한 동시에 남한 인민의 인권을 확장시킬 수 있을 것이다. 그리고 오직 그렇게 될 때에만, 아래로부터의 통일운동은 한반도에서 다시 한 번 인권의 정치로 거듭날 수 있을 것이라고 믿어진다.

제9장 위험사회와
통일한반도의 녹색비전

박영균*

1. 들어가며: 분단체제 속에서 위험사회 사유하기

경계인의 관점에서 통일철학을 사유했던 송두율은 "'위험사회'와 '분단사회'가 중층적인 구조를 이루고 있"으며 "어느 것이 '주요 모순'이고 어느 것이 '부차적 모순'이라고 갈라 볼 수 없을 정도로 이 두 모순이 복잡하게 얽혀 있다"[1]고 말했다. 그렇기에 그는 한반도의 통일 과제를 '현대성이 낳은 위험사회를 극복하는 것'과 '한반도의 특수성으로서 분단사회를 극복하는 것'이라는, 이중의 과제로 규정했다. 그러나 이중과제를 동시에 사유하는 것은 그렇기 쉬운 일이 아니다. 왜냐 하면 오늘날 제기

---

* 건국대학교 통일인문학연구단 HK교수.
1) 송두율, 『21세기와의 대화』, 한겨레신문사, 1998, 51쪽.

되는 '위험사회'의 문제는 공간적으로만 보더라도 국경과 대륙을 넘어선, 전(全)지구적 차원에서 제기되는 '위험들'에 관한 문제이기 때문이다.

울리히 벡은 '위험사회'에 대해 다음과 같이 말하고 있다. "19세기와 20세기 초반의 공장이나 직업에 관련된 위해(hazards)와는 달리, 이 위험은 더 이상 특정 지역이나 집단에 한정되지 않으며 국경을 넘어서서 생산 및 재생산 전체에 퍼져가는 지구화의 경향을 보여준다. 그리고 그런 의미에서 이 위험은 새로운 유형의 사회-정치동학을 지닌 초국가적이고 비계급 특정적인 지구적 위해를 생산한다."[2] 그런데 이런 차원에서 보자면 '위험사회를 극복하는 과제'는 공간적으로 한반도라는 '지역'적 차원을 벗어나 있으며 가치론적으로도 '민족국가 대 인류보편'이라는 균열의 지점들을 포함하고 있다.

둘째, 울리히 벡이 말하는 위험들은 "근대화가 낳은 위험"이자 "산업화가 낳은 대량생산물이며 산업화가 지구적으로 전개되면서 체계적으로 강화"된 것으로, 그것은 "근대화 자체가 유발하고 도입한 위해와 불안들"이다.[3] 따라서 그는 '위험사회'로부터 나오는 성찰적 근대화는 "근대성의 종언이 아니라 시작", 즉 "고전적 산업사회의 그것을 넘어서는 근대성의 시작"이라고 말하고 있다.[4] 물론 그는 '탈현대'가 아니라 '제2의 근대화'로서 '성찰적 근대화'를 말한다. 하지만 이것은 그가 하버마스처럼 근대 이성의 성찰적 힘을 믿고 있으며 그것을 통해 위험사회 문제를 극복하고자 하기 때문이지 근대적 과제와 탈근대적 과제를 둘로 나누고 있는 것은 아니다.

하지만 그렇기 때문에 그가 말하는 위험사회론은 압축적인 근대화 및

---

2) 울리히 벡, 홍성태 옮김, 『위험사회: 새로운 근대(성)을 향하여』, 새물결, 1997, 44쪽.
3) 위의 책, 56쪽.
4) 위의 책, 40쪽.

산업화를 이룩한 이후 자본의 지구화에 급속히 편입됨과 동시에 그것이 낳은 위험들과 그에 대응하는 성찰적인 운동들이 전개되고 있는 한국사회를 분석하는 데에는 직접적으로 활용 가능하지만 분단에 적용하는 것은 한계가 있을 수밖에 없다. 따라서 현재 한국사회에서 논의되는 위험사회론은 주로 남쪽 내부문제, 예를 들어 토건국가나 개발독재, 개인주의화와 같은 산업화가 낳은 폐해들에 대한 논의로 한정되어 있으며 설사 '위험사회'라는 문제의식을 분단-통일문제에 적용한 경우들이 있다고 하더라도 아직까지는 '수사적 표현'을 벗어나지 못하고 있다.[5]

그러므로 분단사회와 위험사회의 극복이라는 이중과제를 통합적으로 다루기 위해서는 무엇보다도 먼저 위험사회에 대한 분석의 관점을 새롭게 정향시킬 필요가 있다. 울리히 벡의 논의는 근대화 · 산업화→개인주의화된 위험생산→위험의 지구화와 위험에 의한 위험의 지구적 생산과 분배, 관리→성찰적 근대화라는 식으로, '지구적인' 관점에 근거하여 '성찰'의 보편적 지평을 찾아가는 방식이다. 게다가 이 중에서도 그가 위험사회분석에서 매우 중요하게 다루는 '개인주의화'나 '의회민주주의', '성찰적 근대화' 등의 문제는 북쪽의 경우 해당하지 않을 뿐만 아니라 분단과 직접적인 관련을 맺고 있지 않다.

이런 점에서 근대산업사회가 생산하고 지구화(globalization)가 동반하는 위험사회의 문제들을 '분단'과 관련하여 다루기 위해서는 송두율이 말하는 "… 지구화 또는 세계화를 바로 지역성과 함께 또는 이 지역성

---

5) 예외가 있다면 녹색평화론을 이야기하는 박명규이다. 그는 울리히 벡의 위험사회로 한국사회를 규명하려는 노력들의 긍정적 측면을 인정하면서도 "이들의 논의는 위험사회의 문제의식을 한반도 남쪽, 즉 대한민국사회에 한정하여 이해하려는 경향"이 있다고 비판하면서 "녹색평화론은 이런 위험사회론의 시각을 한반도 전체, 남북한 분단질서 자체까지 확장하여 적용할 수 있는 틀이 될 수 있다"고 주장하고 있다(박명규, 「녹색평화론의 문제의식과 쟁점들」, 박명규 · 김성철 · 이찬수 외, 『녹색평화란 무엇인가』, 아카넷, 2013, 28쪽).

안에 이미 들어 있는 것"으로 보면서 "남북의 경험세계를 세계의 흐름 속에서 통일적으로" 파악하는 자세가 필요하다.[6] 이것은 지구화하는 위험사회를 울리히 벡처럼 '글로벌적(지구적, global) 관점'에서 파악하는 것이 아니라 오히려 분단체제라는 '로컬적(지역적, local) 관점'에서 '글로컬(지구지역적, glocal)'으로 파악해 가는 '관점의 전환'으로부터 시작하여 '휴전선'을 매개로 하여 작동하는 분단체제의 위험사회화 문제를 분석해갈 필요가 있다.

2. 분단체제의 위험사회화와 분석 대상들

분단체제의 위험사회화는 분단체제 자체의 재생산시스템으로부터 나온다. 백낙청이 말하는 분단체제는 자기 스스로 재생산하는 독립적인 '체제(system)'를 가지고 있다는 의미에서 '분단체제'이다. 따라서 분단체제는 "적대적 상호의존관계"나 "거울 이미지 효과(mirror image effect)"를 통해서 분단을 재생산한다. 적대적 의존관계는 "남북한이 서로 상대방과의 적당한 긴장과 대결 국면 조성을 통해서, 이를 대내적 단결과 통합 혹은 정권 안정화에 이용하는 관계"이며 거울 이미지 효과는 "일방의 행위가 상대방의 반작용을 일으키는 효과"이다. 따라서 분단체제는 남북이 상호 적대적이면서도 이런 적대성을 통해서 오히려 남과 북이 서로 닮음 꼴을 생산하는 분단 재생산의 메커니즘을 가지고 있다.[7]

또한, 그렇기에 분단체제의 재생산 메커니즘은 남 또는 북 내부에서

---

6) 송두율, 『21세기와의 대화』, 한겨레신문사, 1998, 51쪽.
7) 이종석, 「남북한 독재체제의 성립과 분단구조」, 역사문제연구소 엮음, 『분단 50년과 통일시대의 과제』, 역사비평사, 1995, 146~148쪽.

생산되는 위험들뿐만 아니라 '총풍'과 '북풍'과 분단체제 자체를 통해서 가중되는 위험들의 생산한다. 하지만 "한반도의 분단이 한반도만의 문제가 아니듯이 분단체제는 그 자체로서 완결된 체제가 아니며 현존 자본주의 세계체제가 한반도를 중심으로 작동하는 구체적인 양상"[8]이기도 하다. 따라서 분단체제의 위험생산메커니즘은 '지구화'와 분리되어 있는 것이 아니며 세계체제와의 상호작용 속에서 '지구화하는 위험들'을 중첩적으로 재생산한다. 바로 이런 점에서 분단체제의 위험사회화를 다루는 관점의 전환은 다음과 같은 세 가지 지점에서 출발할 필요가 있다.

첫째, 백낙청이 말한 바와 같이 "한반도의 분단을 두 개의 체제, 이념 또는 (정상적인) 국민국가 사이의 대립으로 보기에 앞서, 남북을 아우르는 하나의 분단체제가 있고 이 또한 완결된 체제이기보다 세계체제의 하나의 독특한 시·공간적 작동형태에 해당한다고 보는 관점"[9]에서 출발하는 것이다. 여기서 지구화하는 위험들은 분단체제를 매개로 하여 확대 재생산된다. 분단체제가 상대적으로 독립적인 재생산메커니즘을 가지고 있다고 할지라도 세계체제의 일부분으로, 국제적 환경 변화와 상호작용하면서 작동하며 지구화가 로컬적인 것들을 필요로 하듯이 오늘날 위험사회 또한 한반도의 분단체제의 적대성을 고리로 하여 확대 재생산되고 있다.

역사적으로 보았을 때, 분단체제는 '한-미-일 대 북-중-러'라는 남방삼각 대 북방삼각의 세계열강의 대결뿐만 아니라 오늘날 지구화와 더불어 진행되고 있는 세계열강들의 헤게모니 패권 경쟁, 특히 동북아에서 전개되고 있는 '미/중의 패권경쟁'이라는 '위험들'의 생산과 중첩되어 있다. 따라서 남과 북의 위험사회화는, 울리히 벡이 말하는 산업사회가 낳은

---

8) 백낙청, 『한반도식 통일, 현재진행형』, 창비, 2006, 46쪽.
9) 위의 글, 81쪽.

위험들뿐만 아니라 과거 동서냉전체제 및 그 와해와 신냉전체제의 형성
이라는 세계체제와 결합되어 있는 분단체제의 위험들 또한 가지고 있
다. 그리고 그렇기 때문에 오늘날 한국사회에서 위험사회에 대한 논의
는 산업사회가 낳은 위험들뿐만 아니라 글로컬적 특수성으로서 분단체
제가 낳는 위험들을 포함하고 있어야 한다.

둘째, 그럼에도 불구하고 북핵문제가 보여주는 바와 같이 분단체제의
위험들은 위험들의 극복이 아니라 울리히 벡이 위험사회의 생산메커니
즘으로 다룬 것처럼 '위험에 의한 위험의 생산'이라는 악순환을 창출하
고 있다. 분단체제는 북의 사회주의 대 남의 자본주의라는 체제대립과
사회형성처럼 남방삼각이라는 자본주의체제와 북방삼각이라는 사회주
의체제의 편입 속에서 이루어졌을 뿐만 아니라 북의 주체유일지배체제
가 중·소 분쟁이라는 사회주의권 내부의 분열 속에서, 남의 유신체제
가 1970년대 오일쇼크와 세계자본주의체제의 축적위기 속에서 탄생한
것이기도 하다. 하지만 그 위기가 생산하는 위험극복 방식에서 남과 북
은 기묘하게도 '닮은 꼴'을 취하고 있었다.

그것은 1970년대 초반 〈7·4남북공동성명〉 이후 남쪽의 유신체제와
북쪽의 유일체제라는 정치적 닮은꼴만이 아니라 경제주의적인 개발을
무엇보다도 우선시하면서 '수출 지향적 대외공업화' 노선을 취했던 남쪽
의 노선과 자립경제를 내세우면서도 '중화학공업우선정책'을 취했던 북
의 노선 사이에서도 나타나고 있다. 게다가 북쪽에 '5개년 인민경제발전
계획'→'7개년 인민경제발전계획'이 있었다면 남쪽에는 '경제개발 5개년
계획'이 있었으며 북쪽에 '새벽별보기운동'과 '천리마운동', '제2의 천리마
대진군 운동' 등이 있었다면 남쪽에는 '새마을운동'이 있었다. 따라서 남
과 북은 '수출지향' 대 '자립경제'라는 정반대의 입장을 취하면서도 강력
한 국가권력을 기반으로 하여 국가가 주도하는 계획적이고 통제적인

'산업화', '근대화'를 추진했다는 점에서 동일했다.

물론 대내냐 대외냐 등 국가의 경제발전방향 및 이윤동기부여방식 상에서 집단이익이냐 개인이익이냐, 개인주의냐 집단주의냐 등 대중을 동원하는 방식은 서로 달랐다. 하지만 남과 북이라는 두 개의 분단국가 내부에서 국민들을 경제생산에 동원하면서 서로 상대방에 대한 정치·군사적인 힘뿐만 아니라 경제적으로 우월한 사회를 만들고자 했던 것은 동일했다. 그리고 그런 상호 적대적 경쟁은 '분단국가주의'라는 위험을 낳았다. '분단국가주의'는 보다 강력한 국가라는 '권력'이 생산하는 '폭력'이라는 위험, 중앙집권화된 사회라는 '위계화'의 위험, 압축적인 근대화라는 '기술지향과 자연파괴'라는 위험 등을 낳았다. 따라서 분단체제의 거울상 이미지효과와 적대적 상호의존관계는, 세계의 근대화-산업화가 낳은 위험들을 보다 응축적이고 폭발적으로 가중시켜 놓았던 것은 분명하다.

셋째, 오늘날 분단체제가 낳았던 남과 북쪽에서 생산한 위험들, '핵무기 개발'과 '기후변화와 같은 자연재해', '에너지 위기', '북의 식량난' 등은 근본적으로 울리히 벡이 말하는 위험사회의 문제들과 다르지 않다는 점이다. 따라서 '녹색비전'에 주목할 필요가 있다. 오늘날 지구화하는 위험들로 제기되는 대표적인 문제들은 '핵 확산', '지구온난화와 기후변화, 대기 및 수질 오염과 같은 환경파괴', '생태계파괴', '에너지 위기', '식량난', '불평등', '빈곤 문제' 등이라고 할 수 있다. 하지만 이 중에서 '식량난'은 북의 경우에만 해당하며 '불평등 문제'는 남과 북 모두에 해당하지만 분단체제의 작동 시스템보다는 남, 북 각각이 가지고 있는 정치·경제적 시스템과 관련되어 있다는 점에서 분단체제의 위험사회화가 낳는 근본적인 문제라고 할 수는 없다.

게다가 울리히 벡의 위험사회에 대한 성찰은 "사회적 위해와 그 문화-정치적 잠재력"을 "한 측면"으로 가지고 있으면서도 "다른 측면은 산업사회 내부에서 전개되는 근대성과 반(counter)근대성 사이의 내재적인 모순들을 논의의 중심에 놓고" 있기 때문에[10] 탈산업사회로 이행하고 있는 '남'과 여전히 산업사회에 머무르고 있는 '북' 모두에게 적용될 수 있는 것이 아니다. 울리히 벡이 말하는 '근대화와 산업사회가 낳은 위험들'은 굳이 분단체제 가정하지 않더라도 오늘날 산업화된 국가와 도시들에서 공통적으로 나타나고 있는 것들이다.

그러므로 분단사회와 위험사회의 이중과제의 극복을 다루기 위해서는, 위험들의 분석대상과 작동메커니즘을 분단체제에 의해 생산되는 '지구화된 위험'들로, '분석대상 자체를 바꾸어야 한다. 즉, 분단체제의 위험사회화의 분석 대상은 ①'남' 또는 '북'이 아니라 '남과 북'이라는 한반도 전체의 차원에서 작동하면서도 ②'분단체제의 재생산 시스템'과 결합되어 중첩적으로 생산되고 있는 ③'지구화된 위험들'이라는 세 가지 조건을 충족하는 것들이어야 한다. 또한, 그렇기에 지구화된 위험들에 대한 성찰적 기능 또는 극복의 비전도 글로벌적 차원에서 주어지거나 '남' 또는 '북'의 두 국가 내부 차원에서 주어지는 것들이 아니다. 오히려 그것은 '남과 북'이 분단을 극복하고 '통일을 지향하는 관계'를 만들어가는 과정 속에서 주어져야 한다.

3. 통일의 녹색패러다임 전환과 녹색통일담론의 문제

한국사회 내부에서 처음으로 녹색비전을 담은 문제의식이 제출되었던 것은 "민족이념과 생태이념을 동시에 개념화한 '생태민족주의'"[11]를

---

10) 울리히 벡, 홍성태 옮김, 『위험사회: 새로운 근대(성)을 향하여』, 새물결, 1997, 44쪽.

제안했던 1996년 최병두의 「북한의 환경문제와 통일을 위한 생태전략」
이라고 할 수 있다. 물론 2000년대 이전에도 남북관계를 생태적 관점에
서 다루었던 논의들이 없었던 것은 아니다. 하지만 최병두 이외의 논문
들은 주로 남북 농업협력이나 에너지 협력이라는 특정 분야나 남북 교
류 차원에서 각론적으로 다루거나 국토 발전 차원에서 다루는 것들이
대부분이었다. 하지만 2000년대 들어오면서 한반도의 통일이라는 미래
적 차원에서, 그리고 총론적 차원에서 녹색비전을 제시하는 담론들이
점차 증가하기 시작했다.

이 중에서도 한국 내부적으로 보았을 때, 녹색패러다임의 전환에 큰
기여를 한 것은 '녹색국가'담론이었다고 할 수 있다. 국가론의 관점에서
녹색비전을 제시하고 있는 논의들은, 사실상 기존까지는 화합하기 힘든
개념인 녹색과 국가를 결합시키고 있었기 때문이다. 그렇다고 이들이
녹색이념을 포기한 것은 아니었다. 그들은 녹색의 현실화 및 실천적 구
현이라는 문제의식에서 '국가의 녹색화'를 모색하고자 했으며 '국가와의
불장난'을 시작했다. 2001년 문순홍은 "인간 존재의 조건 변화로 인해 생
태중심성과 인간중심성 그 사이에서 인간복지와 생태복지를 동시에 추
구하는 국가"로서 '녹색국가'라는 개념을 제안[12]했으며 이후, 〈바람과물
연구소〉를 중심으로 이와 같은 담론의 체계화가 시작되었다.

구도완은 "삶의 정치, 자원순환형 경제사회체제, 시민참여의 정치, 지

---

11) 최병두, 「북한의 환경문제와 생태통일전략」, 『황해문화』 39, 새얼문화재단,
2003, 199쪽. 하지만 여기서 제안된 생태민족주의에 대한 기본구상은 1996년
에 발표된 논문(최병두, 「북한의 환경문제와 통일을 위한 생태전략」, 『사회과
학연구』, 대구대 사회과학연구소, 1996)이다.
12) 문순홍, 「녹색국가 논의의 구조와 과정: 녹색국의 유형화·단계화 및 이를 결
정하는 변수들」, 바람과물연구소 편, 『한국에서의 녹색정치, 녹색국가』, 당대,
2002, 270쪽(이 논문은 본래 2001년 있었던 바람과물연구소 심포지엄에서 발
표된 논문을 수정·보완한 것임).

구환경정치가 녹색국가의 목표"라고 주장[13])하면서 국가를 통한 녹색의 현실화를 모색했다. 또한, 조명래는 "국가론의 녹색화는 … '다스림', '통치'의 한 연장에서(즉, 인간계 밖으로 국가행위를 연장해서) 인간과 자연의 관계를 호혜롭고 상호 평등하게 지속시켜 가는(즉, 다스려가고 통치해가는) 조건을 모색하는 국가론의 새로운 시도"로 규정하면서[14]) 녹색국가론을 체계화하고자 했다. 따라서 녹색국가론은 애초부터 북쪽의 환경문제와 더불어 녹색의 이념을 민족주의와 결합시키려고 했던 최병두와 달리 남쪽 국가에서의 녹색화에 초점을 두고 있었다.

이런 점에서 이들의 논의는 '한반도의 분단'이나 '통일의 녹색비전'을 찾는 데 있지 않았으며 문제의식 또한 한국사회와 국가를 중심으로 한 녹색화에 두고 있었다. 이들은 '녹색가치 및 환경정의'를 추구하는 정도에 따라 약한 녹색국가, 강한 녹색국가 등의 국가유형을 구분하고 이에 따라 대한민국이라는 국가의 녹색화 정도를 진단하면서 이 속에서 국가를 녹색화하고자 했던 것이다. 하지만 최근 녹색국가담론을 가지고 남북관계를 다루는 연구들이 나타나고 있다. 대표적으로 2010년 구갑우는 "남북이 추구했던 발전·안보국가가 한계에 직면하면서 대안으로 제시되고 있는 '녹색·평화국가'의 시각에서, 국가형태와 남북관계"[15])를 다루고 있다.

물론 그렇다고 녹색국가담론을 만들어갔던 사람들이 분단이나 통일론, 한반도의 녹색화에 관심이 없었던 것은 아니었다. 이것은 〈바람과

---

13) 구도완, 「환경위기와 녹색국가」, 『환경정책』 10-1, 한국환경정책학회, 2002, 145쪽.

14) 조명래, 「국가론의 녹색화를 위한 시론」, 『한국정치학회보』 36-2, 한국정치학회, 2002, 48쪽.

15) 구갑우, 「녹색·평화국가론과 한반도 평화체제: 국가형태와 남북관계」, 『통일과 평화』 2-1, 서울대 통일평화연구원, 2010, 6쪽.

물연구소)가 편찬한 책에 실린 송태수의 논문에서도 그 흔적을 찾아볼 수 있다. 여기서 그는 독일 통일에 대한 성찰에 기초하여 '에너지', '농업 문제'를 포함하는 "녹색경제교류협력"과 DMZ의 "녹색평화지대화", 그리고 이를 통한 "녹색통일경제체제"라는 구상을 내놓았다.[16) 또한, 2003년 백낙청은 『녹색평론』과 적극적인 관계를 가지면서 "지속가능한 발전이라는 환경관리주의적 이념" 대 "경제적·기술적 발전 자체를 적대시하는 생태근본주의적 노선"이라는 상호 대립적 노선 양자를 비판하고 "생명의 지속적 발전'(life-sustaining development)"이라는 새로운 패러다임에 기초한 통일에 대한 사유를 주창하였다.[17)

하지만 그것은 여전히 남과 북 양자 모두를 포괄하는 총괄적이고 체계적인 한반도의 녹색비전을 제시한 것이라고 할 수는 없었다. 현재의 시점에서 녹색통일론이라고 할 수 있는 통일한반도의 녹색비전에 대한 담론을 체계화한 시발점이 된 것은 2009년 박명규가 「남북정상회담과 녹색평화선언구상」에서 제시한 '녹색평화론'이라고 할 수 있다. 여기서 그는 "녹색가치와 평화지향을 결합"시킨 '녹색평화론'을 주창하였다.[18) 그리고 그 이후 서울대 통일평화연구원을 중심으로 하여 통일에 관한

---

16) 송태수, 「한반도 '녹색' 통일경제체제의 모색」, 바람과물연구소 편, 『한국에서의 녹색정치, 녹색국가』, 당대, 2002, 248~257쪽.

17) 백낙청, 「생명지속적 발전을 위하여」, 『녹색의 주류화를 위하여』환경운동연합 10주년 기념 심포지엄 자료집, 2003.4.2, 8쪽.

18) 박명규, 「한반도 녹색평화의 비전과 구상」, 『녹색평화의 비전과 21세기 한반도』, 서울대 통일평화연구소 창립 4주년 심포지엄 자료집, 2010.4.26, 9쪽. 하지만 박명규의 녹색평화론에 대한 구상이 처음 제기된 것은 2009년(박명규, 「남북정상회담과 녹색평화선언구상」, 『지속가능한 대북정책 모색』, 민화협 심포지엄 자료집, 2009. 12. 16.)이었으며 최근 이에 대한 문제의식을 더욱 확장시키고 있는 중(박명규, 「녹색평화론의 문제의식과 쟁점들」, 박명규·김성철·이찬수 외, 『녹색평화란 무엇인가』, 아카넷, 2013; 박명규·백지운, 「21세기 한반도발 평화인문학의 모색」, 『동방학지』 161, 연세대 국학연구원, 2013.)이다.

녹색평화담론을 만들어가고 있으며 2013년에는 이런 연구 성과를 모아서 서울대 통일평화원에서 출판하는 평화인문학 총서로서 『녹색평화란 무엇인가』를 출판하였다.

하지만 그럼에도 불구하고 오늘날 한국에서 진행되고 있는 통일한반도의 녹색비전을 둘러싼 담론에는 몇 가지 문제들이 존재한다. 첫째, 녹색이념 그 자체의 급진성과 국가 자체의 속성의 충돌로부터 발생하는 '난점'이다. 녹색이념은 기본적으로 환경파괴로부터 시작하여 인간에 의한 자연지배, 인간과 자연을 구분하고 인간을 자연보다 우월한 것으로 간주하는 인간중심주의에 대한 비판으로 나아가며 근대적인 산업화와 개발주의 논리에 대한 비판으로부터 시작하여 오늘날 거대화된 기술과 현대문명, 물질적 풍요 전체를 비판하는 데로 나아간다. 따라서 녹색의 이념이 보다 근본적(radical)인 것이 될수록 녹색은 '반문명, 반국가'적 경향을 가지게 되며 그럴수록 녹색은 '현실성 없는 이상주의'나 '원초적 자연'으로 회귀하고자 하는 '낭만적 자연주의'로 퇴행하는 경향이 있다.[19]

둘째, 통일녹색담론들 내부에서 녹색이념과 가치를 '교란'하는 요인들이 작동한다는 점이다. 대표적으로 분단체제에서 작동하는 '위험의 중첩적 · 가중적 생산메커니즘'은 거시적 측면에서 보았을 때, '강성대국론'과 '선군정치'를 따라 이루어지는 북의 핵-미사일 개발이나 북의 위협에 대항한다는 논리로 진행되는 한-미-일 삼각동맹의 대북봉쇄정책, 그리고 미/중 패권경쟁이라는 신냉전체제의 형성으로 드러난다. 따라서 분단체제의 위험성은 '녹색' 이전에 '평화'의 문제처럼 보인다. 하지만 그렇기 때문에

---

19) 이런 점에서 박명규는 "〈녹색평론〉같은 흐름은 농촌공동체를 예찬하는 반대 근적 지향성으로 경도되는 경향을 보이고 있고 철학적, 인문학적 녹색론들도 대체로는 꿈이나 상상력, 담론 차원에 머물거나 소규모 공동체운동과 연관되면서 종합적인 미래 비전으로서의 무게를 갖추는 데까지 나가가지 못하고 있다"고 비판하고 있다(위의 글, 9~10쪽).

'교란'이 발생한다. 왜냐 하면 '녹색평화론'이 보여주고 있는 바와 같이 일반적으로 한국에서 진행되는 통일한반도의 녹색비전은 '녹색'보다는 '평화'를 중심으로 논의가 전개되는 양상을 가지고 있기 때문이다.

셋째, '녹색의 국가화', 또는 '녹색의 자본화'라는 '위험 그 자체'이다. 지난 2008년 8월 15일 이명박 정부는 "미래 60년의 국가비전, 저탄소녹색성장정책"이라는 녹색성장담론을 내놓았다. 그리고 이와 더불어 남북경제교류협력에서도 '신재생에너지협력'이 주요한 이슈로 떠올랐다. 하지만 '녹색성장(Green Growth)'이라는 말 자체가 성립할 수 없음에도 불구하고 '녹색성장'이라는 담론체계를 만들어낸 것은 말 그대로 오늘날 '녹색'이 '성장'의 기반이 되었다는 것, 즉 녹색을 부가가치를 생산하는 산업으로 바꾸어 놓겠다는 것을 의미한다. 따라서 이것은 울리히 벡이 말하고 있는 위험사회의 위험 생산 메커니즘과 동일한 메커니즘을 가지고 있다.

그는, 오늘날 "자연과 사회의 대립"은 끝났으며 위험은 "사회, 정치, 경제적 동학의 구성요소"가 되었기 때문에[20] 위험 그 자체가 정치·경제·문화적 조건이 되며 위험들이 "거대한 사업거리"가 된다고 말했다.[21] 여기서 위험사회의 위험 생산 메커니즘은 '위험'이 위험을 생산하며 자연파괴가 오히려 산업체계를 작동시키는 기반이 된다. 그러므로 통일한반도의 녹색비전을 찾아가기 위해서는 통일에 관한 녹색담론들이 가지고 있는 '난점'과 '교란', '위험 그 자체'들인 '녹색과 국가의 결합', '평화와 녹색의 관계', '녹색의 자본·국가화' 각각에 대한 문제들을 극복하는 데에서 시작해야 한다.

---

20) 울리히 벡, 홍성태 옮김, 『위험사회: 새로운 근대(성)을 향하여』, 새물결, 1997, 144쪽.
21) 위의 책, 58쪽.

4. 통일패러다임으로의 녹색비전과 녹색통일담론의 구축 방향

조명래는 "··· 지금의 지배적인 국가유형은 분명 반생태적이다. 하지만 인간과 인간간의 평등뿐만 아니라 인간종과 생물종간의 호혜적 공생관계를 회복하고 관리하기 위해선 국가의 존재가 필히 전제되어야 한다."고 주장하면서 녹색국가론을 주장했다.[22] 하지만 2002년 이런 시도에 대해 "'녹색'과 '국가'가 기본적으로 패러다임적인 대립관계"에 있기[23] 때문에 "녹색국가의 본질이 가지는 딜레마 또는 아이러니로 인한 녹색국가론의 한계를 완전히 극복하지 못했다"[24]고 논평했다. 또한, 2002년 백낙청이 제안한 '생명의 지속적 발전'이라는 개념에 대해서도 『녹색평론』의 김종철은 이 개념이 추상적이고 모호할 뿐만 아니라 자본에 타협적이라고 비판하면서 "소농과 그 공동체를 기반으로 한 생태적 순환사회를 지향"해야 한다고 주장하고 있다. 이런 비판은 '근본적'이며 녹색이념에 가장 충실한 비판이라고 할 수 있다.

하지만 이런 근본적인 비판은 오늘날 환경·생태계 파괴라는 위험을 극복하기 위해서는 현실적으로 '반(反)기술'이 아니라 울리히 벡이 말하는 "효과적인 치유를 요구하는 방식으로 체결되는 과학화된 제2의 도덕성"[25], 즉 생태친화적인 기술의 발전이 필요하듯이 한반도의 녹색화 전략도 '남과 북'이라는 두 국가의 녹색실천이 전제되어야 한다는 점에서 현실적으로 작동 가능한 녹색이념이 아니라는 문제를 가지고 있다. 또

---

22) 조명래, 「국가론의 녹색화를 위한 시론」, 『한국정치학회보』 36-2, 한국정치학회, 2002, 66쪽.

23) 최병두, 「녹색국가는 가능한가」, 『환경과 생명』 34, 환경과 생명(환경과 생명을 위한 모임), 2002, 248쪽.

24) 위의 글, 253쪽.

25) 울리히 벡, 홍성태 옮김, 『위험사회: 새로운 근대(성)을 향하여』, 새물결, 1997, 144쪽.

한, 이와 같은 녹색의 현실화가 '궁극적으로' 국가권력을 사회화함으로써 점차적으로 국가권력을 사회적 공동체들의 자치 권력으로 바꾸어가는 '국가의 사회화'를 낳느냐 아니면 역으로 시민사회의 자치역량들을 국가권력의 메커니즘 내부로 흡수함으로써 사회 권력을 국가화하는 '사회의 국가화'로 나아가느냐의 문제는 경로 의존적이다.[26]고 말하고 있다. 따라서 문제는 '타협'이나 '변용'이 아니다.

이념의 현실화는 이념의 순수한 관념적 형태 그대로 구현되는 것이 아니며 현실의 오물들을 뒤집어쓴 채 진행될 수밖에 없다. 여기서 문제는 '녹색의 국가화', '사회의 국가화'에 대항하여 '국가의 녹색화', '국가의 사회화'라는 길을 만들어가는 것이다. 예를 들어 '신재생에너지'라는 개념이 그런 전선의 축이 될 수 있다. 이전까지 탈핵을 표방했던 녹색진영에서 사용했던 말은 '재생에너지'였다. 그런데 원자력진영은 '재생에너지' 개념에 '신에너지'라는 개념을 조합하여 원자력과 양립 가능한, '새롭다'는 의미에서 '신재생에너지'라는 말을 사회적인 언어로 담론화하고 이를 통해서 "물타기"를 시도했다.[27] 하지만 이것은 이명박 정부가 녹색

---

26) 이런 점에서 구갑우도 "평화의 이념도 녹색의 이념처럼 궁극적으로는 반국가적이지만, 국가의 존재를 인정하는 한 녹색·평화국가가 시민권을 획득하기 때문에 불가피하게 현실에서는 '과정－구조'의 성격을 지닌다."고 말하고 있다(구갑우, 「녹색·평화국가론과 한반도 평화체제: 국가형태와 남북관계」, 『통일과 평화』 2-1, 서울대 통일평화연구원, 2010, 18쪽).

27) 신재생에너지는 태양에너지나 풍력처럼 순수하게 재생가능한 에너지만이 아니라 수소와 연료전지로 생산하는 에너지, 바이오에너지(각종 유기성 생물체를 변환시켜 얻어지는 기체·액체 또는 고체의 연료를 연소 또는 변환시켜 생산하는 에너지), 폐기물에너지(가정 또는 사업장에서 발생되는 가연성 폐기물 소각시 발생하는 열을 이용하여 생산하는 에너지), IGCC(고체상태인 석탄을 액화 및 가스화 하여 얻어지는 에너지)를 포함하고 있다. "'신재생에너지'라는 용어를 고집하는 숨은 이유 중 하나는 새로운 원자력 기술을 슬그머니 끼워 넣을 수 있기 때문이다. 이는 수소생산 원자로를 보면 분명하게 알 수 있다. 수소가 '신재생에너지'라면 수소를 생산하는 원자로도 '신재생에너지'에 포함될 수밖에 없는 것이다. '그린에너지 전략로드맵'에 각종 새로운 원

성장 계획으로 제출한 〈그린에너지 전략 로드맵〉을 보듯이 '반녹색적'인 것이었다. 이것은 2030년까지의 투자액 중 원자력에 투자되는 재원은 4.2조 원인 반면 태양광에 투자되는 재원은 1.4조 원에 불과했다는 점에서도 드러나고 있다. 따라서 타협과 변용에 대한 녹색의 대항전선은 '국가' 일반에 대한 근본적 비판이 아니라 '녹색의 자본·국가화'라는 '위험 그 자체'에 대한 것이 되어야 한다.

게다가 울리히 벡이 말한 것처럼 '위험을 통한 위험'을 생산하는 위험 사회화는 제2의 근대화, '성찰적 근대화'를 불러온다. 예를 들어 이명박 정부의 녹색성장정책은 '발전차액지원제도'와 같은 고정가격구매제도를 가져왔는데, 이것은 전기의 생산과 판매에 대한 자유방임적인 시장참여의 길을 열어놓음으로써 자본에 의한 에너지의 상품화뿐만 아니라 시민들의 참여를 손쉽게 함으로써, 오히려 자본에 의한 에너지 통제를 어렵게 만들어 놓는 '반작용'을 불러왔다. 또한, 이명박 정부가 추진했던 '녹색성장'이라는 국가비전 담론은 4대강사업과 원자력 문제 등, 우리사회가 가지고 있는 위험사회에 대한 전사회적 관심을 촉발시키는 계기가 되었다. 그렇다면 문제는 국가의 녹색화 내부에서 작동하는 녹색의 자본·국가화에 대항하는 대항담론과 대항전선을 만들어가면서 녹색담론 내부에서 일어나는 '교란'요인들을 제어해가면서 시민사회의 녹색역량을 구축하는 것이라고 할 수 있다.

마찬가지로 한반도의 녹색화 전략도 민족적 동일화의 욕망 위에서 진행되는 통일운동 및 남북교류협력이 '민족의 이익'이라는 차원에서 녹색의 이념과 가치를 포획하는 '변질과 타락' 및 녹색통일담론 내부의 '교란' 요인에 대항하여 남과 북 두 국가의 녹색화와 한반도의 녹색화를 만들어

<hr>

자력기술이 들어갈 수 있는 이유도 거기에서 찾을 수 있다."(이필렬, 「에너지 전환은 생태적 변혁의 첫걸음」, 『창작과 비평』 41-3, 창비, 2013, 22쪽).

가는 대항담론과 대항전선을 구축하는 것이라고 할 수 있다. 통일녹색담
론 내부의 '교란'은 북의 에너지난 해결에만 주목하면서 '재생에너지'가
아닌 반녹색적인 '신재생에너지협력'을 내세우는 '물타기'를 하거나 녹색
의 생태주의 프레임을 '평화', '복지'와 결합시켜 결국에는 무늬만 녹색인
녹색담론들을 양산하는 것이다. 물론 녹색이념이 근본적으로 '자연과 인
간을 포함하는 생태계 전체의 삶'을 다룬다는 점에서 자연과 인간, 인간
과 인간 사이의 폭력을 배제하는 평화를 포함한다는 것은 논리적으로 틀
린 이야기는 아니다. 하지만 이 둘을 함께 섞어 놓으면 가치비중의 경중
은 현실적으로 지금 당장의 위험들에 방점이 주어질 수밖에 없다.

'평화의 관점'에서 보면 '남북의 평화'를 위협하는 핵무기와 비핵화가
초점이 되지만 '녹색의 관점'에서 보면 자연생태계를 파괴하고 생명파괴
적인 위협을 생산하는 '핵무기뿐만 아니라 소위 핵의 평화적 이용'을 포
함한 모든 핵에 대한 폐기로 나아갈 수밖에 없기 때문이다. 예를 들어
구갑우는 "녹색은 적극적 평화를 위한 조건"이라고 주장하면서도 오늘
날 한반도에서 "녹색·평화의 길"로 나아가는 "실현가능한 연대의 원칙
으로", '반전·반핵·평화의 원칙'과 "평화적 방법에 의한 평화의 원칙"을
제안하고 있다.[28] 하지만 여기서 제기된 연대의 원칙은 '평화의 가치' 위
에서 제기된 것이지 '녹색의 가치' 위에서 제기된 것이 아니다. '반전·
반핵' 또는 '비핵화'는 평화의 가치로 충분하지만 녹색의 가치는 핵무기
를 포함하여 모든 핵사용에 대한 폐기로서 '탈핵'을 요구한다. 게다가 그
는 "한반도 비핵화와 평화체제는, 남북한이 녹색·평화국가로 전환하게
하는 국제적 계기"[29]가 될 것이라고 하면서 '비핵화와 평화체제를 녹색

28) 구갑우, 「녹색·평화국가론과 한반도 평화체제: 국가형태와 남북관계」, 『통일
   과 평화』 2-1, 서울대 통일평화연구원, 2010, 34쪽.
29) 위의 글, 20쪽.

실천에 선행하는 과제인 것처럼 다루고 있다.

하지만 이런 '평화' 중심의 녹색담론은 '북의 핵-미사일 개발'과 같은 문제들에 집중적으로 초점을 맞춤으로써 분단체제의 위험사회 생산 문제를 북의 위험사회 생산 문제로 바꾸어 놓고 일단 선행하는 것으로 '비핵화'를 요구하기 때문에 당장의 남북 간 녹색교류협력을 가로막는 장애물이 기능하게 될 가능성이 높다.[30] 이것은 박명규 또한 마찬가지이다. 그 또한 "평화형성이 녹색발전의 전제"라고 규정하고 있다. 하지만 이보다 더 큰 문제는 이런 담론들이 '녹색이념과 가치'를 훼손하는 '교란작용'에 말려들고 있다는 점이다. 박명규는 "저탄소발전방식의 창안을 모색하는 가운데 핵기술에 대한 관심이 다시 불거지고 있다"[31]고 하면서 오랫동안 녹색진영에서 비판해 온 핵무기와 핵의 평화적 사용을 분리하고 있다는 점이다. 이미 구도완은 "'핵의 평화적 이용'은 '핵의 군사적 이용'과 뗄 수 없는 관계에 있다"고 하면서 이런 구분은 "핵발전의 경제성, 불가피성, 안전성 담론을 지속적으로 변형, 재생산하면서 이 시스템을 유지"하는 이데올로기라고 비판했었다.[32]

---

30) '평화'는 남쪽이 강조하는 가치이며 '민족대단결 또는 자주'는 북쪽이 강조하는 가치이다. 따라서 '평화의 원칙' 속에서만 남북관계를 보는 것은, 그 의도와 달리 통일을 말하면서 '분단국가주의'를 재생산하는 경향을 가지고 있다. 이에 대한 구체적인 논의는 박영균, 「남북의 통일원칙과 통일과정의 기본가치: 민족과 평화」, 『시대와 철학』 25-2, 한국철학사상연구회, 2014를 참조하시오.
31) 박명규, 「한반도 녹색평화의 비전과 구상」, 『녹색평화의 비전과 21세기 한반도』, 서울대 통일평화연구소 창립 4주년 심포지엄 자료집, 2010. 4. 26, 10쪽,
32) "'핵의 평화적 이용'은 '핵의 군사적 이용'과 뗄 수 없는 관계에 있다. 이러한 핵위험의 바탕에는 외부의(또는 가상의) 적을 대상으로 폭력(군사력)을 정당화하는 국가주의, 민족주의가 있다. 둘째, 핵발전은 산업주의와 깊은 관련이 있다. '핵의 평화적 이용'은 값싼 전기의 안정적 공급이라는 목표를 정당화하는 이데올로기로 재생산되었다. 공장 굴뚝의 검은 연기가 민족웅비의 상징이었듯이 원전은 근대 발전의 상징이 되었다. 셋째, 핵발전은 과학기술주의와 깊은 관련이 있다. 과학기술에 의해 핵은 안전하게 관리되고 통제될 수 있다는 이데올로기가 핵발전의 문화적 토대이다. 핵발전은 소수 과학기술 엘리트

그러므로 '통일한반도의 녹색비전'은 녹색은 녹색대로, 평화는 평화대로 그 나름의 독자적인 지위와 역할을 분명히 하고 각각의 영역에서 남북의 교류와 협력을 만들어가야 한다. 평화는 반(反)폭력에 초점이 있다면 녹색은 생명에너지의 생태학적 순환에 초점이 있기 때문에 분단체제와 관련하여 평화는 남과 북 두 국가 간의 폭력 또는 남북주민 사이의 폭력, 분단국가에 의한 자행되는 폭력을 제거함으로써 평화를 이룩하는 데 초점을 두고 '한반도의 평화비전'을 모색한다면 녹색은 남과 북이 오늘날 자연파괴에 의한 기후변화 및 자연재난, 에너지위기, 식량난 등의 위험에 대응하여 자연과 인간의 공존 및 생명에너지의 선순환적 메커니즘을 확보하는 데 초점을 두고 '한반도의 녹색비전'을 모색해야 한다. 또한, '한반도의 녹색비전'은 핵의 군사적 사용에 초점을 두는 '비핵화를 벗어나서 모든 핵사용에 대한 폐기를 요구하는 '탈핵'의 관점에서 남과 북을 포함하는 녹색의 이념과 원칙에 충실하면서도 일관적인 비전이 되어야 한다.

5. 나가며: 한반도의 녹색화 전략과 통일한반도의 녹색비전

오늘날 북은 '더 큰 위험을 생산함으로써 위험을 막는' 울리히 벡이 말하는 '위험생산메커니즘'으로 빠져들고 있다. 여기서 작동하는 정당화

들이 정보와 통제권을 독점하기 때문에 시민의 참여에 의한 민주적 통제가 매우 어려운 권위주의적 기술체계의 특성을 갖는다. 요약하면 핵발전은 단순한 하나의 기술 또는 발전방식이 아니라 국가(민족)주의, 산업주의, 과학기술주의를 바탕으로 만들어지고 이를 재생산하고 강화하는 거대한 지배시스템이다. 이 시스템의 재생산을 통해 이익을 보는 세력들은 핵발전의 경제성, 불가피성, 안전성 담론을 지속적으로 변형, 재생산하면서 이 시스템을 유지한다."(구도완, 「생태민주주의 관점에서 본 한국 반핵운동」, 『통일과 평화』 4-2, 서울대 통일평화연구원, 2012, 59~60쪽).

의 논리는 '자주의 원칙'이다. 그는 주변부의 빈국들은 식량문제를 해결하기 위해 화학물질을 사용하면서 그것을 "자주성을 획득하기 위한 투쟁"으로 정당화하며 "물질적 빈곤을 극복하고 국가적 자주성을 획득하려는 나라들의 특수한 이해관계와 결합하여 그 말의 가장 참된 의미에서 폭발성의 혼합물을 만들어낸다"고 말했다.33) 현재 북 또한 이런 '폭발성의 혼합물'을 만들어내고 있다. 북은 1980년대 말 중국의 개혁·개방과 소비에트연방의 해체에 따른 석유공급 및 에너지기술지원의 중단으로 인한 에너지 위기 및 1990년대 중반 가뭄과 홍수라는 자연재해를 '핵과 경제건설 병진노선'을 통해서 돌파하고자 했다. 하지만 1차 북핵위기를 종결지었던 1994년 10월 21일 〈제네바합의〉는 이행되지 못했으며 '북핵위기'는 오늘날 '휴전선'을 경계로 하여 형성되고 있는 동북아 신냉전체제의 고리가 되어가고 있다. 따라서 오늘날 한반도의 분단체제가 생산하는 위험 중 가장 시급하고 큰 문제는 '핵문제'를 비롯한 군사적 대결구도라고 할 수 있다.

하지만 현재 '북핵문제'는 '평화'나 '녹색'의 원칙만으로 이 문제를 돌파할 수 있는 것은 아니다. 여기에는 '경제적 문제', 특히 에너지난의 문제가 함께 얽혀 있다. 이것은 1차 북핵위기를 해결했던 〈제네바합의〉에서 미국이 북의 핵프로그램 가동 중단의 대가로 중수로 건설 및 중유 50만 톤을 지원하기로 했다는 점에서도 드러나고 있다. 현재도 북은 '핵프로그램불능화조치'에 대한 대가로 북미외교정상화, 평화협정체결 등을

---

33) 울리히 벡이 말한 논리는 다음과 같다. "화학물질을 사용한다면 주변부의 빈국들은 자신들의 식량창고를 세울 수 있을 것이며 산업세계의 강력한 중심부로부터 조금은 독립할 수 있을 것이다. 제3세계의 화학공장들은 생산 및 비용이 많이 드는 수입의 면에서 이처럼 독립해야 한다는 인상을 강화한다. 굶주림에 맞서고 자주성을 획득하기 위한 투쟁은 어떤 경우에나 인지할 수 없는 위해들이 억제되고 최소화되며, 그 덕분에 증폭되고 확산되며 결국에는 식량사슬을 통해 부유한 산업국들로 되돌아가는 보호막을 형성한다."(울리히 벡, 홍성태 옮김, 『위험사회: 새로운 근대(성)을 향하여』, 새물결, 1997, 86쪽).

요구하고 있다. 따라서 현재 작동 중에 분단체제의 위험생산에 대한 대응 방향은 첫째, 북의 에너지난 및 경제적 어려움의 해결이라는 문제와 연동되어 있으며 현재의 분단체제가 생산하는 위험에 대한 통일지향적 모색 또한 '북의 에너지난'과 '식량난' 해결로부터 시작되어야 한다. 그것은 '북의 에너지난 및 식량난' 해결을 '녹색비전' 속에서 모색하는 것이다.

하지만 그렇기 때문에 여기에는 항상 녹색의 경제적 이용이라는 '위험 그 자체', '녹색의 자본·국가화'의 문제가 도사리고 있다. 이명박 정부는 2009년 7월 14일 『녹색성장 5개년계획(2009~2013)』을 발표하고 "남북 간 신재생에너지 등 에너지 분야 협력 기반 조성을 통한 탄소배출권 확보", "북한 내 신재생에너지 기술 전문가 양성", "에너지 설비의 현대화와 오염방지시설 설치 등"[34]의 계획을 발표한 바가 있다. 하지만 이것은 울리히 벡이 이야기하는 '산업사회의 부산물'로서 '위험생산'을 더욱 가속화하고 북을 신자유주의 세계체제로 편입하여 이윤추구의 '대상'으로 전락시켜버리는 위험을 그대로 생산할 뿐이다. 왜냐 하면 오늘날 탈산업사회로 이동하는 제1세계는 제3세계로 환경오염산업들을 이전시키고 환경폐기물들을 신재생에너지사업이라는 명분으로 제3세계에 떠넘기면서 '쓰레기장'으로 만들고 있기 때문이다.

게다가 분단체제에서 고통을 받는 북의 식량난과 경제난에는 다양한 국내외적인 요인들이 있지만 국내적으로 보았을 때, 그것은 반(反)녹색적인 근대산업화의 결과이기도 하다. 북은 주체의 관점에서 인간중심주의적으로 자연을 보기 때문에 "자연을 정복하여 풍부한 물질적 부"를 생산한다는 북의 환경법에서 보듯이 '자연' 자체를 인간이라는 주체에 의해서 통제·이용될 수 있는 '대상'으로 다루는 경향이 강하다. 따라서 1990년대 중반 '고난의 행군'을 낳았던 '기근'이 1995~1996년 연속적인 홍

---

34) 녹색성장위원회, 『녹색성장 5계년 계획(2009~1013)』, 2009.7, 58쪽.

수 및 1997년 가뭄이라는 기후변화에 따른 자연재해로부터 기인한 것이
기도 하지만 주체농업 그 자체에서 나온 것이기도 하다. 북의 경제난 또
한 현실사회주의권의 붕괴라는 국제적 요인에 의한 석유수급 차질이 일
차적이지만 석유와 석탄에 대부분을 의존하는 '화석연료시스템'의 노후
화에 기인한 것이기도 하다.[35]

그렇다면 북의 에너지-경제적 시스템의 재건을 또다시 근대적인 산업
사회의 패러다임으로 돌아가, 그 부산물로서 '위험'들을 생산하는 악순
환을 시작할 이유는 없다. 현재 북은 중공업우선정책 및 식량증산을 위
한 산림개간→에너지시설의 노후화 및 산림의 황폐화→홍수·가뭄에
의한 식량난과 에너지수급차질로 인한 경제난→식량증산을 위한 산림
개간 및 난방용 땔감확보를 위한 벌목→산림의 황폐화와 토양의 산성
화에 의한 식량난 및 에너지수급차질로 인한 경제난이라는 악순환의 메
커니즘에 빠져들고 있다. 따라서 둘째, 패러다임 자체를 '근대적인 개발
주의' 패러다임이라는 퇴행적 관점에서 '삶의 환경'을 복구할 것이 아니라

---

35) 이는 1990년 소비에트연방의 붕괴와 더불어 기존까지 소련으로부터 들어오
던 석유의 90%가 공급되지 못하게 되자 북은 에너지 위기에 봉착하게 되었는
데, 이것은 1996년 석유공급이 1990년 수준의 37.3%로 떨어졌다는 점에서 드
러나고 있다(윤순진·임지원·안정권·임효숙·조영래, 「남북 재생가능에너
지 협력의 필요성과 장애요인」, 『환경논총』 49, 서울대 환경대학원, 2010, 64
쪽). 또한, 북의 에너지원은 석탄이 가장 많은 비중을 차지하고 있으며 이 비
중은 에너지위기 이후 점점 확대되고 있다. 1990년에 69.2%를 차지했던 석탄
이 2006년에는 78.7%로 비중이 커졌다는 점에서도 드러나고 있다. 이것은 석
유의 수급차질이 기타 에너지원, 수력 및 석탄으로 옮아갔기 때문이다. 이는
북의 에너지원에서 석유가 차지하는 비중이 2006년 4.4%로, 1990년의 10.5%
에 비해 절반에도 미치지 못하고 있다는 점에서 드러나고 있다(같은 글, 70
쪽). 2010년 현재 북한의 1인당 연간 에너지 소비는 0.65TOE로, 20년 전 1인당
에너지 소비의 절반 수준이며, 우리나라 1972년 수준이며 북의 에너지원 구
성은 석탄 66.1%, 수력 21.4%, 석유 4.5%, 기타 8.0%로 구성되어 있다. 김경술,
「북한 에너지경제의 실태와 전망」, 『KDI북한경제리뷰』 4월호, 한국개발연구
원, 2012, 106쪽.

'녹색'이라는 탈근대적인 패러다임으로 전환시켜서 오히려 북의 녹색화
를 남과 북이 함께 만들고 통일한반도의 녹색비전을 실험하고 실천하는
장으로 만들어갈 필요가 있다.

또한, 그렇기에 셋째로, '녹색가치와 이념'을 남북의 정치 · 경제 · 문화
적 협력 속에서 구현해가면서 장기적으로는 '통일한반도의 국가비전'으
로서 '녹색이념과 원칙'을 독자적 차원에서 '지금, 여기서' 구현해가는 기
획이 필요하다. 이것은 '선(先)비핵화나 평화체제 구축, 후(後)녹색의 구
현'이라는 단계적인 과정이 아니라 지금부터 '녹색'과 '평화' 양자의 가치
와 원칙들을 각각의 영역에서 구현해가는 긴장관계를 유지하고 '위험사
회'와 '분단사회'라는 이중의 과제를 함께 병행적으로 극복하는 과정이
되어야 한다. 하지만 남쪽에서 '위험사회'를 다루는 사람들 중에도 북에
는 시민사회가 없기 때문에 '성찰적 근대화'를 작동시킬 수 있는 주체가
없다고 주장하면서 이와 같은 녹색비전은 '지금, 여기서' 작동할 수 없으
며 북의 민주화 이후에나 가능하다고 생각하는 경향이 있다.

그런데 이것은 남쪽의 관점에서 북을 보면서 '민주'라는 가치를 '녹색'
의 가치보다 상위에 놓기 때문이다. '민주'의 가치와 독립적으로 녹색은
녹색대로 작동할 수 있으며 '녹색'의 관점에서만 본다면 북 또한 '녹색국
가'로서의 사회적 자원을 가지고 있다고 할 수 있다. 녹색국가론을 제기
했던 문순홍은 '녹색국가'를 유형화하면서 "생태절대주의 국가"에 대해
다룬 바 있다. 생태절대주의 국가는 생태공유재가 만인의 욕망으로 파
괴되고 있는 상황에서 이를 관리할 수 있는 유일한 방법은 절대적으로
엄격한 국가, 즉 "생태리바이던 국가"라고 주장했다.[36] 그리고 이런 관
점에서 보자면 북의 일체화된 국가권력시스템은 지도자의 의지에 따라

---

36) 문순홍, 「녹색국가 논의의 구조와 과정: 녹색국의 유형화 · 단계화 및 이를 결
    정하는 변수들」, 바람과물연구소 편, 『한국에서의 녹색정치, 녹색국가』, 당대,
    2002, 272쪽.

사회 전체를 '생태적으로' 바꿀 수 있는 국가이기도 하다. 물론 이것은 녹색의 이념과 원칙에 충실한 것도 아니며 녹색국가론이 이념적으로 지향하는 방향도 아니다.

하지만 '민주'의 가치만을 들이대면서 북의 민주화 이후로 북의 녹색화를 미루는 것은 '분단'의 적대성만을 강화하고 북을 더욱더 반녹색적 개발주의로 내모는 결과만을 낳을 것이다. 따라서 현재 북의 체제 안에서 동원가능한 정치적 자원을 이용하여 북의 녹색화를 만들어가는 '녹색협력'이 더 생산적이라고 할 수 있다. 게다가 최근 북 또한 에너지 위기와 관련하여 재생에너지에 관심을 집중시키고 있으며 2009년 기후변화협약에 가입하여 CDM(청정개발체제: Clean Development Mechanism) 사업에 관심을 쏟고 있을 뿐만 아니라 2005년 이래로 '유기농업'을 국가적으로 공식추진하고 있다. 이것은 북이 그만큼 에너지난의 문제가 긴급하고 급박하다는 것을 의미한다. 따라서 넷째, '지금, 여기서' '북의 경제난과 식량난'의 핵심 고리인 '에너지 위기'를 해결하는 '에너지협력'을 남북의 '재생가능에너지협력'으로부터 시작하여 '유기농업협력', '산림조성협력', 'DMZ생태협력' 등의 실행 가능한 녹색화 사업을 시작할 필요가 있다.

물론 남쪽이 그러하듯이 이런 북의 관심이 녹색비전으로의 근본적인 패러다임적 전환을 의미하는 것은 아니다. 하지만 북의 입장에서 현실적으로 '에너지협력'과 '농업협력'은 다른 문제가 없다면 당장 필요한 긴급한 사안이다. 문제는 이것이 다른 가치들, 예를 들어 '비핵화', '민주화', '개방' 등과 같은 사안들과 결합되어 북에게 압박요소가 되었을 때이다. 따라서 이들 가치와 원칙들을 병렬적으로 놓고 각각의 차원에서 동시·병행적으로, 정세적 변화 속에서 작동 가능한 것들을 우선적으로 진행시키는 전략이 필요하다. 북과 동일하게 소련의 붕괴와 미국의 봉

쇄로 사면초가에 몰렸던 쿠바가 생태계의 지속성과 농업생산성의 지속
성, 그리고 생활양식의 전환을 동시에 이룬 "늘 푸른 농업혁명"[37]을 통
해서 위기를 기회로 전환시켰다. 또한, 남쪽의 입장에서도 이와 같은 남
북의 녹색협력은 남쪽의 발전된 기술들을 활용하여 화석에너지시스템
과 반자연적 농법에 대한 대안적인 기술개발 및 '로컬적인 자원 순환형
경제사회체제'를 창안해가는 기회가 될 수 있다.

그러므로 북의 화석연료시스템의 노후화와 붕괴, 에너지위기와 식량
난은 새로운 기회가 될 수 있다는 점에서 북의 지도부를 설득해야 한다.
게다가 '녹색가치와 이념'에 근거한 '자원 순환형 경제사회체제'는 거대
에너지 시스템이 아니라 로컬적인 에너지 시스템이며 생명에너지에 대
한 순환체계도 로컬적이라는 점에서 오늘날 중앙집권화된 산업기술에
의해 이룩된 도시에 대한 근본적인 대안이 될 수 있는 '생태도시'의 비전
을 만들어가는 것이자 북의 일체화된 중앙권력을 '정치적인 방식'이 아
니라 '기술·사회적 변화'의 방식으로 아래로부터 해체하는 부수적 효과
또한 가져올 것이다. 따라서 북의 '자력갱생원칙'을 비웃거나 '세계화(지
구화?)'해야 한다고 주장할 것이 아니라 오히려 그들의 입장을 역으로
활용하여 '녹색비전'이 담고 있는 '녹색기술협력과 녹색에너지 개발, 그
리고 도시농업과 같은 쿠바의 유기농법들'을 남북이 함께 개발하도록
북을 설득하고 그것을 구체화하는 한반도의 녹색화 전략에 기초한 녹색
협력을 '지금, 여기서' 만들어가야 한다.

---

37) 요시다 타로, 안철환 옮김, 『생태도시 아바나의 탄생』, 들녘, 2004, 8쪽.

제10장 세계공화국의 이념과
통일한반도의 정치적 비전

조배준*

1. 민족국가의 폐쇄회로에서 벗어나기

최근 국방부가 다문화사회 경향을 반영하여 군인 교육 자료에서 '민족'이나 '겨레'라는 표현을 '국가' 또는 '국민'으로 고칠 것이라는 보도가 있었다.[1] 그런데 사실 이 조치의 배경에는 다문화 가정에서 성장한 병사들은 법적으로는 한국인이지만 의식적으로는 민족정체성을 가지기

---

* 건국대학교 통일인문학연구단 HK연구원.

[1] "국방부는 대한민국이 다문화 사회로 접어들면서 덩달아 한국군도 다문화 물결을 피할 수 없게 된 현실을 감안해 교육 교재 등에서 '민족'이나 '겨레'라는 협소한 개념의 단어 대신 '국가'라는 공통 의식을 심어줄 수 있는 단어로 바꾸기로 했다고 설명했다. 다문화 시대를 맞아 충성 대상을 '민족'에서 '국가' 또는 '국민'으로 바꿨다는 것이다." 『경향신문』, '군가·장병 교재서 '사나이·민족' 뺀다', 2015년 1월 27일.

어려울 것이라는 판단이 전제되어 있다. 그렇다면 과연 이것을 '독단적 배려'라고 불러야 할까, '선험적 배제'라고 불러야 할까. 이처럼 분단 이후 한반도의 주민들이 경험했던 민족국가는 배타적이고 기만적인 것이었다. '민족'과 '국가'를 수단으로 활용하는 이중적 태도는 남북이 서로를 대하는 태도에서도 드러난다. 남녘의 당국은 '통일은 대박'이라는 선언 이후에 통일준비위원회를 출범시켰지만 당국이 제시한 선결조건이 관철되지 않으면 북한과의 '대화는 없다'는 입장만 반복한다. 북녘의 당국은 '대화' 카드와 '협박' 카드를 번갈아 내밀며 도무지 속내를 알 수 없게 만든다. 대화, 협력, 민족대단결, 평화, 통일이란 말이 늘 '미끼'로만 쓰이는 이 기묘한 모순에 우리는 왜 익숙해져 있을까. 오늘날에도 한반도의 주민들이 경험하는 민족국가는 여전히 폭력적이고 권위적이다.

다시 하나로 결합되어야 하는 회귀적 '민족성'의 차원과 이질적인 서로를 결코 있는 그대로 인정할 수 없는 적대적 '국가성'의 차원 사이에서 분단체제는 더욱 공고화되었다. 그리고 '통일'이란 말은 대중들에게 그 만날 수 없는 평행선 사이를 봉합하는 비실체적 '표상'으로 기능했다. 그래서 남북합의문들 속의 '우아한 세계'와 '나는 보편, 너는 특수'라는 흑백논리가 지배하는 차가운 현실 세계의 괴리는 더욱 크게 느껴져 왔다. 더불어 민족우선적 통일담론과 국가우선적 통일담론이 하나로 만나지 못하는 상황도 계속 반복되었다. 이처럼 민족주의와 국가주의가 서로 뒤틀린 채 맞물려 있기 때문에 '단일한 민족으로 달성해야만 하는 분단 극복'과 '하나의 국가로 통합되어야만 하는 통일'이라는 관념들의 폐쇄적 결합은 분단체제를 더욱 지속가능한 것으로 만들어버렸다. 이러한 관념의 미로에 빠지면 우리는 '폐쇄 회로(Closed Circuit)'를 벗어날 탈출구를 찾기 어렵게 된다.

'역사적 민족정체성≠근대적 민족국가'라는 분단체제가 가진 모순과 뒤에서 살펴 볼 '자본＝네이션＝국가'라는 세계체제의 근대성이 은폐한 모순은 모두 자기완결적 폐쇄성을 공유한다는 점에서 동형적인 것처럼 보인다. 그리고 그 두 가지 모순성을 지속적으로 작동시키는 것은 양자의 제국주의적 속성에 있지 않을까 싶다. 이러한 제국주의적 논리의 핵심은 나와 다른 규칙을 따르고 있는 '타자'를 나와 같은 '동일자'로 환원하려는 폭력적이고 팽창적인 지배성에서 찾을 수 있다. 상대를 절멸시키지 않으면 다시 하나가 될 수 없다는 믿음은 과거의 '적화통일' 깃발과 '북진통일' 깃발에만 담겨 있는 것이 아니다. 핵탄두가 장착된 미사일이 자신을 지켜줄 것이고 상대를 초토화시킬 수 있다는 믿음은 북한과 미국 지배층만의 생각이 아니다. 제국주의-전체주의 논리는 오늘날에도 여전히 민족국가 담론에 그리고 분단 인식과 통일담론에 스며들어 있다.

그런데 제국주의의 속성은 유럽인들의 총구가 피식민지인들을 유린하던 국민국가 개념의 형성기 이전에 이미 배태되었을지도 모른다. '국가'란 합의와 계약을 통해 만들어진 것이라는 '근대적 해석'이 국가라는 합집합의 본질에 대한 재인식을 가로막고 있기 때문이다.[2] 그런데 우리가 태어나서 훈육 받은 국민국가의 지배성은 다시 우리 자신을 통해서 자기증식해 나간다. 자본주의적 착취를 비판하는 사람들도 먹고 살기 위해 계속 자본의 운동에 동참할 수밖에 없듯이, 편협한 민족성-국가성을 비판하는 누군가도 합법적인 대한민국 국민으로 살아가기 위해 국가의 통제력 강화에 기여할 수밖에 없다. 근대 세계체제와 한반도 분단체제는 그처럼 견고한 그물망을 이루어 개인적 삶을 포획하고 있다. 하지만 미래 세대에게 물려 줄 통일한반도의 비전과 가치는 20세기의 냉전

---

2) 가라타니 고진은 홉스처럼 '자연상태'의 개인들이 사회계약을 통해 국가를 구성한다거나 공동체 내부의 권력자나 지배계급에 의해 국가가 형성된다는 생각은 근대적 국가 개념을 과거에 투영한 '근대주의적 착각'이라고 말한다. 가라타니 고진 지음, 조영일 옮김, 『세계공화국으로』, 도서출판b, 2007, 60쪽.

적 사고에 기초한 민족국가 정체성으로는 결코 생성될 수 없는 것이다. 분단체제를 지속시키는 근대적 이데올로기에 대한 성찰은 일회적 사건으로서의 통일이 갖는 실용적 측면을 넘어, 이제 우리에게 익숙한 근대적 지배체제가 가진 힘을 인정하면서도 그 한계를 넘어 '탈근대적 상상력'으로 나아갈 것을 요구하고 있다.

21세기 '통일의 비전'을 운운하면서, 두 개의 서로 다른 국가·체제·이념·사상·제도·가치관·문화 중에서 하나는 폐기되고 다른 하나가 나머지를 통합해야 된다고 아이들에게 말하는 것이 온당할까. 제국주의의 강압적 동일화 담론에 머물러 있는 통일론이 미래 세대를 위해 적합한 것일까. 일부에서 바라듯이 북한의 급변사태로 인해 흡수통일이 일어난다고 해도 그런 통일에 대해 진정한 '분단극복' 또는 한반도 역사의 '화해와 치유'라고 말할 수 있을까. 민족국가의 뒤틀린 모순을 극복하는 과제와 국가 내부의 민주적 소통과 합리적 의사결정을 가로막는 분단문제의 질곡을 극복하는 과제가 결합될 수는 없을까. 통일 논의 자체를 수단화시키는 근시안적 통일론, 체제우위성에 근거한 편협한 통일론에서 탈주할 보다 큰 맥락의 통일담론은 어디에서 구상될 수 있을까.

이러한 물음에서 출발한 이 논문은 '세계공화국'의 사상적 스펙트럼과 분단·통일 논의의 교차적 결합을 통해 통일한반도의 탈근대적 지평을 전망하고, 기존 통일론의 한계를 극복하는 새로운 통합 패러다임의 이론적 모색을 시도하고 있다. 여기서는 주로 가라타니 고진(柄谷行人, 1941~)이 주장하는 교환양식으로서의 근대 자본주의 세계체제에 대한 인식을 비판적으로 수용하여 분단 극복의 탈근대적 가치에 주목해 볼 것이다. 이어서 세계공화국의 이념을 통해 정치공동체로서의 통일한반도에 요구되는 규제적 원리를 고찰해볼 것이다. 물론 그러한 전망은 배타적인 자본-민족-국가의 울타리에 갇혀있지 않는 경제적·정치적 주체로서의 코리언들이 서로의 타자성을 존중하면서 세계시민적 관점에서 네트워크를 구성할 때 가능할 것이라는 점에 근거해야 한다.

2. 세계공화국의 이념과 분단·통일 문제의 접목

1) 자본=네이션=국가를 넘어서는 가라타니 고진의 전략

상품교환에 기초한 자본-오늘날에는 금융자본-의 운동과 축적을 안정적으로 보좌하기 위해 고안된 근대적 발명품은 바로 '국민국가'라고 할 수 있다. 자본주의적 시장경제와 자유주의적 대의제 정치의 동시적 존립을 가능케 할 수 있는 이 장치는 "국가와 자본의 '결혼'"[3]을 보증하고 둘을 더욱 단단히 묶어 두었던 'nation(민족-농업공동체)'을 통해 가능했다. 가라타니 고진은 이러한 자본주의적 세계체제의 핵심을 'capital(자본)=nation(민족)=state(국민국가)'의 형식으로 표현하고 이것이 근대적 권력의 삼위일체를 구성하는 것으로 분석했다. 즉 근대 민족국가는 '네이션'이라는 매개를 통해 서로 다른 교환양식에 기초한 '자본'과 '국가'가 묶여지는 자기완결적으로 봉합된 체제라는 것이다. 그런데 가라타니는 이 삼각 구도를 '보로매오의 매듭'[4], 즉 어느 하나를 없애면 모두 함께 무너지는 매듭으로 이해한다.

그런데 중요한 것은 가라타니가 '교환양식'을 통해 세계사의 구조를 통

---

3) 위의 책, 208쪽.
4) 원래 라캉의 상상계-상징계-실재계가 서로 떨어질 수 없는 관계로 연결되어 있다는 점을 보여주는 시각적 모델에서 연유했다. 이러한 관계는 칸트 철학의 '감성-상상력-오성'에도 적용되는데, 가라타니 고진은 이를 다시 '시민사회(자본)-네이션-국가'의 매듭으로 변환시킨다. (위의 책, 179~180쪽)

시적으로 이해하려고 했다는 점이다. 그에게 있어 자본, 네이션, 국가는 정치적·문화적 차원의 집합 개념이 아니라 서로 다른 교환양식들의 합체였다. 가라타니가 제시하는 네 가지 교환양식은 시장경제의 '상품교환'[C], 국가의 기원과 연관된 '약탈과 재분배'[B], 농촌공동체에 기반한 '호수(互酬(reciprocation) 교환(호혜적·상호부조적 교환)'[A], 그리고 대안적 교환양식[D]으로서 "시장경제 위에서, 호수적인 공동체를 회복하려고 하는"[C+A]⁵⁾ 새로운 교환양식(어소시에이션)이다. 이 교환양식들은 인류 역사에서 지속적으로 등장하고 반복되는데 자본주의가 발달한 이후부터는 상품교환이 전면화되었다는 것이다. 특히 가라타니가 처음에 미지의 X로 표현한 네 번째 교환양식은 현실에 존재히는 것이 아니라 "항상 이념으로서 계속 존재하는 형태"⁶⁾이다. 그는 이러한 교환양식의 특성에 대응하여 자본주의 사회구성체가 나뉘며, 20세기 이후 국가의 형태도 이에 따라 네 가지로 나뉜다고 본다. 관련 내용을 정리하면 아래 〈표 1〉과 같다.

〈표 1〉 네 가지 교환양식에 대응하는 장소, 근대 자본주의적 사회구성체, 20세기 국가 형태, 가치

교환양식	발생 장소	자본제 사회구성체	국가 형태	주요 가치
A 증여-답례(호수)	농업공동체	네이션	국가사회주의 (공산주의)	우애
B 약탈-재분배	봉건국가	국가	복지국가자본주의 (사회민주주의)	평등
C 화폐-상품	도시	자본(시장경제)	리버럴리즘 (신자유주의)	자유
D 어소시에이션	어소시에이션	어소시에이션	리버테리언 사회주의 (어소시에이션)	어소시에이션

그는 이것을 근대 자본주의 세계체제가 만들어낸 특수한 경제적 문제

---

5) 위의 책, 100쪽.
6) 위의 책, 36쪽.

로 파악해야 한다고 주장한다. 여기서 경제적 차원이란 맑스가『자본론』에서 주로 분석했던 자본주의적 생산양식이 아니라, 그 내부에 포섭되어 있는 교환양식[7]을 통해서 볼 수 있는 근대 세계체계를 말한다. 즉 가라타니 고진은 '자본=네이션=국가'라는 도식으로 교환양식을 통한 '경제와 정치의 통합 모델'을 제안하는 것이다. 여기서 가라타니 고진의 주요 관심은 자본의 운동에 기초하여 상품교환 양식이 지배적인 사회가 지니는 여러 문제점과 한계를 '공동체의 호수적 교환양식'을 들여와 극복하는 것에 있다. 하지만 자본주의 자체를 벗어나거나 상품교환 양식을 하루아침에 포기하는 것은 현실적으로 불가능하기 때문에 그에게 요구되었던 방향은 "'자본주의를 견지'하면서도 '호수적 교환양식을 복구하는 방법'"[8]이었다.

그런데 가라타니의 분석처럼 근대 권력이 구축한 보로매오의 매듭으로서 자본주의경제(감성)와 국가(오성)가 네이션(상상력)에 의해 결부되어 있다면, 이 틀을 변혁할 수 있는 힘은 어디에서 오는가. 그의 대답은 여러 맥락에서 역사적으로 실패한 국가사회주의와는 다른 형태로 대안적인 교환양식을 실현할 수 있는 '어소시에이셔니즘'(associationism)으로의 전환이었다. 이른바 국가 내에서 교환양식을 변혁하기 위해 대의제 권력을 얻으려는 노력을 경유하지 않고, 국가 바깥에서 국가를 지양하는 방법을 구상하기 위해 소규모 공동체의 네트워크를 확장하는 전략이

---

7) 가라타니가 보기에 "본래 생산양식이란 생산이 일정한 교환이나 분배 형태로 이루어지는 형태를 의미"하는 것이기 때문에 이미 그 안에는 생산, 교환, 분배가 모두 포함되어 있다. 그런데 '생산양식'이라는 표현을 강조하게 되면 교환이나 분배가 2차적인 것으로 간주되므로 그는 인간과 인간의 관계에 보다 주목하는 '교환양식'으로 세계사의 구조를 단순화시켜 파악해야 한다고 주장한다.(위의 책, 33쪽)

8) 이정은, 「고진, 맑스의 가능성, 세계공화국으로?」, 『다시 쓰는 맑스주의 사상사』, 오월의봄, 2013, 456쪽.

다. 자본의 운동을 위한 보조적 수단으로 전락한 국가의 성격과 제도권 정치에 대한 집착을 거부하는 것이다. 그래서 그는 자본주의에 대한 대항적·대안적 사회의 전략으로 자본주의 시장 구조 안에서 '생산자협동조합'의 구성, 즉 '생산자가 곧 소비자가 되는 결사체'인 'association'을 제안한다. 즉, 국가의 강고한 독단적 지배성을 비주권적인 방식으로 외부에서 흔들고 허물어 가면 이 근대적 삼위일체의 구조가 함께 흔들리고 허물어진다는 것이다.

그런데 '자유로운 개인들의 평등한 결사체'로 나아가기 위한 이 전략을 통해 가라타니는 맑스의 노선을 벗어나 칸트와 만나게 된다. 물론 그 갈림길은 자본의 운동을 매개하고 보좌하는 국가를 어떻게 지양(止揚)할 것인가에 대한 입장이 서로 다르기 때문이다. 가라타니가 보기에 맑스에게 국가는 부르주아의 지배 권력을 빼앗아 사회주의적 분배를 실현하는 프롤레타리아 독재 단계 이후에 마땅히 소멸해야 하는 것이었다. 즉 '국가론의 결여'는 맑스주의의 치명적 약점으로 남아 전체주의적 체제로 전락한 국가사회주의의 토대가 되었다는 것이다. 맑스 자신이 그토록 신랄하게 비판했던 국가 없는 세상으로서 아나키즘의 한 시발점인 프루동의 생각과 마찬가지로 여전히 '국가 내부에서 국가를 지양하는 방식으로 사고했기 때문에 근본적인 변혁의 가능성을 얻지 못했다는 진단이다.

이에 비해 가라타니는 상품교환 양식을 벗어나 인간의 호혜적 관계맺음을 회복하고 인간의 자유와 평등을 신장시킬 수 있는 해방적인 교환양식을 실현하기 위해서는, '국가 외부에서 국가를 지양하는 '어소시에이션'에 대한 상상력을 끊임없이 가져야 한다고 주장한다. 가라타니가 분석한 국가는 근본적으로 끊임없이 다른 국가에 대항해서 존립하고 팽창과 수탈을 통해 통제력을 강화하는 것이기 때문이다. 또한 근대 국민국가가 사라지지 않는 한 자본주의도 사라지지 않고, 자본주의가 존속하는 한 국민국가도 유지되는 것이다. 이런 점에서 가라타니에게 자본주의 세계체제가 구축한 서구의 근대화란 결국 상품교환을 기반으로 수탈적 전제주의를 재생한 것에 불과하다. 그래서 복지국가 모델뿐만 아니라 오늘날의 신자유주의는 자본의 자유를 관철시키기 위해 인민에 대한 국가의 지배를 더욱 강화한다. 가라타니가 보기에 이런 국가에게 칸트적 의미에서 인간적 도덕감정에 기초한 '분배의 정의'를 기대하게 되면 국가의 권한을 계속 강화시키게 되고, 지속적으로 인간은 자본에 대한 수단으로 머물 수밖에 없게 된다. 반면 어소시에이션은 자유로운 개인들의 '교환적 정의'를 추구한다.

나아가 국가를 허무는 어소시에이션들의 네트워크를 구축하기 위한 노력은 세계사적 지평 속에서 궁극적으로 '세계공화국'의 이념을 지향하게 된다. 그런데 이것은 지금 당장 실현 가능한 목표가 아니라 '규제적 원리(regulative principle)'로서 인류를 이끌어 주는 것이다. 결국 가라타니는 반자본의 변혁은 국지적 투쟁이 아니라, 인류 차원의 거대한 힘으로 국민국가의 팽창과 지배 메커니즘을 억누르고 근대의 삼각구도를 해체시킬 때 비로소 자본주의 세계체제를 넘어설 수 있다고 주장하게 된다. 그는 이것이 이미 200년 전 칸트가 세계시민주의의 원리를 통해 구상한 선취점이라고 지적하며 자신이 그 계승자임을 자임한다. 이처럼 그의 전략은 '코뮌주의'로 다시 나아가기 위해 맑스가 남긴 국가론의 빈 곳을 칸트적 세계공화국의 이념으로 메우려는 시도이다.

2) 국가-민족 해체론에 대한 비판과 한반도 통일과의 접점

이러한 가라타니 고진이 주장한 자본=네이션=국가 넘어서기라는 보편적 전략이 한반도의 특수한 분단 문제와 통일 지향의 남북관계 문제와 만난다면 어떤 시사점과 새로운 관점을 제공해줄 수 있을까? 또 양자의 접합점에서 구상할 수 있는 통일한반도의 정치적 비전은 무엇일까? 이러한 점들에 대해서는 다음 장에서 다루도록 하고, 여기서는 다음 물음에 대해 주로 논의해보려고 한다. 세계공화국을 향한 국가 해체 전략은 신자유주의적 자본의 세계화 현상 속에서 어떤 한계점을 갖는가? 또한 네이션의 폐기 전략은 한반도 통일 과정의 문제틀 속에서 어떤 비접합성을 갖는가?

우선 '인류공동체의 규제적 원리'로서 세계공화국에 대한 지향과 '코리언의 규제적 원리'로서 한반도통일에 대한 지향은 실천 주체와 그 지향점의 성격에서부터 서로 호응될 수 있는 부분이 적다. 가라타니는 세계공화국의 이념 앞에서 스스로를 국가나 민족을 초월하여 존재하는 공적 개인, 즉 '단독자(singular being)'로 서 있다. 그는 세계의 독자들 앞에서 세계시민적 사상가로 발언하고 있는 것이다. 그래서 그는 칸트가 그러했듯이 집단 규범의 차원에 머무르는 도덕(morality)을 넘어 의무로서의 자유를 의미하는 윤리(ethics)의 경지에 도달해야 한다고 주장한다.[9] 세계시민의 견지에서 '세계시민사회(Weltburgergesellschaft)'를 인식하고 사고할 때 우리는 '공적 이성'을 갖추고 진정한 공적 태도를 갖게 된다는 것이다. 칸트적 길을 차용한 그에게 있어 지극히 개인적인 차원에서 세계시민적 의미에 다다를 때 공적일 수 있는 것이다. 이런 점에서 "세계시민(보편성)이란 아무런 연고도 없는 추상적인 개인(개별성)인 것이다."[10]

---

9) 가라타니 고진 지음, 송태욱 옮김, 『윤리 21』, 사회평론, 2001, 21쪽.
10) 김성우, 「가라타니 고진의 '세계공화국'에 대한 지젝의 비판」, 『시대와 철학』, 24권 3호(2013년 9월), 202쪽.

이러한 칸트적 노선에 대한 비판을 지젝은 헤겔적 노선에 따라『시차적 관점』에서 제기했다. 칸트의 선험 철학에서는 특수하고 특정한 배경을 가진 개인이 무매개적이고 직접적으로 보편적 차원에 합류한다. 만약 누군가가 특정한 인종, 민족, 국가의 뿌리를 가지고 발언하고 행위하는 것은 '이성의 사적 사용'에 해당하며, 이는 보편화될 수 있는 이성의 차원에 거주하는 자유로운 인간의 모습이 아니라는 것이다. 이러한 특수와 보편의 동시적 동일시는 초국가적인 규제적 이념으로서 윤리적·정치적 원리를 지향하는 방식에는 적합하지만, 늘 특정한 제도적인 질서에 머물러야 생존이 가능한 인간의 고유성을 간과할 가능성을 갖게 된다. 지젝은 '세계시민적 개인'은 철저한 특이점에서 오히려 보편적 차원이 발생하는 역설이라고 진단한다. "지젝이 보기에, '세계공화국'의 이념은 칸트 식으로 규제적인 이념(추상적인 보편성)에 불과해서 실현의 힘이 부재하고 현실성이 떨어진다. 이와는 다르게 실제로 개인이 효과적으로 보편적인 인간성에 참여하는 유일한 길은 특정한 국민국가와의 동일시에 의해 충분히 가능하다. 이것이 헤겔이 말하는 '구체적 보편성'이다."[11]

이러한 헤겔의 '구체적 보편성'은 칸트의 '보편적 특이성'과 구체적인 사태 속에서 결코 만날 수 없는 것일까. 그 양자는 이념적 차원과 현실적 차원으로 나뉘어져 평행선에 서 있는 것일까. 한반도 통일 담론과 세계공화국 담론의 접목을 고민하며 계속 따라다니는 의문이다. 한편 가라타니는 맑스의『자본론』을 윤리적으로 독해하겠다는 청년기의 문제의식에서 이미 보편화 가능성에 천착했다. 그는 일본에서 연구하고 형성된 것이면서도 세계적으로 새로우며 특정 지역과 입장을 넘어서 일본 내재적이지 않은 '보편적 인식'을 추구한 것이다. 그런데 우리 중 어느

---

11) 위의 글, 201쪽.

누구도 '고향 없는' 존재가 아니듯이, 동시에 자신의 특수적 배경인 고향에만 머물 수밖에 없는 존재도 아니다. 코리언 역시 한반도의 분단·통일 문제에서 역사적으로나 존재론적으로 그 누구도 자유로울 수 없지만, 통일한반도의 중심적 가치가 민족이나 국가에 놓이는 방식이 아니라 중심 아닌 중심으로서 '자율적인 주체로서의 코리언의 연대와 네트워크'에 놓여진다면 새로운 상상의 가능성은 얼마든지 열려 있지 않을까.

가라타니의 세계공화국의 이념에 가해지는 또 다른 비판은 국가권력을 경유하지 않고 주권을 쉽게 포기해버렸을 때 우리가 겪게 될 더욱 비참한 상황의 가능성에서 출발한다. 오늘날 전지구적 세계화 이후 자본의 운동에 포섭된 국가 내부의 민주정치 시스템으로 인해 인민주권은 약화되고 금융의 국가지배는 가속화되고 있다. 이런 상황에서 가라타니의 전략, '자본=네이션=국가'에 대한 '아래로부터의 저항'과 세계공화국 이념의 제시와 주권의 포기 같은 '위로부터의 강제'를 결합하려는 시도는 과연 얼마나 실효성이 있을지에 대한 의문이 나올 수밖에 없다. 이처럼 '국가를 경유하는 모든 혁명 전략을 폐기'하려는 그는 "오늘날 더 중요한 혁명적 수단이 되어"[12] 가고 있는 국가를 간과하고 있다는 비판이 제기되는 것이다.

10여 년 전 노무현 전 대통령도 솔직하게 고백했듯이, "오늘날 권력의 핵심은 국가를 지배하는 '자본'이다."[13] 그래서 국가는 예전에 그랬던 것처럼 굳건한 경계 안에서 주권적 개인들을 틀어쥐고 '재분배' 기능을 수행하는 것에 소홀하고 오직 자본의 절대 권력을 뒷받침하는 것에 몰두하고 있다. 국민국가는 쇠퇴하여 점차 해체되는 것처럼 보이지만, 그것

---

12) 박영균, 「대안적 세계화와 비국가로서 국가」, 『지구화 시대의 국가와 탈국가-비판 사회과학과 국가적 상상력』, 한울, 2009, 221쪽.
13) 위의 책, 220쪽.

은 신자유주의가 보편화된 이후 자본의 시녀가 된 국가의 모습일 뿐이며 사람들이 삶 속에서 자본과 직접 부딪히는 적대적인 관계는 오히려 더 첨예한 것이 사실이다. 그래서 사회화된 생산능력을 전유하고 사회 권력과 정치 권력을 창출하여 국가의 통치성을 더 세분화시켜 일상을 지배하는 자본의 힘은 맑스 시대보다 훨씬 견고해졌는데 '바깥에서부터 국가를 지양하는 전략'은 지금[14]보다 더 참혹한 결과를 불러올 것이라는 비판이 제기된다. 국가의 통치성이 약화된 자리에 다시 들어올 것은 더 세밀하고 가혹하게 침투하는 자본의 지배력일 것이며, 그리고 기존의 국가보다 더 강한 통제력을 가진 거대 자본의 연합 혹은 초강대국에 의해 터전이 점령당할 우려는 충분히 제기될 수 있다.[15] 칸트적 방식으로 국가 외부에서 국가를 허물어가는 전략은 규제적 이념으로서의 세계공화국의 전망을 더 어둡게 하고, 오히려 그것의 제반 가치를 더 변질시키고 타락시킬 수 있다는 것이다.

그렇다면 자본의 지구화가 재생산하는 사회적 모순이 국가에 의해 가속력을 얻는 상황에서 우리는 국가라는 배를 전복시키거나(프루동의

---

14) 비록 그 정당성과 실체적 권위를 인정하기 어려운 요소가 많지만, 결국 세계공화국의 현실태는 국제연합(UN)이라고 할 수 있다. 하지만 오늘날 UN의 의사결정이 가장 영향력 있게 다가올 때는 미국이 주도하는 '테러와의 전쟁'이나 '불량 국가'에 대한 제재와 압박 조치가 결의될 때인 것이 사실이다. 그와 더불어 오늘날 보편화될 수 있는 상징적 계급은 이미 각각의 국가와 공동체 내부에서 철저히 계급화되어 있다.

15) 물론 가라타니가 제안하는 세계공화국은 지금 당장 모든 국가들이 군사주권을 국제연합(UN)으로 양도하는 것만큼 요원한 이상이다. 그래서 그는 세계공화국의 이념을 아주 먼 미래를 상정하는 칸트의 영구평화론처럼 당장의 이행 전략이 아닌, 점진적 이행의 원리로서 제시한다. 그런데 가라타니는 이러한 느림의 전략이야말로 대략적인 경로를 제시하며 꾸준히 나아갈 지표를 제공한다는 점에서 바로 진정한 변혁의 지표라고 전망한다. "무한히 먼 것이라고 해도, 그것에 가까워지려고 노력하는 '규제적 이념'으로서 계속 기능"한다는 것이다. (가라타니 고진 지음, 조영일 옮김, 『세계공화국으로』, 도서출판b, 2007, 19쪽)

길), 배가 섬에 정박하면 내리거나(맑스의 길), 협소한 배 구석에서 소규모의 진지를 구축하며 배를 침몰시킬 궁리를 할 것(칸트와 가라타니의 길)이 아니라, 오히려 이 배의 조종권을 찾기 위해 분투해야 하는 것일까? 하지만 정말 중요한 탈근대적 변혁은 그 정치혁명의 과정 속에서 자본의 모순을 반자본의 혁명으로, 또한 중앙에 과도하게 몰린 권위를 코뮌적 양식의 사회혁명으로 바꾸어 내는 그 과정 자체에 있을 것이다. 세계공화국이 더 절실하게 작동하려면 현실적으로 강고한 국가 내부의 권력 성격을 바꾸어내는 변혁이 더 시급하기 때문이다. 물론 이러한 비판에 대해 가라타니는 자본과 결탁해있는 한 결코 국가 내부에서는 국가 자체의 속성-내부로는 약탈적이고 외부로는 폭력적인-을 바꿀 수 없다고 단언하며, 다시 주권성에 매달리는 전략은 이미 예전에 폐기되었어야 하는 것이라고 반박할 것이다.

두 번째 논의로 한반도 통일에 대한 지향 속에서 바라보았을 때 가라타니의 논의가 쉽게 접합되기 어려운 것은 그가 민족적 '환상 체계'의 기능과 의미를 지나치게 단순화시켜 그것이 자본과 함께 폐기될 수 있는 것으로 간주하는 데서 연유할 것이다. 또한 '자본의 지배로부터의 탈주'라는 가라타니의 문제의식을 한반도 통일담론에 적극적으로 받아들인다 하더라도 자본주의의 속성을 보다 인간화시키는 탈근대적 전략들 중에서 가라타니의 노선이 최선이라고 장담할 수 없는 입장의 차이가 누구에게나 있을 수 있다는 이유도 존재한다. 가라타니는 자본과 국가의 분열적 교환양식을 통합하는 네이션의 매개적 역할에 대해 이렇게 설명한다.

"네이션도 그런 의미에서 '상상적'인 공동체입니다. 네이션에서 현실자본주의경제가 초래한 격차, 자유와 평등의 결여가 상상적으

로 메워지고 해소되고 있습니다. 또 네이션에서는 지배 장치인 국
가와는 다른 호수적 공동체가 상상되고 있습니다. 이리하여 네이션
은 국가와 자본주의 경제라는 서로 다른 교환 원리에 서는 것을 상
상적으로 종합하는 것입니다."[16]

　그는 이러한 '결여'의 구멍을 메우는 네이션을 '보로매오의 매듭'을 이
루고 있는 다른 두 사회구성체들과 함께 제거하려고 한다. 하지만 분단
체제의 한반도에서 만약 네이션의 매개적 역할이 약화되거나 탈민족주
의적 경향의 심화로 탈각될 경우 국가성 및 시민성과 함께 민족성은 붕
괴되어 통일 지향의 당위적 동력을 완전히 잃게 될 것이다. 그래서 분단
극복의 이질적 요소를 봉합하고 통합하는 상상적 역할을 수행하고 있는
이런 환상적 요소는 보존될 필요가 있다. 이러한 점은 통일을 지향하는
한반도의 두 국가를 연결해주는 '끈'인 '네이션'의 역할에서 더 분명하게
드러난다.[17] 또한 역사적으로 실재했던 민족공동체를 일구어 오며 외세
침탈을 배격하고 자주적 통치의 정당성을 제공해주었으며 일제강점기
에는 민족해방론의 보루가 되었던 한국적 '네이션'의 역사적 의미도 무
시할 수 없는 요소이다.

　물론 가라타니는 민족주의를 과거의 존재 방식을 '노스탤직하게' 그러
면서도 능동적으로 회복하는 것으로 이해한다. 하지만 우리가 지향할
탈근대적 통일의 과정은 미리 계획된 프로그램을 수행하는 것이 아니라

---

16) 위의 책, 179~180쪽.
17) 데모스(시민)에 기초한 공민적 민족주의와 에트노스(종족)에 기초한 종족적
민족주의의 이분법적 구별은 오늘날 그 정당성이 약해진 것이 사실이다. "하
버마스는 데모스의 논리가 일체의 종족적 차이를 폐지하고 세계 시민주의로
고양될 수 있으리라는 낙관론"(장문석,『민족주의』, 책세상, 2011, 72쪽)을 폈
지만, 오늘날 한반도의 통일을 전망하는 우리의 논의와는 거리가 멀다. 또한
그것은 근대 민족국가의 복합적 특성과 자본의 운동에 의해 조종되는 국가권
력의 실체를 간과하게 만든다는 점에서도 받아들이기 어렵다.

는 점에서, 또한 훼손된 민족정체성의 회복이나 복구적 차원이 아니라
는 점에서 그러한 서구-근대적인 방식으로만 '네이션'을 분석하는 입장
도 수용하기 어렵다. 탈근대적 시각을 통해 바라 본 통일은 민족의 서로
다른 차이들과 타자성이 거대한 용광로에서 녹아 단일한 정체성으로 만
들어지는 방향이 아니라, 그 모든 차이들이 서로 존중받을 수 있는 '차
이의 연대', 무규칙 상태에서 새롭게 생성되어 가는 '창조적 과정'을 지
향하기 때문이다. 결국 세계자본주의의 흐름에서 보던지, 한반도의 통
일 과정 문제를 염두에 두던지 여전히 우리는 근대 국민국가의 국가성
과 민족성이 가진 역할을 여전히 어느 정도 인정할 수밖에 없다. 그런데
'버려야 될 국가성과 네이션'과 '포기할 수 없는 국가성과 네이션'을 결정
할 수 있는 권리는 결국 한반도 통일의 과정에서 남북주민들이 강대국
들에 의존하는 꼭두각시가 아니라 주체적이고 자주적인 역할을 수행할
수 있을 때에 획득할 수 있다는 점을 다시 인식하게 된다.

3. 세계공화국의 이념이 시사하는 통일시대의 조건

앞서 제기한 두 가지 난점들에도 불구하고 세계공화국의 이념과 민
족·국가의 해체 전략은 분단·통일 문제에 기본적으로 아래와 같은 시
사점을 제공한다. 첫째, 한반도의 통일이 동아시아의 지역적 차원에 한
정되는 특수한 문제가 아니라 인류의 평화 및 자유와 평등이라는 보편
가치와 결합할 수 있는 세계사적 사건이라는 점을 상기시켜준다. 그 길
은 한민족의 진정한 화해와 코리언의 역사적 상처를 치유할 수 있는 통
일로 나아가는 것이면서 동시에 세계평화로 나아갈 수 있는 '특수와 보
편의 조화' 가능성을 암시한다. 둘째, 통일시대를 열어가는 과정에서 반

드시 필요한 교환양식으로서 남북의 관계맺음이 '상호주관적 호혜성'을 필요로 한다는 점을 성찰하게 만든다. 물론 그 때의 상호부조적 교환은 (가라타니 고진이 전제한) 등가 교환만이 아니라, 서로의 특이성을 공유하여 관계 자체를 목적으로 하는 교환을 의미한다. 셋째, 가라타니의 세계공화국 담론이 재구성한 칸트의 영구평화론은 한반도에서 시작하여 아시아를 거쳐 세계로 확산될 수 있는 '지속가능한 평화'에 대한 전망을 품도록 북돋워준다. 그것은 국체의 보존을 위한 수단적 평화, 군사적 수단에 의한 평화, 회유와 압박에 의한 평화가 아니라 목적 그 자체로서의 평화가 가지는 가치를 일깨운다. 통일시대로 나아가기 위한 이러한 인문적 비전을 보다 구체적으로 조망해보자.

1) 특수성이 보존된 보편성의 추구

코리언의 통일을 향한 열망, 분단극복에 대한 욕망에는 결코 부정될 수 없는 한반도의 역사적 시공간성, 그리고 세계 각지에 흩어져 있는 코리언 디아스포라를 포함한 특수한 삶의 양식과 가치관이 반영되어 있다. 그래서 시공간적 특수성과 세계적 보편성이 조화되는 통일담론이 요구된다. 즉 분단체제의 극복과 남북통일 지향의 특수적 관계성을 보존하면서도 문명사적·세계사적 의미와 요구가 풍부하게 함유될 수 있는 통일담론이 그것이다. 분단 극복은 단순히 이데올로기의 대립을 극복하고 서로 다른 두 체제가 평화롭게 하나로 합쳐지는 민족사적 과제를 넘어서서, 21세기 한민족의 지속가능한 생존을 도모하고 세계평화의 한 축을 구축하기 위한 문명사적 차원에서 사고될 필요가 있기 때문이다. 따라서 서로 다른 정체성이 존중되고 보존되는 '주체화'와 안과 밖에 두루 소통하는 '개방화'라는 두 축을 적절하게 조화시켜나가는 지혜가 통일의 과정에서 요구된다.

한편 한반도의 전쟁, 분단, 대결은 모두 근대 국민국가의 틀을 활용해 패권국들의 지배체제를 공고히 하려는 과정 속에서 기원하였다. 오늘날에도 초국적 금융자본의 논리와 주변 강대국들의 이해관계 속에서 한반도의 분단체제는 오히려 더욱 강화될 조짐을 보이고 있다. 그래서 국가와 자본의 운동을 네이션과 연관하여 이해하며 공동체의 정치와 경제의 모순을 통합적으로 극복하려한 가라타니의 방법론을 활용하여 한반도가 견디고 있는 분단 구조의 특성을 분석해 볼 수도 있을 것이다.[18] 이런 점에서 분단의 세계사적 기원과 통일의 세계사적 보편적 가치를 동시에 탐구하고 둘을 연결시키는 과정은 분단과 통일의 특이점이 교차되고 있음을 확인하는 과정이며, '특별한 보편성(singular universality)'으로서 통일한반도가 갖는 의미를 보다 선명하게 밝혀줄 것이다. 특수성이 보편성이 서로를 무시하거나 훼손하지 않는 과정 속에서 한반도 통일은 코리언들에게만 요구되는 민족적 과제, 식민주의의 역사적 상처 극복을 위한 과제를 넘어 근대성의 극복이라는 보다 넓은 차원에서 구상해야 할 과제로 자리 매김될 수 있을 것이다.

2) '차이'의 교환을 통한 호혜적 관계

앞서 살펴보았듯이 사회구성체의 역사를 '생산양식'이 아닌 '교환양식'을 통해 분석한 것은 가라타니 고진만의 독특한 분석방법이다. 그는 국민국가의 화폐-상품 교환 양식 위에서 전통적 농업공동체에서 유지되던

---

18) 가라타니 고진의 세계공화국의 이념에 비추어 논의되는 분단체제의 특성은 세계 자본주의의 하위체제로서 그 구조적 성격에 초점을 둔 '백낙청의 분단체제론'과 비교하여 연구될 필요가 있을 것 같지만, 여기에서는 후속 연구로 남겨 둔다.

호수성에 기초한 비자본주의적 교환양식을 창출하려는 것을 목표로 한다. 대안적 교환양식을 통해 인간과 자연, 인간과 공동체, 인간과 인간의 새로운 관계맺음이 가능하며, 그것을 통해 기존 체제의 견고한 벽을 허물 수 있다는 것이다. 이러한 호혜성을 적극적으로 수용하여 남북관계에 적용해볼 수 있는데, 이 때 다음과 같은 두 가지 점에 유의할 필요가 있다.

첫째, 시장경제에 호혜적 교환양식을 도입하여 견고한 자본제 사회구성체의 연결 고리를 무너뜨리려는 어소시에이션 모델을 한반도 문제에 적용하는 것은 상호존중과 공존의 토대를 위한 새로운 '소통양식'의 창출을 목표로 해야 한다. 분단체제를 떠받치는 유형적·무형적 요소들의 연결 고리에 대한 인식, 기존 관계맺음의 방식에 대한 성찰 없이는 기존의 대화 방식이 반복될 뿐이기 때문이다. 서로의 오해와 편견을 강화하는 요소에 대한 제거, 즉 새로운 대화의 규칙을 만들어가는 과정 속에서 새로운 가치가 개입할 여지가 커진다.

둘째, 어소시에이션이 지향하는 대안적 교환양식이 추구하는 자유와 평등의 상호 교섭이라는 가치의 한계도 명확히 이해하는 것이 중요하다. 그 교환양식은 여전히 상품교환 양식에 의존하고 있기 때문에 "상품-화폐체계가 양화된 세계에서의 평등, 즉 자유주의적 평등 개념을 벗어나지 못한다는 측면에서 질적 차이를 내포하는 평등이 아니"[19]기 때문이다. 이런 점에서 남북 사이의 새로운 교환양식은 단순한 상호주의, 즉 양적인 호혜성을 추구하며 등가물의 교환을 순차적으로 진행하는 것을 목표로 해서는 곤란하다. 분단 극복을 위해 진정으로 필요한 관계맺음은 서로의 고유한 특이성을 질적 차이로 인정하고 거래의 이익이 아

---

19) 박영균, 「통일론에 대한 스피노자적 성찰」, 『분단 극복을 위한 인문학적 성찰』, 선인, 2009, 31쪽.

니라 선린적 교류 자체를 목표로 하는 관계여야 하기 때문이다.

　이런 점을 통해 필자는 통일은 '결과'로 간주할 것이 아니라 지난한 '소통·치유·통합'의 '과정'이 되어야 함을 재인식하게 된다. 새로운 관계맺음의 '형식'이 민족적 합력의 모색이라는 '내용'을 담보하게 될 것이라는 기대와 함께 말이다. 이처럼 가라타니의 교환양식에 대한 착상이 보편적 관계론으로 전화될 수 있는 것은 세계공화국으로 나아가는 전략이 어디까지나 규제적 이념 즉, 끊임없이 상상력을 요청하고 원래의 문제의식으로 회귀하게 만드는 것이기 때문일 것이다.

3) 평화와 통일의 변증법

　　"자연의 계획이 뜻하는 것은 전 인류 안에 완전한 공민적 연합을 형성시키는 데 있다. 이런 계획에 따라 일반세계사를 편찬하려는 시도는 가능한 것으로서, 또 이런 자연의 의도가 실현되도록 촉진하는 것으로서 간주되어야 한다.(제9명제)"[20]

　가라타니 고진은 칸트가 순진한 이상주의자였기 때문에 '세계 각국이 영구적인 평화 상태를 구축하기 위해 스스로의 주권을 방기한다'는 세계공화국의 이념을 제시한 것이 아니라고 말한다. 칸트는 오히려 홉스와 같이 인간의 자연적 본성에는 '반사회적 사회성'이 있으며 그것을 제거하는 것은 불가능하다고 생각했다. 그런데 가라타니에 따르면 이러한 인간의 본성은 국가의 본성을 통해 더 잘 드러나는 것이다. "칸트가 영구평화를 위한 국가연합을 구상한 것은 그와 같은 국가의 본성을 없앨 수 없다는 전제가 깔려 있"[21]었기 때문이라는 것이다. 가라타니의 일관

---

20) 임마누엘 칸트 지음, 이한구 편역, 「세계시민적 관점에서 본 보편사의 이념」, 『칸트의 역사철학』, 서광사, 1992, 40쪽.

된 주장처럼 일국에서만 국가가 지양되는 것은 불가능하다는 것이다. 더군다나 칸트는 그 국가연합이 이성이나 도덕성에 대한 호소가 아니라 오히려 전쟁에 의해 생성될 수 있을 것이라고 전망했다. 1차 세계대전 이후에 결성된 '국제연맹', 2차 세계대전 이후에 형성된 '국제연합'은 칸트가 기대했던 '자연의 간지'가 실현된 것이었다.

이처럼 칸트가 국가연합 개념을 구상한 것은 궁극적으로 항구적인 평화 상태를 실현하기 위한 과정에서 반드시 필요한 것이었기 때문이었다. 마찬가지로 한반도에서의 평화와 통일은 서로 떨어져서 추구될 가치가 아니라 긴밀하게 연관되어 있다. 그래서 평화는 보편적인 가치이고 통일은 특수한 가치라는 이분법적 시각은 분단체제를 지속시키는데 기여할 수도 있다. 그러나 한반도에서 평화는 요한 갈퉁이 제기한 '평화적 수단에 의한 평화(Peace by peaceful means)'여야 할뿐만 아니라, 통일 지향의 두 국가가 대립하는 한 필연적으로 분단의 극복 과정 속에서 실현될 수밖에 없다. 마찬가지로 통일도 반드시 평화적인 수단을 통해서 이룩되어야 할 후세대와의 미래적 약속인 것이다. 물론 한국에서도 평화와 통일을 분리시켜 평화를 우선시하거나 심지어 대립적인 항으로 이해하는 흐름이 있지만, '평화를 위한 통일'과 '통일을 위한 평화'라는 변증법적 관계로 파악될 필요가 있다.[22)]

4. 통일한반도 정치공동체의 규제적 원리

칸트는 '이성의 규제적 사용'과 '이성의 구성적 사용'을 구분하면서 이

21) 가라타니 고진 지음, 조영일 옮김, 『세계공화국으로』, 도서출판b, 2007, 221쪽.
22) 정영철, 「한반도의 '평화'와 '통일': 이론의 긴장과 현실의 통합」, 『북한연구학회보』 제14권 제2호, 2010, 189쪽.

것에 근거하여 '규제적 이념'과 '구성적 이념'을 구별한다. 가라타니 고진은 '규제적 이념'이 결코 달성되지 않는 가상(환상)이며 이러한 가상이 없으면 사람들은 살아갈 수 없다는 점에서 그것은 '초월론적 가상'이라고 규정한다. 즉 "한없이 멀더라도 사람들이 그것에 가까워지려고 노력하는 경우를 의미"한다. 그것은 끊임없는 현상에 대한 '비판'적 인식을 이끌어내기 때문이다. 이에 반해 '구성적 이념'은 "이성에 기초하여 사회를 폭력적으로 바꾸는 경우를 의미"한다. 가라타니가 보기엔 한 때 맑스·레닌주의자였던 많은 사람들이 스스로의 믿음을 배반하는 이념과 현실에 상처를 입고 냉소주의와 허무주의로 도피했다.[23] 물론 지젝 같은 철학자가 보기엔 가라타니는 전세계적 동시혁명의 방법이 담긴 '프로그램'을 과감히 제시한 사람이겠지만, 가라타니는 긴 호흡의 서두르지 않는 길을 자신이 제시했다고 자부한다.

> "각국에서 일어나는 '아래로부터의' 운동은 국가들을 '위로부터' 봉(封)함으로써만 단절을 면합니다. '아래로부터'와 '위로부터'의 운동의 연계에 의해 새로운 교환양식에 기초한 글로벌 커뮤니티(어소시에이션)가 서서히 실현됩니다. 물론 그 실현은 용이하지 않지만 결코 절망적이지 않습니다. 적어도 그 루트만큼은 분명하기 때문입니다."[24]

이런 점에서 통일한반도 정치공동체의 정치적 비전으로 극히 간략하게 제시될 아래의 가치들은 구성적 원리가 아니라 규제적 원리여야 한다. 모두 20세기의 역사에서 숱하게 반복되어 온 오류와 야만에 대한 대항적 원리들이기 때문이다.

---

23) 가라타니 고진, 조영일 옮김, 『세계공화국으로』, 도서출판b, 2007, 187~188쪽.
24) 위의 책, 225쪽.

첫째, 통일한반도에서는 '자치의 원리'가 구현되어야 한다. 가라타니가 어소시에이션의 교환양식으로 제시한 조건은 "자발적이고 자립한 상호교환 네트워크"로서 국가조직을 거부하여 국가원리와는 대척점에 서 있는 것이다. 그러나 그것은 "개개인이 공동체의 구속에서 해방되어 있다는 점에서 시장적 사회와 닮아 있고, 동시에 시장경제의 경쟁이나 계급분석에 대해 호수적(상호부조적)인 교환－자본의 축적이 발생하지 않은 시장경제－를 목표로 한다는 점에서 공동체와 닮아있"다. 시장경제에 기초하되 탐욕적인 자본축적을 저지하고 호수적 교환을 실현할 수 있는 교환양식이라는 것이다. 이 어소시에이션에서는 표상 시스템을 작동시키면서도 스스로는 '표상되지 않는 것'임을 보여주는[25] 자본주의적 '화폐'의 위상은 어떻게 될까. 의회제가 지니는 대표성의 불완전함이 어떻게 극복될 수 있을까.

근대의 민주공화국에서는 경제적으로 부자유스러운 자들과 원천적으로 불평등한 조건을 가진 자들에게는 애초부터 자유가 허락되지 않는다. '자유로운 자들만의 평등', '평등한 자들만의 자유'였기 때문이다. 글로벌 커뮤니티로서의 어소시에이션을 구성하고 그 속에서 함께 연대하는 주체는 국민국가에서 호명되던 방식으로는 더 이상 불리기 어려운 존재들이다. 그들은 경제적으로는 생산자와 소비자의 역할을 겸하는 자족적 주체들이며, 정치적으로는 평의회적 참정권을 갖는 자율적 주체들이다. 통일한반도에서는 지금까지 국민/시민/인민으로 호명된 코리언과 호명되지 못한 수많은 코리언의 경계가 사라져야 할 것이다. 통일한반도의 꼬뮌적 정치공동체의 가능성은 통치의 대상이 아닌 통치의 주체로서 이러한 자유로운 개인들이 실질적으로 발휘할 민주적 자치의 정치적

---

25) 이정은, 「고진, 맑스의 가능성, 세계공화국으로?」, 『다시 쓰는 맑스주의 사상사』, 오월의봄, 2013, 471쪽.

역량에 달려 있다.

둘째, 통일한반도에서는 타자에 대한 '비동일화의 원리'가 구현되어야 한다. 어소시에이션에서는 단독자들의 고유성이 인정되고 서로 교환되기 때문에 퇴니스의 Gemeinschaft와 Gesellschaft의 구분 어디에도 해당되지 않는 '사회적 국가'가 실현될 수 있다. 어소시에이션은 구성원들을 내부에서 강제하고 통제하는 공동체가 아니라 서로의 차이와 자율적 의지에 따라 호혜적 증여가 이루어지는 관계가 보편화된 곳이다. 또한 그것은 외부적으로도 공동체 상호 간에 배타성과 폭력성이 없는 공동체이다. "타자가 존재하고 또 아무리 위험하다고 해도 자기와 타자의 평행선이 교차하는 특이점이 존재한다는"[26] 믿음을 버리지 않는다. 이와 달리 "파시즘의 본질은 '모두를 대표하는' 것을 통해 의회제에서의 당파대립을 '지양'해버리는"[27] 것이다. 지배와 흡수, 동화와 배제의 원리를 주요한 축으로 활용했던 근대적 국가 권력과 달리 한반도의 새로운 정치공동체에서는 '열린 민족'으로서 모든 코리언의 다양한 생활문화와 가치와 정서가 존중되어야 한다.

셋째, 통일한반도에서는 인간을 수단화시키지 않는 '탈(脫)자본의 원리'가 구현되어야 한다. 아무리 미사여구를 갖다 붙인다고 해도 오늘날 '세계화(Globalization)'의 궁극적인 흐름은 사실 '자본의 지구화'이다. 국경 없이, 아무런 장애물 없이 대규모 자본이 마음대로 움직이며 자신의 증식 욕망을 발산할 수 있을 때 소위 지구촌은 자본의 약탈지가 된다. 가라타니는 "자본주의 지양은 그것이 동시에 국가의 지양을 가져오는 것이 아니라면, 의미가 없다."[28]고 말했지만, 권리 투쟁에 이어진 단기

---

26) 가라타니 고진 지음, 송태욱 옮김, 『탐구 1』, 새물결, 1998, 189쪽.
27) 가라타니 고진 지음, 조영일 옮김, 『문자와 국가』, 도서출판b, 2011, 60쪽.
28) 가라타니 고진 지음, 조영일 옮김, 『세계사의 구조』, 도서출판b, 2013, 405쪽.

적인 자본주의 비판보다 더 중요한 것은 자본에 대해 인간성의 가치를 수단화시키지 않는 태도를 관철하는 것이다. 그것이 더욱 근본적인 반자본주의적 활동이기 때문이다. 타자를 '수단으로서만 아니라 목적으로 대하기' 위해서는 자본제 경제를 지양하지 않으면 안 된다.[29]는 것이 칸트의 생각이었다. 가라타니는 자본주의의 원동력이 인간의 본래적인 욕망과 이기심에서 나온다는 것을 인정하지 않는다. 스스로를 확장시켜 보다 더 많은 교환을 가능케 하는 '권리'를 획득하려는 '자본의 욕동'이 인간의 욕망을 환기하고 창출한다는 것이다.

하지만 이 모든 가치들에도 불구하고 세계공화의 이념을 유토피아에 대한 상상으로 여겨서는 곤란하다. 근대적 권력의 핵심인 자본=네이션=국가의 성격이 변혁되고 그 빈자리를 채우는 규제적 원리들이기 때문이다. '세계공화국'은 새로운 세계에 대한 강한 열망을 담은 가라타니 고진의 선언문으로서 오늘의 고단한 현실과 부단히 싸워나가는 것이 바로 그가 여기서 밝히고 있는 이 21세기 해방 전략의 실체인 것이다.

---

29) 가라타니 고진 지음, 송태욱 옮김, 『윤리 21』, 사회평론, 2001, 8쪽.

참고문헌

■■ I 부 통일방안에 대한 인문적 검토

제1장 연방제 통일방안에 대한 인문적 성찰

강정구, 『민족의 생명권과 통일』, 당대, 2002.

고유환, 「민족공동체 통일 방안의 이행과정과 추진전략 재검토」, 『통일인문학』
　　　제60집, 건국대학교 인문학연구원, 2014.

고유환, 「한반도 평화 체제 구축을 위한 역대 정부의 노력」, 지구촌평화연구소
　　　편, 『통일한반도를 향한 꿈: 코리안 드림』, 도서출판 태봉, 2012.

공용득, 「북한의 연방제 연구: 중앙과 지방정부의 관계를 중심으로」, 한국외국
　　　어대학교 대학원 국제관계학과 박사학위논문, 2003.

김계동, 『남북한 체제통합론』, 명인문화사, 2006.

김명섭, 「북한에 대한 국가승인 문제」, 『한반도 통일논의의 쟁점과 과제』, 한
　　　신대학교 출판부, 2001.

김세균, 「통일문제, 어떻게 대응할 것인가?」, 『한반도 통일논의의 쟁점과 과제』,
　　　한신대학교 출판부, 2001.

김연철, 「남북 관계의 지속성과 변화」, 『한반도 통일논의의 쟁점과 과제』, 한
　　　신대학교 출판부, 2001.

김학준, 『분단과 통일의 민족주의』, 소리출판, 1983.

남궁영, 「남북정상회담과 통일 방안의 새로운 접근: 연합제와 낮은 단계의 연
　　　방제」, 『한국정치학회보』 제36집 1호, 한국정치학회, 2002.

노태구, 「연방제와 민족주의」, 『사회과학논총』 제2집, 경기대학교 사회과학연
　　　구소, 1999.

박명규 · 이근관 · 전재성 외, 『연성복합통일론』, 서울대학교 통일평화연구소,
　　　2010.

박선원, 「남북한 통일 방안의 수렴 추이: 단일정치권력으로의 통합에서 평화

공존으로」,『통일연구』제6권 제2호, 연세대학교 통일연구원, 2002.

박순성, 「남한의 평화관: 통일논의를 중심으로」, 이우영 외,『화해·협력과 평화번영, 그리고 통일』, 한울아카데미, 2005.

박영호, 「한반도 통일에 대한 남북한의 시각과 남북 관계」,『전략연구』통권 제61호, 한국전략문제연구소, 2014.

백낙청,『흔들리는 분단체제』, 창비, 2006.

양동안, 「남북한공동체 형성을 위한 정치통합」, 이서행 외,『통일시대 남북공동체: 기본구상과 실천방안』, 백산서당, 2008.

양승호, 「남북한 민족주의와 다민족 연방제」,『사회와 철학』제28집, 사회와 철학연구회, 2014.

윤 황, 「북한의 연방제 통일 방안에 대한 쟁점과 평가」,『평화학연구』제6호, 한국평화연구학회, 2005.

이성구, 「고려연방제 통일 방안에 관한 연구」,『동서문화연구』제7호, 홍익대학교 인문과학연구소, 1999.

이완범, 「북한 '낮은 단계의 연방제' 통일 방안의 형성과정에 대한 연구」,『현대북한연구』제4권 제1호, 경남대학교 북한대학원, 2001.

이용필·임혁백·양성철·신명순,『남북한통합론』, 인간사랑, 1992.

전득주, 「한국의 통일 정책」, 전득주·최의철·신은기,『남·북한통일정책비교』, 숭실대학교 출판부, 2000.

정성장, 「남북한 통일 방안에 대한 대안의 모색: 연합에서 연방으로」,『통일환경의 변화와 통일 방안의 재검토』, 경실련통일협회 창립기념 연속토론회발표자료집, 2014.8.13.

조 민, 「남한정부 통일 방안의 재검토와 추진과제」,『통일환경의 변화와 통일방안의 재검토』, 경실련통일협회 창립기념 연속토론회발표자료집, 2014.8.13.

조 민, 「한반도 평화체제와 남북한 통일 방안」,『평화학연구』제7권 2호, 한국평화연구학회, 2006.

최양근, 「한반도 및 동북아 평화에 기여하는 통일 방안 고찰: 단계적 연방제통일방안을 중심으로」,『한국평화연구학회 학술회의 자료집』, 한국평화연구학회, 2013.

또 하나의 문화 통일 소모임,『통일을 준비하는 사람들: 통일된 땅에서 더불어
　　　사는 연습-2』, 도서출판 또 하나의 문화, 1999.

제2장 한반도 중립화 통일방안에 대한 반성적 고찰

강만길 외 편,『한국사 20: 자주·민주·통일을 향하여(2)』, 한길사, 1994.

강종일·이재봉 편저,『한반도의 중립화 통일은 가능한가』, 들녘, 2001.

건국대학교 통일인문학연구단,『통일인문학: 인문학으로 분단의 장벽을 넘다』,
　　　알렙, 2015.

김승국,『한반도 중립화 통일의 길』, 한국학술정보, 2010.

박후건,『중립화 노선과 한반도의 미래』, 선인, 2007.

방호엽,「한반도 통일과 중립화단계의 상관관계 고찰」,『동북아연구』27권, 1
　　　호, 2012.

서보혁,『북한 정체성의 두 얼굴』, 책세상, 2003.

서중석,『조봉암과 1950년대(상)』, 역사비평사, 1999.

유광진,『한국의 민족주의와 통일』, 범학사, 2001.

윤태룡,「국내외 한반도 중립화논쟁의 비교분석: 찬반논쟁을 넘어서」,『평화
　　　학연구』14권 3호, 2013.

이병수,「통일의 당위성 담론에 대한 반성적 고찰」,『시대와 철학』21권 2호,
　　　한국철학사상연구회, 2010.

이재봉,「동북아 균형자 역할과 한반도 영세 중립」,『한국동북아논총』제43집,
　　　2007.

정지웅,「한반도 중립화 통일의 긍정적, 부정적 요인 분석」,『북한연구학회보』
　　　제9권 2호, 북한연구학회.

홍석률,「중립화통일 논의의 역사적 맥락」,『역사문제연구』12호, 2004.

「'통일 한국과 동북아' 시나리오〈매닝-프리스텁 IISS 기고〉한반도는 '동북아
　　　질서 재편'의 중심」,『조선일보』, 1999년 10월 30일.

「문익환 목사 일본 기자회견 요지: 김주석 '중립화통일' 강조」, 『한겨레신문』,
　　　1989년 4월 6일.

박노자, 「한국, 안과 밖: '민족' 이후의 민족?」, 『한겨레신문』, 2015년 3월 17일.

제3장 통일방안에 대한 비판적 고찰과 관점의 전환

고유환, 「민족공동체 통일방안의 평가와 계승 발전방안」, 한국국제정치학회
　　　기획학술회의, 2014.

김근식, 「북한 급변사태와 남북연합: 통일 과정적 접근」, 『북한연구학회보』 제
　　　13권 2호, 2009.

김병로, 「통일환경과 통일담론의 지형 변화: 정부통일방안을 중심으로」, 『통
　　　일문제연구』 제26권 1호, 2014.

남궁영, 「민족공동체 통일방안: 평가 및 시사점-'남북연합'과 '낮은 단계의 연방
　　　제' 관계-」, 『국제지역연구』 제5권 제1호 2000.

남궁영, 「'국가연합'과 '낮은 단계 연방제': 쟁점과 과제」, 『세계지역연구논총』
　　　제24집 3호, 2006.

백낙청, 『한반도식 통일 현재진행형』, 창비, 2006.

백낙청, 「'포용정책 2.0'을 향하여」, 『창작과 비평』 제38권 제1호(통권 147호),
　　　2010.

박명규, 『남북경계선의 사회학』, 창비, 2012.

박명규·백지운, 「21세기 한반도발 평화인문학의 모색」, 『동방학지』 제161집,
　　　2013.

박영균, 「남북의 통일원칙과 통일 과정의 기본 가치: 민족과 평화」, 『시대와
　　　철학』 제25권 2호, 2014

이남주, 「분단체제 하에서의 평화담론」, 『동향과 전망』 제87호, 2013.

이장희, 「냉전법령 거두고, '홍익인간' 사상으로 통일교육 힘쓰자」, 『민족 21』
　　　32호, 2003.

최완규, 「세계화의 압력과 새로운 통일논의: 쟁점과 과제」, 『한국과 국제정치』

제16권 1호, 2000.

통일부, 『통일백서』, 서울: 통일부, 1992.

통일부, 『통일백서』, 서울: 통일부, 1994.

통일부, 『통일백서』, 서울: 통일부, 2003.

통일연구원 연구총서, 『민족공동체 통일방안의 새로운 접근과 추진방안: 3대
　　공동체 통일구상 중심』, 통일연구원, 2010.

▰▰II부 통일의 기본가치

제4장 통일의 동력으로서 민족이라는 새로운 '환상체계'

강만길, 『한국민족운동사론』, 서해문집, 2008.

김영명, 「한국 민족주의와 통일 문제」, 『민족사상연구』 제11호, 민족사상연구
　　소, 2003.

김영한, 「국제화시대 한국 민족주의의 진로」, 『한국독립운동사연구』 제15집,
　　독립기념관 한국독립운동사연구소, 2000

권혁범, 『민족주의와 발전의 환상』, 솔, 2000.

나종석, 「탈민족주의 담론에 대한 비판적 성찰: 탈근대적 민족주의 비판을 중
　　심으로」, 『인문연구』 제57호, 영남대학교 인문과학연구소, 2009.

나종석, 「민족주의와 세계시민주의: 자유주의적 민족주의를 중심으로」, 『헤겔
　　연구』 제26호, 한국헤겔학회, 2009.

마루야마 마사오 외, 고재석 옮김, 『사상사의 방법과 대상』, 소화, 1997.

민경우, 『민족주의 그리고 우리들의 대한민국』, 시대의창, 2007.

박순성, 「한반도 통일과 민족, 국민국가, 시민사회」, 『북한연구학회보』 제14권
　　제2호, 북한연구학회, 2010.

박영균, 「남북의 통일원칙과 통일과정의 기본가치－민족과 평화－」, 『시대와
　　철학』 제25권 2호, 한국철학사상연구회, 2014.

박찬승, 『민족, 민족주의』, 소화, 2010.

박현채, 「분단시대 한국 민족주의의 과제」, 송건호 · 강만길 편, 『한국민족주의론 II』, 창작과 비평사, 1983.

박형빈, 「통일교육에서 민족주의와 다문화주의」, 『윤리교육연구』 제31집, 한국윤리교육학회, 2013.

서경식, 임성모 · 이규수 옮김, 『난민과 국민 사이』, 돌베개, 2006.

서중석, 「한국에서의 민족문제와 국가」, 한국사연구회 편, 『근대 국민국가와 민족문제』, 지식산업사, 1995.

송두율, 『민족은 사라지지 않는다』, 한겨레신문사, 2000.

신기욱, 이진준 옮김, 『한국 민족주의의 계보와 정치』, 창비, 2009.

슬라보예 지젝, 이수련 옮김, 『이데올로기라는 숭고한 대상』, 인간사랑, 2003.

양영자, 「분단-다문화시대 교육 이념으로서의 민족주의와 다문화주의의 양립 가능성 모색」, 『교육과정연구』 제25권 제3호, 한국교육과정학회, 2007

앤소니 스미스, 이재석 옮김, 『세계화 시대의 민족과 민족주의』, 남지, 1997.

이경식, 「통일의 구체적 작동 메커니즘으로서의 민족주의」, 『시민윤리학회논집』, 한국시민윤리학회, 2002.

이광규, 『신민족주의의 세기』, 서울대학교출판부, 2006.

이종석, 「남북한 독재체제의 성립과 분단구조」, 역사문제연구소 편, 『분단50년과 통일시대의 과제』, 역사비평사, 1995.

이종석, 『분단시대의 통일학』, 한울아카데미, 1998.

이진영, 「한국의 민족정체성과 통일을 위한 '열린 민족' 개념에 관한 연구」, 『통일연구』 제5권 제1호, 연세대학교 통일연구소, 2001.

임지현, 『민족주의는 반역이다』, 소나무, 1999.

윤해동, 「한국 민족주의 근대성 비판」, 『역사문제연구』 제4호, 역사문제연구소, 2000.

윤해동, 『식민지의 회색지대』, 역사비평사, 2003.

장문석, 『민족주의 길들이기』, 지식의 풍경, 2006.

장문석, 『민족주의』, 책세상, 2011.

장문석, 「내셔널리즘의 딜레마」, 『역사비평』 제99집, 역사문제연구소, 2012.

전재호, 『반동적 근대주의자 박정희』, 책세상, 2001.

전형권, 「다문화 시대 한국 학교 통일교육의 성찰과 이념적 지평: 민족주의와
다문화주의의 융합모형 연구」, 『한국동북아논총』 제72집, 한국동북아학
회, 2014.

진태원, 「어떤 상상의 공동체? 민족, 국민 그리고 그 너머」, 『역사비평』 통권
96호, 역사비평사, 2011.

차기벽, 『민족주의원론』, 한길사, 1990.

최문성, 「통일 교육의 이념적 지향: 민족주의의 가능성과 한계」, 『한국정치연
구』 제6집, 서울대학교 한국정치연구소, 1997.

톰 네언, 「민족주의의 양면성」, 백낙청 편, 『민족주의란 무엇인가』, 창작과 비
평사, 1981.

피터 차일즈·패트릭 윌리엄스, 김문환 옮김, 『탈식민주의 이론』, 문예출판사,
2004.

제5장 통일과 평화의 길항관계: 통일이념, 통일국가형태, 민족성과 국가성의 충돌

건국대통일인문학연구단 편, 『코리언의 민족정체성』, 선인, 2012.

권혁범, 「통일에서 탈분단으로」, 『당대비평』 2000년 가을호, 2000.

권혁범, 『민족주의는 죄악인가』, 생각의 나무, 2009.

구갑우, 『비판적 평화연구와 한반도』, 후마니타스, 2007.

김동춘, 「시민운동과 민족, 민족주의」, 『시민과 세계』 1호, 2002.

나종석, 「민주주의, 민족주의 그리고 한반도에서의 국민국가의 미래」, 『사회
와 철학』 제22집, 2011.

박명규, 「복합적 정치공동체와 변혁의 논리」, 『창작과비평』 제28권 제1호(통
권 107호), 창비, 2000.

박명규, 「21세기 한반도와 평화민족주의」, 『다시 대한민국을 묻는다』, 한울,
2007.

박명규, 『남북경계선의 사회학』, 창비, 2012.

박순성, 「한반도 분단과 대한민국」, 『시민과 세계』 제8호, 2006.

박순성,「한반도 통일과 민족, 국민국가, 시민사회」,『북한연구학회보』제14권
　　　제2호, 2010.

백낙청,『민족문학의 새 단계』, 창비, 1990.

백낙청,『한반도 통일 현재 진행형』, 창비, 2006.

백낙청,『어디가 중도이며 어째서 변혁인가』, 창비, 2009.

서보혁·박홍서,「통일과 평화의 우선순위에 대한 사례연구」,『북한학연구』
　　　제7권 2호, 2007.

서보혁,「보편주의 통일론과 안권·민주주의 친화형 남북관계의 탐색」,『세계
　　　지역연구논총』제32집 1호, 2014.

앤소니 스미스 저, 이재석 옮김,『세계화 시대의 민족과 민족주의』, 남지, 1997.

이남주,「시민참여형 통일운동의 역할과 가능성」,『창작과비평』2008년 겨울
　　　호.

이남주,「분단체제 하에서의 평화담론」,『동향과 전망』제87호, 2013.

이종석,『한반도 평화통일론』, 한울, 2012.

임지현,「다시 민족주의는 반역이다」,『창작과비평』, 2002년 가을호.

임지현·사카이 나오키,『오만과 편견』, 휴머니스트, 2003.

장은주,『인권의 철학: 자유주의를 넘어, 동서양이분법을 넘어』, 새물결, 2010.

정영철,「한반도의 '평화'와 '통일': 이론의 긴장과 현실의 통합」,『북한연구학
　　　회보』제14권 2호, 2010.

최완규,「김대중 정부 시기 NGO 통일교육의 양극화 현상」,『북한연구학회보』
　　　제15권 1호, 2011.

최장집,『민주화 이후의 민주주의』, 후마니타스, 2002.

최장집,「해방 60년에 대한 하나의 해석: 민주주의자의 퍼스텍티브에서」,『시
　　　민과 세계』제8호, 2006.

함택영,「한반도 평화의 정치경제」, 하영선 편,『21세기 평화학』, 풀빛, 2002.

홍석률,『분단의 히스테리』, 창비, 2012.

제6장 통일과 민주주의: 에트노스와 데모스의 변증법

백낙청, 『어디가 중도이며 어째서 변혁인가』, 창비, 2009.

아리기, 조반니, 『장기 20세기』, 백승욱 옮김, 그린비, 2014.

왈쩌, 마이클, 『정의와 다원적 평등』, 정원섭 외 옮김, 철학과 현실사, 1999.

에티엔 발리바르, 서관모 · 최원 옮김, 『대중들의 공포: 맑스 전과 후의 정치와 철학』, 도서출판 b, 2007.

에티엔 발리바르, 진태원 옮김, 『우리, 유럽의 시민들?』, 후마니타스, 2010.

최형익, 「한국 민족주의와 통일의 조건」, 『민주주의와 인권』 6-2, 전남대학교 5 · 18 연구소, 2006.

한승완, 「한국 국민정체성의 '민주적 반추'와 통일 문제」, 『사회와 철학』 22, 사회와 철학 연구회, 2011.

Aristotle, *Nicomachean Ethics*, translated by Martin Ostwald, Macmillan Publishing Company, 1962.

Aristotle, *The Politics*, translated by A. Sinclair, Penguin Books, 1992.

Balibar, Étienne, "Outlines of a Topography of Cruelty: Citizenship and Civility in the Era of Global Violence", *Constellations* 8, 1, Oxford, Blackwell Publishers Ltd., 2001.

Balibar, Étienne, "Historical Dilemmas of Democracy and Their Contemporary Relevance for Citizenship", *Rethinking Marxism* 20, 4, Routledge, 2008.

Balibar, Étienne, *Saeculum: Culture, religion, idéologie*, Éditions Galilée, 2012.

Derrida, Jacques, *Of Grammatology*, translated by Gayatri Chakravorty Spivak, The Johns Hopkins University Press, 1976.

Habermas, Jürgen, *The Inclusion of the Other*, translated by Ciaran Cronin, The MIT Press, 1998.

Habermas, Jürgen, *The Postnational Constellation*, translated by Max Pensky, The MIT Press, 2001.

Plato, *The Republic*, translated by Allan Bloom, Basic Books, 1968.

Rancière, Jacques, *Disagreement: Politics and Philosophy*, translated by Julie Rose, The Univeristy of Minnesota, 1999.

Rancière, Jacques, *Hatred of Democracy*, translated by Steve Corcoran, Verso, 2006.

Scott, Joan, *The Politics of the Veil (the Public Square)*, Princeton University Press, 2010.

Wallerstein, Immanuel, *The Politics of the World-Economy: The States, the Movements and the Civilizations*, Cambridge University Press, 1984.

Whelan, Frederick G, "Prologue: Democratic Theory and the Boundary Problem", in J Roland Pennock & J. W. Chapman (eds.), *Liberal Democracy: Nomos XXV*, NYU, 1983.

제7장 통일의 변증법과 민족적 연대의 원칙

김낙중, 『민족의 형성, 분열, 통일』, 평화연대평화연구소. 2008.

나종석, 「민족주의와 세계시민주의-자유주의적 민족주의를 중심으로」, 『헤겔 연구』 26, 2009.

나종석, 「민주주의, 민족주의 그리고 한반도에서의 국민국가의 미래」, 『사회 와 철학』 22, 사회와 철학연구회, 2011.

나종석, 「헤겔 시민사회론의 현대적 의의에 대한 고찰」, 『사회와 철학』 2, 사 회와 철학연구회, 2001.

라이너 촐, 최성환 옮김, 『오늘날 연대란 무엇인가: 연대의 역사적 기원, 변천, 그리고 전망』, 한울, 2008.

박승희, 「민족과 세계의 연대 방식-황석영의 〈바리데기〉를 중심으로」, 『한민 족어문학』 57, 한민족어문학회, 2010.

박영균, 「남북의 통일원칙과 통일과정의 기본가치: 민족과 평화」, 『시대와 철 학』 25-2, 한국철학사상연구회, 2014.

박영균, 「분단을 사유하는 경계인의 철학: 송두율의 통일담론에 대한 비판적 검토」, 『철학연구』 114, 대한철학회, 2010.

서경식, 『고통과 기억의 연대는 가능한가?』, 철수와 영희, 2009.

서경식, 임성모·이규수 옮김, 『난민과 국민 사이』, 돌베개, 2006.

서유석, 「'연대'(solidarity) 개념에 대한 철학적 성찰」, 『철학논총』 72-2, 새한
철학회, 2013.

송두율, 『21세기와의 대화』, 한겨레신문사, 1998.

송두율, 『미완의 귀향과 그 이후』, 후마니타스, 2007.

송두율, 『민족은 사라지지 않는다』, 한겨레신문사, 2000.

송두율, 『전환기의 세계와 민족지성』, 한길사, 1991.

송두율, 『통일의 논리를 찾아서』, 한겨레신문사, 1995.

송두율, 『통일의 논리를 찾아서』, 한겨레신문사, 1995.

에밀 뒤르케임, 민문홍 옮김, 『사회분업론』, 아카넷, 2012.

임경순, 「중국조선족 소설의 분단현실인식과 방향연구: 고통을 넘어 연대성
모색하기」, 『한중인문학연구』 37, 한중인문학회, 2012.

장은주, 「존엄한 시민들의 공화국-민주적 연대성의 이념과 공공성」, 『철학연
구』 102, 대한철학회, 2007.

정영철, 「분단 극복의 유일한 길: 연대와 협력」, 『시민과 세계』 17, 참여연대
참여사회연구소, 2010.

존 로크, 강정인·문지영 옮김, 『통치론』, 까치, 1996.

최장집, 『한국 민주주의의 조건과 전망』, 나남, 1996.

최장집, 『민주주의의 민주화』, 후마니타스, 2006.

토마스 홉스, 진석용 옮김, 『리바이어던』, 나남, 2008.

한나 아렌트, 이진우·태정호 옮김, 『인간의 조건』, 한길사, 1997.

Taylor, Ch. "Cross-purposes: the liberal-communitarian debate", in N.L.
Rosenbaum (ed.), *Liberalism and the Moral Life*, Harvard Univ. Press,
Cambridge and London. K. Marx, MEW 7.

■■■Ⅲ부 통일의 인문적 비전

제8장 '인권의 정치'에서 본 분단과 통일

김상운, 「랑시에르와의 '교전'을 통해 본 아감벤의 '한국적' 유효성 모색」, 『진보평론』 59호, 2014.

에티엔 발리바르, 「민족형태: 그 역사와 이데올로기」, 서관모 옮김, 『이론』 6호, 1993.

에티엔 발리바르, 진태원 옮김, 『우리 유럽의 시민들?』, 후마니타스, 2010.

조르조 아감벤, 박진우 옮김, 『호모 사케르: 주권권력과 벌거벗은 생명』, 새물결, 2008.

조르조 아감벤, 김상운·양창렬 옮김, 『목적 없는 수단』, 난장, 2009.

루이 알튀세르, 김동수 옮김, 「이데올로기와 이데올로기적 국가장치들」, 『아미엥에서의 주장』, 솔, 1995.

윤여상, 「유엔 북한인권결의안과 남북한 사회통합」, 『북한』 517호, 2015.

진태원, 「권리들을 가질 권리」, 『사람과 글 人·文』 26호. 2013. http://highjune2.blogspot.kr/2014/09/12.html(2014년 2월 1일 접근).

Arendt, H., The Origin of Totalitarianism, New York: Harvest Book, 1976.

Balibar, E., "Is a Philosophy of Human Civic Right Possible? New Reflections on Equaliberty". South Atlantic Quaterly 103, 2004.

Balibar, E., "(De)Constructing the Human as Human Institution: A Reflection on the Coherence of Hannah Arendt's Practical Philosophy", Social Research 74(3), 2007.

Balibar, E., La Proposition de l'égaliberté, Paris: PUF. 2010.

Marx, K., "Communist Manifesto", in Lawrence H. Simon (ed.), Selected Writings, Cambridge: Hackett. 1994.

Rancière, J., "Who is the Subject of the Rights of Man?", South Atlantic Quaterly 103, 2004.

제9장 위험사회와 통일한반도의 녹색비전

구갑우, 「녹색·평화국가론과 한반도 평화체제: 국가형태와 남북관계」, 『통일과 평화』2-1, 서울대 통일평화연구원, 2010.

구도완, 「생태민주주의 관점에서 본 한국 반핵운동」, 『통일과 평화』4-2, 서울대 통일평화연구원, 2012.

구도완, 「환경위기와 녹색국가」, 『환경정책』10-1, 한국환경정책학회, 2002.

김경술, 「북한 에너지경제의 실태와 전망」, 『KDI북한경제리뷰』4월호, 한국개발연구원, 2012.

녹색성장위원회, 『녹색성장 5개년 계획(2009~1013)』, 2009. 7.

문순홍, 「녹색국가 논의의 구조와 과정: 녹색국의 유형화·단계화 및 이를 결정하는 변수들」, 바람과 물 연구소편, 『한국에서의 녹색정치, 녹색국가』, 당대, 2002.

박명규, 「녹색평화론의 문제의식과 쟁점들」, 박명규·김성철·이찬수 외, 『녹색평화란 무엇인가』, 아카넷, 2013.

박명규, 「한반도 녹색평화의 비전과 구상」, 『녹색평화의 비전과 21세기 한반도』, 서울대 통일평화연구소 창립 4주년 심포지엄 자료집, 2010. 4. 26.

박명규·백지운, 「21세기 한반도발 평화인문학의 모색」, 『동방학지』 161, 연세대 국학연구원, 2013.

박영균, 「남북의 통일원칙과 통일과정의 기본가치: 민족과 평화」, 『시대와 철학』25-2, 한국철학사상연구회, 2014.

백낙청, 「생명지속적 발전을 위하여」, 『녹색의 주류화를 위하여』, 환경운동연합 10주년 기념 심포지엄 자료집, 2003. 4. 2.

백낙청, 『한반도식 통일, 현재진행형』, 창비, 2006.

송두율, 『21세기와의 대화』, 한겨레신문사, 1998.

송태수, 「한반도 '녹색' 통일경제체제의 모색」, 바람과물연구소편, 『한국에서의 녹색정치, 녹색국가』, 당대, 2002.

요시다 타로, 안철환 옮김, 『생태도시 아바나의 탄생』, 들녘, 2004.

울리히 벡, 홍성태 옮김, 『위험사회: 새로운 근대(성)을 향하여』, 새물결, 1997.

윤순진·임지원·안정권·임효숙·조영래, 「남북 재생가능에너지 협력의 필요성과 장애요인」,『환경논총』 49, 서울대 환경대학원, 2010.

이종석, 「남북한 독재체제의 성립과 분단구조」, 역사문제연구소 엮음,『분단
50년과 통일시대의 과제』, 역사비평사, 1995.

이필렬, 「에너지전환은 생태적 변혁의 첫걸음」,『창작과 비평』 41-3, 창비,
2013.

조명래, 「국가론의 녹색화를 위한 시론」,『한국정치학회보』 36-2, 한국정치학
회, 2002.

최병두, 「녹색국가는 가능한가」,『환경과 생명』 34, 환경과 생명(환경과 생명
을 위한 모임), 2002.

최병두, 「북한의 환경문제와 생태통일전략」,『황해문화』 39, 새얼문화재단,
2003.

제10장 세계공화국의 이념과 통일한반도의 정치적 비전

가라타니 고진 지음, 송태욱 옮김,『윤리 21』, 사회평론, 2001.

가라타니 고진 지음, 송태욱 옮김,『탐구 1』, 새물결, 1998.

가라타니 고진 지음, 조영일 옮김,『문자와 국가』, 도서출판b, 2011.

가라타니 고진 지음, 조영일 옮김,『세계공화국으로』, 도서출판b, 2007.

가라타니 고진 지음, 조영일 옮김,『세계사의 구조』, 도서출판b, 2013.

김성우, 「가라타니 고진의 ‘세계공화국’에 대한 지젝의 비판」,『시대와 철학』
24권 3호(2013년 9월), 한국철학사상연구회.

박영균, 「대안적 세계화와 비국가로서 국가」,『지구화 시대의 국가와 탈국가-
비판 사회과학과 국가적 상상력』, 한울, 2009.

박영균, 「통이론에 대한 스피노자적 성찰」,『분단 극복을 위한 인문학적 성찰』,
선인, 2009.

이정은, 「고진, 맑스의 가능성, 세계공화국으로?」,『다시 쓰는 맑스주의 사상
사』, 오월의봄, 2013.

임마누엘 칸트 지음, 이한구 편역, 「세계시민적 관점에서 본 보편사의 이념」,

『칸트의 역사철학』, 서광사, 1992.

장문석, 『민족주의』, 책세상, 2011.

정영철, 「한반도의 '평화'와 '통일': 이론의 긴장과 현실의 통합」, 『북한연구학
　　회보』 제14권 제2호, 2010.

「군가·장병 교재서 '사나이·민족' 뺀다」, 『경향신문』, 2015년 1월 27일.

찾아보기

ㅂ

저자소개

이병수 건국대학교 통일인문학연구단 HK교수

박영균 건국대학교 통일인문학연구단 HK교수

최 원 건국대학교 통일인문학연구단 HK연구교수

박민철 건국대학교 통일인문학연구단 HK연구교수

조배준 건국대학교 통일인문학연구단 HK연구원